"十三五"国家重点出版物出版规划项目

中国经济治略丛书

土地信用社创新模式及其影响研究

Research on Innovation Mode and Its Influence of Land Credit Cooperative

张会萍　著

中国财经出版传媒集团

经济科学出版社
Economic Science Press

图书在版编目（CIP）数据

土地信用社创新模式及其影响研究/张会萍著.—北京：经济科学出版社，2020.12

（中国经济治略丛书）

ISBN 978 - 7 - 5218 - 2163 - 5

Ⅰ.①土…　Ⅱ.①张…　Ⅲ.①土地管理 - 信用合作社 - 研究 - 中国　Ⅳ.①F321.1

中国版本图书馆 CIP 数据核字（2020）第 243824 号

责任编辑：于海汛　陈　晨
责任校对：蒋子明
责任印制：李　鹏　范　艳

土地信用社创新模式及其影响研究

张会萍　著

经济科学出版社出版、发行　新华书店经销

社址：北京市海淀区阜成路甲 28 号　邮编：100142

总编部电话：010 - 88191217　发行部电话：010 - 88191522

网址：www. esp. com. cn

电子邮箱：esp@ esp. com. cn

天猫网店：经济科学出版社旗舰店

网址：http://jjkxcbs. tmall. com

北京季蜂印刷有限公司印装

710×1000　16 开　20 印张　340000 字

2020 年 12 月第 1 版　2020 年 12 月第 1 次印刷

ISBN 978 - 7 - 5218 - 2163 - 5　定价：79.00 元

（图书出现印装问题，本社负责调换。电话：010 - 88191510）

（版权所有　侵权必究　打击盗版　举报热线：010 - 88191661

QQ：2242791300　营销中心电话：010 - 88191537

电子邮箱：dbts@ esp. com. cn）

本书受以下项目资助：

宁夏高等学校一流学科建设（理论经济学学科）资助项目（项目编号：NXYLXK2017B04）

国家自然科学基金项目"农村土地信用合作社创新模式：基于宁夏银北地区的调查研究"（71163034）

宁夏大学优秀学术著作出版基金

序

　　2017 年 5 月，经宁夏回族自治区教育厅、财政厅批准，理论经济学获批宁夏回族自治区一流学科建设项目，成为自治区立项建设的 18 个一流学科之一。理论经济学一流学科设计了 4 个学科发展方向：开放经济理论与政策、财政金融理论与政策、人口资源环境与可持续发展、消费者行为理论与政策。学科发展方向适应当前及未来国家与地方经济建设和社会发展需求，在人才培养、科学研究和社会服务等方面形成鲜明特色。

　　理论经济学一流学科建设目标是：根据中国特色社会主义经济建设的现实需求，坚持马克思主义为指导，借鉴现代经济学发展的成果服务于中国实践。通过五年建设，一是基本达到理论经济学一级学科博士学位授权点申请基本条件，二是在第五轮学科评估中，理论经济学教育部学科排名显著上升。为实现该建设目标，主要采取如下措施：第一，创造良好的工作环境和学术环境，积极引进人才，培育研究团队成长，积极申报人才和创新团队项目；第二，紧密围绕学科发展方向，瞄准对学科发展具有前瞻性、长远战略性的重大理论及现实问题开展研究；第三，建立跨学科、跨部门的开放型科研组织形式，营造既能有效促进协同攻关，又能充分发挥个人积极性的科研氛围，形成团队合作与自由探索相结合的管理机制；第四，开展国际国内合作研究和学术交流活动，形成有影响的学术高地。

　　理论经济学一流学科自获批以来，凝聚了一支结构合理、素质良好、勤奋敬业的研究团队，凝练了精准的研究方向，正在开展较为系统、深入的研究，拟形成一批高质量系列研究成果。经理论经济学一流学科编委会的精心组织、认真甄别与仔细遴选，确定了《中国区域经济增长效率集聚与地区差距研究》《村级互助资金与扶贫贴息贷款的减贫机制与效应比较研究》《资产扶贫理论与实践》等12本著作，作为理论经济学一流建设学科首批系列学术专著。

系列丛书遴选与出版过程中，宁夏大学经济管理学院成立了"宁夏回族自治区西部一流建设学科理论经济学文库编委会"，编委会成员以高度负责的态度对此工作给予了大力支持，在此表示感谢（编委会名单附后）。

系列丛书的出版，凝结了宁夏大学经济学人的心血和汗水。尽管存在诸多不足，但"良好的开端就是成功的一半"，相信只要学者们持之以恒，不断耕耘，必能结出更加丰硕的成果。

系列丛书的出版，仰赖经济科学出版社的鼎力支持，承蒙经济科学出版社王娟女士的精心策划。现系列学术著作将陆续面世，衷心感谢他们的真诚关心和辛勤付出！

系列丛书的出版，希望求教于专家、同行，以使学科团队的研究更加规范。真诚欢迎专家、同行和广大读者批评指正。我们将努力提升理论和政策研究水平，引领社会和服务人民。

附件：宁夏回族自治区西部一流建设学科理论经济学文库编委会

顾问：陈志钢　史清华　范子英

主任：杨国涛

副主任：高桂英　黄立军　张会萍

委员：（以姓氏笔画为序）

马晓云　马艳艳　仇娟东　王雅俊　东　梅　冯　蛟
石　荣　朱丽娅　陈军梅　陈清华　杨彩玲　杨韶艳

杨国涛

2017 年 12 月于宁夏大学

前　言

农村土地流转是我国当前深化土地制度改革的一项政策创新和重要举措，在党的十七届、十八届三中全会政策指导下的新一轮的土地流转规模稳步扩大，截止到 2016 年 6 月，全国有超过 6600 万农户参与了土地流转，1/3 的农村承包土地进入了流转市场。[①] 伴随着土地流转方式的多样化、土地流转过程的市场化、国家相关政策的出台以及农民主体意识的增强，农村土地流转出现了一些新情况，最典型的就是中介组织的出现。但是，分散的流转形式、无序的中介服务组织在一定程度上阻碍了土地流转的发展，应该建立一个高效、有序的土地流转模式即"散户—中介服务组织—大户"模式。宁夏银北地区，尤其是以平罗县为代表的土地信用合作社（或称土地信用社）属于"散户—中介服务组织—大户"模式，它以运作机制独特、农户参与率高、发展迅速等特点吸引了学术界的特别关注。

基于此，笔者申请并获批了国家自然科学基金项目"农村土地信用合作社创新模式：基于宁夏银北地区的调查研究"。本书的研究项目从农户层面入手，结合宁夏银北地区县、村层面的相关信息，一是考察了政府推动土地信用合作社发展对土地流转的影响，发现推动土地信用合作社发展显著地促进了农户土地流出，但在社会保障等方面没有影响。二是在关于农户对土地信用

---

① 《农业部：全国承包耕地流转比例已超过三分之一》，新华网，2016 年 11 月 17 日，http：// www. xinhuanet. com/politics/2016 – 11/17/c_1119933443. htm。

合作社满意度的研究中，通过多元线性回归，发现拖欠租金、监管服务不利、打工人数增多等因素都对土地信用合作社的满意度形成了负面的影响，农户对土地信用合作社满意度不高。三是本书分析了参与土地信用合作社对农户收入的影响、土地流转对农村劳动力转移的影响和对老年人生计的影响，发现参与土地信用合作社对农户收入有显著正面影响；参与土地流转对农户家庭劳动力转移、劳动力转移比例、外出务工持续时间、老年人家庭总收入、打工收入、土地租金收入和转移性收入有着显著的正向影响。此外，通过案例分析，本书还发现土地流转中，种粮大户借助成本优势，有效地提高了土地收益，保障了农户的租金收益，从而能有效地促进土地流转的可持续发展。最后，研究对参与土地流转与已婚妇女劳动力转移的关系进行了分析，利用 Probit 模型和 Tobit 模型，发现参与土地流转的农户家庭中已婚妇女外出的概率要比没参与土地流转的已婚妇女外出的概率要高，而且持续时间长。

最终项目组认为，在当前土地流转多样化、多模式的格局下，政府应该加强土地流转中介服务机构、农村社会保障、留守老年人生计与养老、农户对中介的信任度等方面的建设，并在土地流转租金市场化定价方面进行改革，有效促进土地流转及中介的发展。

本书是在笔者主持的国家自然科学基金项目"农村土地信用合作社创新模式：基于宁夏银北地区的调查研究"（71163034）的最终研究成果的基础上完成的。本项目自 2012 年正式开始执行，经历了文献搜集归类整理、实地调研、追踪调查、课题组讨论、评估问卷调查、撰写学术论文和著作等研究环节，至 2015 年底，按照任务书的要求分阶段完成了预定的各项分目标和总的目标，提交结项申请，获得结项证书。参与本课题项目设计、资料收集、问卷调查、访谈、评估以及发表课题论文的课题组成员主要有张会萍、杨国涛、杨韶艳、李金香、倪全学、惠怀伟、王会贤、马成富、胡小云、吴敏、张慧、王晓轩、丁颖等。在本书的写作过程中，李长远、冯潇、肖人瑞、罗媛月等参与了书稿的整理和格式校订。对课题组全体成员的辛勤努力与付出表示由衷的感谢！本书的出版得到了宁夏大学的大力支持及出版基金的资助，特此说明。

本书的出版得到了经济科学出版社的大力支持和帮助，在此表示衷心感谢！

由于笔者研究水平有限，本书难免存在不妥或疏漏之处，恳请专家学者和广大读者批评指正！

CONTENTS **目录**

第一章

导　　论

　　1978 年 12 月，我国召开了新中国成立以来最为重要的一次会议——党的十一届三中全会。会议上，党中央决定实行改革开放战略，将党和国家的工作中心转移到经济建设上来。这一时期，作为改革核心的土地制度也随着改革开放战略发生着变化。为了适应当时经济社会发展的需要，作为农业大国的中国迫切需要破除旧体制对农业生产的束缚，以"解构"的思维重塑顺应时代的农业发展制度，尤其是作为核心的土地制度。1978年秋天，安徽凤阳县小岗村村民以壮士断腕的勇气和决心打破了人民公社生产队统一经营、集中劳动的生产方式，转而探索在农村土地集体所有制基础上将土地包干到户的农业生产方式，这一制度随着 1983 年中央一号文件——《当前农村经济政策的若干问题》的肯定而得到全面推广。这个制度的基本运作模式是按农户家庭人口及劳动力数量从集体平均获得一份土地，为了体现公平，一般将好地与差地进行搭配，将产量和劳动定额完全落实到农户，由家庭组织农地经营活动，并按约定的办法进行分配，即"交够国家的，留够集体的，剩下的都是自己的"。其特点是，维持土地国家和集体所有不变，以家庭为基础实行土地的分开承包经营，再由集体进行差异化分配。

　　家庭联产承包责任制是现代农业生产经营的基础制度，它既不是继承新中国成立初期土地私有化的制度，也不是完全否定人民公社时期的农业生产制度，而是在顺应了国情和时代，在维持公有制的基本土地制度不变的基础上，激发了农民的生产积极性，主要针对承包经营权和使用权，形成了与时俱进的农业生产政策和体制。

　　虽然所有权和使用权的分离使得农民享有独立进行农业生产和分配利益的权利，但是此时由于国家出台禁止流转的规定，土地尚未真正流转起来，只有少数农民暗中进行流转。家庭联产承包责任制的问世在一定程度上解放了农业生产力，但是由于土地分配过于细碎化而无法形成规模生产，导致跟不上迅速发展的以机械化、信息化、规模化为特点的农业现代化进程，生产和流通效率无法提高。鉴于此，我国土地流转经过了禁止—不禁止—承认—鼓励的几个阶段，在实践中总结经验，逐渐发展和完善家庭联产承包责任制。2008年，党的十七届三中全会上通过了《中共中央关于推进农村改革发展若干重大问题的决定》（以下简称《决定》），明确提出党的农村政策的基石是以家庭承包经营为基础、统分结合的双层经营体制，所以必须毫不动摇地坚持。《决定》指出，加强土地承包经营权流转管理和服务，建立健全土地承包经营权流转市场，按照依法、自愿、有偿的原则，允许农民以转包、出租、互换转让、股份合作等形式流转土地承包经营权，发展多种形式的适度规模经营。有条件的地方可以发展专业大户、家庭农场、农民专业合作社等规模经营主体。土地承包经营权流转，不得改变土地集体所有性质，不得改变土地用途，不得损害农民土地承包权益。十七届三中全会对中国农村土地制度改革意义重大。在中央政策的引导下，全国各地都在进行土地流转的实践，有些地方的土地流转不断创造出新的模式，引起了广泛的关注。

2006年，经过国家批准，宁夏平罗县在政策指引下，率先开展农村土地信用合作社试点，近年来有不少收益和经验。随着土地信用合作社形式的广泛应用和土地流转形式多样化进程的深入，无论从理论方面还是实践方面，该地区的土地流转都对我国土地制度的完善和农业生产的繁荣产生了积极、深远的影响：该地区土地流转的实施为学者们的研究提供了天然实验过程和素材，在此后的10年中，与此相关的经济学、社会学、农学等学科的论文成井喷式发展，为相关研究的文献积累打下了坚实的基础；在该地区农户获得巨大改革红利的同时，这10年实践的成功进行也为接下来土地改革的深化提供了宝贵的经验和具体的运作模式。本书将从微观层面，即农户层面入手，研究该地区土地流转对农户产生的影响，进而检验宏观政策实施的效果，证明改革开放以来土地流转方面所取得的巨大成功，为我国全面建成小康社会和谱写新时代中国特色社会主义新篇章添砖加瓦。

第一节　问题提出

一、研究背景

(一) 我国土地流转环境变化

土地和劳动力是财富创造的两大基本生产要素，但在我国，由于其特殊的国情，这两大创造财富的生产要素并没有得到充分的利用。一方面，土地资源稀缺，近年来我国人均耕地仍呈下降趋势。1996 年人均耕地1.59 亩，到 2009 年下降到 1.52 亩，不足世界人均耕地 3.38 亩的水平的一半，[①] 我国可以利用的土地资源并不丰富。随着形势的发展，土地统分结合的双层经营体制出现了一些新情况。从"分"的方面来讲，农民在市场的主体地位很脆弱，与发展现代农业的要求不相适应；从"统"的方面来看，集体经济大多变成"空壳"，原有的农村服务体系已经不适应，新的服务体系还没有健全，千家万户的小生产难以适应千变万化的大市场。当前，面临我国人多地少的矛盾，在推进城镇化和农业现代化建设的新形势下，土地流转制度应运而生。党的十七届三中全会通过的《决定》，明确指出："按照依法自愿有偿原则，允许农民以转包、出租、互换、转让、股份合作等形式流转土地承包经营权，发展多种形式的适度规模经营。"土地流转是在家庭联产承包责任制基础上的进一步延伸和发展，是适应农业现代化的新举措。另外，我国虽有着数量巨大的农业劳动力资源，但是与稀缺的土地资源相结合，结果却是产生了大量的农业剩余劳动力，即边际收益为零或负数的劳动力。随着农业劳动生产率的提高，农业内部大量潜在的剩余劳动力会显现出来，需要寻找新的就业渠道。

从近年来的实践看，我国农村土地流转明显加快，规模经营快速发展，截至 2014 年 6 月底，全国农村承包耕地流转面积 3.8 亿亩，占承包耕地总面积的 28.8%；农村各类专业大户达到 317 万户、家庭农场 87 万

[①] 《国土部：我国人均耕地降至 1.52 亩不足世界人均水平一半》，人民网，2013 年 12 月 30 日，http://politics.people.com.cn/n/2013/1230/c1001-23977290.html。

个、农民合作社 124 万家、农业产业化龙头企业 12 万家。① 但是，也存在着因承包关系不明、承包地权属不清导致土地流转不畅，以及违背农民意愿强行推动，甚至下任务指标搞土地流转，"非粮化""非农化"倾向严重等两方面突出问题。因此，引导农村土地经营权有序流转、发展农业适度规模经营，是内在的要求、现实的课题。2014 年 11 月，中共中央办公厅、国务院办公厅印发了《关于引导农村土地经营权有序流转发展农业适度规模经营的意见》（以下简称《意见》），《意见》特别强调，必须坚持依法自愿有偿，尊重农民的流转主体地位，坚决防止侵害农民土地权益，禁止在土地流转中搞强迫命令，应从我国人多地少、农村情况千差万别的实际出发，积极稳妥地推进。引导农村土地经营权有序流转、发展农业适度规模经营势在必行。纵观世界其他国家的发展历史，不同的做法会带来两种截然不同的结局，一种是引导土地有序流转，以农户为主体发展适度规模经营，既促进了工业化、城镇化，也解决了农民就业增收问题，如欧美一些发达国家；另一种是土地向少数人集中，农业生产规模扩大了甚至公司化了，但大量失地失业农民涌入城市，形成了难以解决的"贫民窟"等城市病，跌入"中等收入陷阱"，如拉丁美洲一些国家。该意见提出，对土地规模经营收入相当于当地第二、第三产业务工收入的和土地经营规模相当于当地户均承包土地面积 10～15 倍的，应当给予重点扶持。这主要是考虑到我国农户平均承包土地面积不足 8 亩，10～15 倍大约在 100 亩，按农户家庭 2 个劳动力种粮计算，务农收入可相当于外出打工收入，有利于吸引青壮年劳动力安心务农。各地可以依据农村劳动力转移情况、农业机械化水平和农业生产条件，研究确定本地区土地规模经营的适宜标准。

自 20 世纪 90 年代末以来，伴随着越来越多的农村劳动力转向非农产业，农地流转也日益活跃，尤其是 2008 年以来，土地承包经营权流转明显加快，全国土地承包经营权流转面积已达 7×10^6 公顷，比 2007 年增长 66%，占承包耕地总面积的 8.7%（段鹏飞和秦芬，2010）。伴随着土地流转方式的多样化、土地流转过程的市场化，国家相关政策的出台以及农民主体意识的增强，农村土地流转出现了一些新情况，最典型的就是中介组织的出现。但是，分散的流转形式、无序的中介服务组织一定程度上阻碍了土地流转的发展，应该建立一个高效、有序的土地流转模式即"散户—中介服务组织—大户"模式（黄祖辉和王朋，2008）。在土地流

---

① 《全国农村承包耕地流转面积占承包耕地总面积 28.8%》，中国政府网，2014 年 12 月 4 日，http：//www. gov. cn/xinwen/2014 - 12/04/content_2787059. htm。

转过程中，作为土地流转供给与需求的桥梁与纽带，中介组织的具体表现形式有土地信托服务中心、土地信托服务站、土地银行、土地流转协会等（钟涨宝和狄金华，2005）。2000 年来以浙江绍兴、湖南浏阳、宁夏平罗等地相继成立土地流转中介组织，以其各自特有的运行模式吸引了众多学者的研究和探讨。开辟和培育土地使用权流转市场，必须确立承包权流转的农户自由原则和辅以政府、社区服务的原则，使这种管理和服务能为目前存在的无序土地使用权流转提供规范的制度性基础，同时为土地使用权的有序流动创造良好的外部环境（张红宇，2002）。

　　人口老龄化是我国当前面临的重大问题，是我国社会发展的必经阶段，给我国带来了巨大的养老压力，伴随人口老龄化而来的养老保障问题成为社会关注的焦点。老龄化程度在我国城乡之间存在着较大的差异，农村老龄化程度高于城市，老龄化速度比城市更快（毛竹秀，2014；林宝2014），根据调查统计，我国农村 65 岁以上人口比重在 2013 年达到11.3%，这就使得农村老龄化带来的养老压力更大；而我国长期城乡二元经济结构造成农村养老资源供给不足，社会保障制度的不健全和保障水平低下，又进一步加重了我国农村地区养老压力。目前，虽然在我国农村老年人养老模式依然以家庭养老为主，但是随着社会经济发展，农村劳动力转移，农村空巢现象日益严重（张盈华和闫江，2015），农村人口外流弱化了家庭养老功能（刘春梅和李录堂，2013），老龄化问题更加严重的农村，老年人面临社会养老资源供给不足，家庭养老功能弱化的双重压力。

　　在社会养老资源供给不足，家庭养老功能弱化的现实情况下，农村老年人从家庭养老开始向自我养老转变（陈芳和方长春，2013），大部分农村老年人在 60 岁之后仍然继续劳动（梁鸿，1999），这一现实情况长期存在于我国农村地区。而且从经济收入来看，农村老年人收入中的 41% 靠老年人自己劳动所得（刘春梅，2013），农村老年人自身在解决晚年生计过程中的重要作用更加凸显。

　　而随着农村土地流转的快速发展，大量农村劳动力向外转移，进一步弱化了家庭养老功能，更多的老年人需要通过自身劳动来解决生计问题。根据统计，我国农村土地流转规模截止到 2013 年底，耕地流转 3.4 亿亩，是 2008 年底的 3.1 倍，流转比例达到 26%，比 2008 年底提高了 17.1 个百分点（农业部，2014）；而农民工的外出务工数量由 2010 年的 15335 万人增加到 2013 年的 16610 万人。由于土地的拥有量是农村劳动力转移的重要因素（Dixon，1950），家庭耕地面积增加会减少劳动力转移的概率

（赵耀辉，1997），耕地面积和劳动力转移的这种反比关系，使得土地流转快速发展过程中，家庭耕地面积减少让更多的农村劳动力向外转移，提高了农村老年人自主养老的比例。

尽管土地流转的快速发展弱化了家庭养老功能，加重了农村养老压力，但是农村土地流转是我国农村土地制度发展的必然趋势。我国农村地区实行的家庭联产承包责任制在一定程度上发挥了土地的保障功能，通过土地的纽带作用，支撑了我国传统的家庭养老模式。但是，家庭联产承包制生产效率不高，不能满足现代农业市场化和高效率生产的要求，通过土地流转形成规模化经营则顺应了现代农业发展的要求。而且土地流转能够增加农村家庭的收入（张会萍等，2011），同时土地流转后可以减轻老年人繁重的农业劳动。这些都决定了土地流转将会在农村发展得越来越快，规模也会越来越大。如何在土地流转快速发展的进程中，保障好老年人的生计问题，成为农村在进行土地流转过程中面临的现实问题，而这一问题在土地流转发展较早，发展速度比较快的宁夏银北地区更为突出。

（二）土地流转政策的演进

改革开放以来，国家对于土地流转的态度经历了禁止—不禁止—承认—鼓励几个阶段，依附于土地的农业生产力从过去较低的水平，在实践中逐渐被解放出来。土地政策也随之发生变化，以匹配和适应新型现代化农业生产的需要。

全面禁止阶段。新中国成立以后的农民土地私有制阶段，农民不仅取得了土地所有权，而且对拥有的农业用地和住宅用地有权"自由经营、买卖和出租"，在这个阶段农民拥有最完整的土地权利。到了人民公社阶段，农民已经丧失了土地所有权，只享有宅基地、自留地等的使用权，在原则上也不再享有对宅基地、自留地等的处分权。当时集体土地只有通过国家征用和不同集体之间的土地平调这两种形式进行无偿转移，不可能进行买卖或出租。家庭联产承包责任制建立以后，土地所有权与使用权相分离，农民虽然没有土地所有权，但拥有土地使用权。在此期间，全国粮食产量经历过一波上涨后明显下降，这说明家庭联产承包责任制对农业生产的激励作用已经明显减弱。在不改变土地所有制的条件下，放开土地承包经营权、使用权等促进土地流转的政策势在必行，这也是为了激励农业生产而必须做出的重要改变。

政策放松阶段。随着家庭联产承包责任制的推行，土地平均分配导致的土地细碎化问题日渐突出，因此有些农民想通过换地、转包等形式流转土地，使土地逐渐集中，进行适度规模经营，农村开始出现自发的土地流转实践。在1984年的中央一号文件《关于一九八四年农村工作的通知》中，国家对于农村土地承包经营权流转的限制有了松动，鼓励土地逐步向种田能手集中：社员在承包期内，可以将土地交给集体统一安排，也可以经集体同意，由社员自找对象协商转包，但不能擅自改变向集体承包合同的内容，而且要求在土地流转时对农民向土地的投资给予合理补偿，对因掠夺性经营而降低地力的，也应规定合理的赔偿办法，对荒芜、弃耕的土地，集体应及时收回。不过这一文件仍然强调承包土地不准买卖、不准出租、不准转作宅基地或非农用地。中共中央1986年第5个关于农村工作的一号文件《关于一九八六年农村工作的部署》中，明确地提出随着农民向非农产业转移，鼓励耕地向种田能手集中，发展适度规模的种植专业户。这是中央第一次提出发展适度规模经营的问题。在最高人民法院1986年的《关于审理农村承包合同纠纷案件若干问题的意见》中，又针对农村承包合同的转让和转包问题作出明确规定。其中，转让是指承包人自找对象，由第三者代替自己向发包人履行承包合同的行为。承包人必须经发包人同意后，才可以将承包合同转让或转包给第三者，并且不得擅自改变原承包合同的生产经营等内容，否则签订的转让或转包合同即为无效。

允许流转阶段。经国务院批准，一些沿海发达省市开始开展土地适度规模经营的试验，土地使用权的流转终于突破了家庭承包经营的限制，这标志着我国的土地流转制度进入了新的试验期。但当时的基本情况是政策初步允许农村土地承包经营权流转，但法律上尚未允许，最突出的表现就是政策规定与1982年《中华人民共和国宪法》（以下简称《宪法》）不一致，因此土地流转只能发生在集体内部。1986年，在最高人民法院对《关于审理农村土地承包合同纠纷案若干问题的意见》进行的司法解释中，有着这样的规定："承包人在未经发包人同意私自转包、转让承包合同的，承包合同无效。"而且1987年1月1号实施的《中华人民共和国民法通则》第八十条也规定："土地不得买卖、出租、抵押或者以其他形式非法转让。"综合上面的分析我们可以看出，这时的农村土地承包经营权流转实际上只能无偿上交集体或者经集体同意无偿转包给其他农户，根本没有流转土地承包经营权的收益权，这严重挫伤了流转土地农民的积极性。1988年4月12日，全国人大七届一次会议通过的《中华人民共和国宪法修正案》第十条第四款规定："任何组织或者个人不得侵占、买卖或者以其他形式非法转让土地。土地的使用权可以依照法律的规定转让"，将原宪法中"不得出租土地"的条款删去了，土地使用权合法流转终于有了宪法保障，也使农村土地承包经营权流转获得收益成为可能。但这一规定在当时还只是允许土地承包经营权进行转让，对出租、租赁等是禁止的。1988年12月29日，在由第七届全国人大常委会第五次会议审议通过的《关于修改中华人民共和国土地管理法的决定》中，也相应地在《中华人民共和国土地管理法》（以下简称《土地管理法》）第二条增加了第三款，规定"国有土地集体土地使用权可以依法转让"。

我国农村土地政策在这一阶段转变为在稳定农户土地承包关系的基础上，完善以延长农户对土地经营的承包期限为中心的制度。同时，为了完善家庭联产承包经营责任制，推动农村产业结构调整，促进农村劳动力转移，加快农村城镇化和农业现代化建设的步伐，允许农村土地流转制度的创新和实践。1993年7月2日，《中华人民共和国农业法》由第八届全国人大常委会第二次会议审议通过，在明确土地承包经营权法律地位的基础上，进一步规定了承包经营者的生产经营决策权、产品处分权和收益权、转包权、转让权、期满时的优先承包权以及其继承人的继续承包权等。1993年11月5日，中共中央、国务院发布了《关于当前农业和农村经济发展的若干政策措施》，明确指出以家庭联产承包为主的责任制和统分结合的双层经营体制作为我国农村的一项基本制度，需要长期稳定和不断加以完善。为了进一步稳定土地承包关系，提高土地生产率，鼓励农民增加收入，提出在原定的耕地承包期到期之后，再延长30年不变，而且在承包期内提倡"增人不增地，减人不减地"。这是中央第一次提出将土地承包经营期延长到30年。同时，允许了土地使用权依法有偿转让，但一定要在坚持土地集体所有以及不改变土地用途的前提下，并且必须经发包方同意，而且还提出在少数第二、三产业较为发达、大部分劳动力已经转向非农产业并有稳定收入的地方，可以从实际出发，尊重农民意愿，对承包土地做必要调整，实行土地的适度规模经营。1993年11月14日，《中共中央关于建立社会主义市场经济体制若干问题的决定》由十四届三中全会审议通过，提出在坚持土地集体所有制的前提下，对耕地承包期加以延长，允许继承开发性生产项目的承包经营权，允许土地使用权的依法有偿转让。还有，本着群众自愿的原则，在少数的经济比较发达的地方，可以采取转包、入股等多种形式发展土地的适度规模经营，以提高土地利用率和农业劳动生产率。1994年12月30日，农业部在《关于稳定和完善土地承包关系的意见》中规定，在坚持土地集体所有和不改变土地农业用途的前提下，只要经发包方同意，承包方就可以在承包期内对承包的标的，依法实施转包、转让、互换、入股，其合法权益是受法律保护的。可见，国家进一步强化了对农村土地承包经营权流转的收益权的保护。

20世纪90年代初，一些地方出现了集体以"两田制"、调整农业结构、规模经营等名义减少甚至收回农户承包地的侵犯农民承包经营权的情况。1995年3月28日，国务院在批转农业部《关于稳定和完善土地承包关系意见的通知》中，强调了要维护承包合同的严肃性，在调整土地的过程中不得强行改变土地的权属关系，严禁出现发包方借调整土地之机多留机动地的情况。对于原则上不留机动地、可是确实需要留的，要求机动地不得超过耕地总面积的5%，而且规定不能随意地提高土地承包费等。该通知中还界定了土地使用权流转的内涵，要求建立土地承包经营权流转机制，提出只要在坚持土地集体所有和不改变土地农业用途的前提下，在得到发包方的同意之后，承包方就可以在承包期内对承包土地依法进行转包、转让、互换、入股，其合法权益受法律保护。中央针对在延长土地承包期工作中存在的违反土地政策的现象明确表示，土地使用权的流转最终会形成土地的适度规模经营，但这是一个长期的发展过程，发展适度规模经营不可操之过急。1997年8月27日，为了进一步稳定和完善土地承包政策，《关于进一步稳定和完善农村土地承包关系的通知》由中共中央办公厅和国务院办公厅发出，该通知根据中央对农村土地承包经营的政策精神，对在土地承包政策的具体执行过程中出现的一些值得注意的问题做出了规定。规定在根据实际需要进行"大稳定、小调整"时，"小调整"只限于人地矛盾突出的个别农户，不能对所有的农户进行普遍调整，更不能用行政命令的办法硬性规定在全村范围内几年重新调整一次承包地。同时，中央领导同志在中央农村工作会议上指出，强调稳定土地承包关系，并不是不让流转，而是说流转一定要建立在农民自愿的基础上。发展适度规模经营，必须坚持条件、适度、多样、引导和服务的原则。中央明确提出不提倡"两田制"，要求认真整顿"两田制"，不允许以"两田制"为名收回农户部分承包地，而且对预留机动地必须严格控制和管理。

政策规范阶段。1998年8月29日，《土地管理法》由第九届全国人大常委会第四次会议修订通过，规定集体经济组织的成员可以承包经营归属于本集体所有的土地，土地承包经营的期限是30年，土地使用权可以依法转让，但对承包期内个别农户之间承包地的适当调整作了严格的限制，在农村土地使用权的自由转让方面依然有较多限制。1998 年 10 月 14日，《中共中央关于农业和农村工作若干重大问题的决定》在党的十五届三中全会上通过，提出要长期稳定以家庭承包经营为基础、统分结合的双层经营体制，坚定不移地贯彻土地承包期再延长 30 年的政策，并重申必须坚持自愿有偿原则、实现土地使用权的合理流转，不允许以任何理由来强制农户转让。同时指出要切实保障农户的土地承包权、生产自主权和经营收益权，使之成为独立的市场主体。还提出为了确保农村土地承包关系长期稳定，要抓紧时间来制定相关的法律法规，使农民拥有长期而有保障的土地使用权。由此，可以明显看出，当时国家对农村土地承包经营权流转的政策主要着眼于保护农民的土地承包经营权，防止因土地承包经营权流转给农民带来实质性损害，使农民丧失土地使用权。1999 年 3 月，《中华人民共和国宪法修正案》由第九届全国人民代表大会第二次会议审议通过，将原来《宪法》第八条第一款中"以家庭联产承包为主的责任制"修改为"农村集体经济组织实行家庭承包经营为基础、统分结合的双层经营体制。"这一修改正式确立了以家庭承包经营为基础、统分结合的双层经营体制作为我国农村基本经营制度的法律地位。九届全国人大四次会议于 2001 年 3 月 19 日批准了修改后的《国民经济和社会发展第十个五年计划纲要》。该纲要进一步指出要加快农村土地制度的法制化建设，实现以家庭联产承包经营为基础、统分结合的双层经营体制的长期稳定，并且在土地承包关系长期稳定的基础上，鼓励有条件的地区积极进行土地承包经营权流转制度改革的探索。2001 年 12 月 30 日，中共中央发布《关于做好农户承包地使用权流转工作的通知》，对土地流转的主体、原则进行了更严格的规定，这是中共中央首次针对农村土地承包经营权流转专门发布的文件。为了引导农村土地使用权流转健康发展，该通知强调在长期稳定家庭承包经营制度的前提下，允许农户进行承包地使用权合理流转的实践，农村土地流转必须坚持依法、自愿、有偿的原则。而且明确提出不准搞"两田制"，农户是土地流转的主体，对农村集体留机动地的比例进行了严格限定，并提出村集体经济组织在承包期内无权单方面解除土地承包合同，不准借土地流转改变土地所有权和土地的农业用途，而且流转期限不得超过农户承包土地的剩余承包期。还强调应由农户与受让方或承租方协商确定土地流转的转包费、转让费和租金等，流转的收益应归农户所有，任何组织和个人不得擅自截留、扣缴。为防止企业到农村圈地，该通知并不提倡工商企业长时间、大面积租赁和经营农户承包地，应当主要在农户之间进行农村土地流转等。而 2002 年 8 月 29 日颁布、2003 年 3 月 1 日实施的《中华人民共和国农村土地承包法》（以下简称《农村土地承包法》）则坚持了上述有关土地流转的规定，明确赋予了农民可以采用转包、出租、互换、转让或者其他形式对土地承包经营权进行流转的权利，这种权利不能被任何组织或个人所剥夺，而且任何的转让或者流转都必须以合约双方自愿为前提，但对土地承包经营权的抵押未予明确的许可。该法将土地承包经营权以法的形式确立，是稳定和完善土地承包关系，保障农民权益，促进农业发展，保持农村稳定的制度基础。2002 年 11 月 17 日，党的十六大报告中进一步强调了农村土地承包经营权流转的原则和目的。该报告指出"有条件的地方可按照依法、自愿、有偿的原则进行土地承包经营权流转，逐步发展规模经营"。农业部 2005 年 1 月 19 日颁布、3 月 1 日实行的《农村土地承包经营权流转管理办法》，对农村土地承包经营权流转的原则、流转方式、当事人权利、流转合同的签订以及流转管理等进行了详细、明确的可操作性规定，这标志着农村土地流转进入了市场化的阶段。随后，各地都根据自身的实际情况制定了符合自身发展的土地承包经营权流转政策。为了稳步推进农村土地承包经营权流转改革，从体制上强化农村土地承包经营权流转，2006 年中央一号文件《中共中央国务院关于推进社会主义新农村建设的若干意见》提出，在依法、自愿、有偿的基础上健全土地承包经营权流转机制，可以在有条件的地方发展多种形式的适度规模经营。2007 年中央一号文件《中共中央国务院关于积极发展现代农业扎实推进社会主义新农村建设的若干意见》则提出要对土地承包经营权流转加以规范。由此可见，我国农村土地承包经营权流转的改革，逐步向建立和完善土地承包经营权流转机制转变，进入了重在制度建设的新阶段。

2008 年 10 月 12 日，《中共中央关于推进农村改革发展若干重大问题的决定》在党的十七届三中全会通过，明确提出党的农村政策的基石是以家庭承包经营为基础、统分结合的双层经营体制，所以必须毫不动摇地坚持。过去规定"土地承包关系长期不变"，此次全会则改为"现有的土地承包关系要保持稳定并长久不变"，强调要进一步深化农村土地制度改革，应该让农民拥有更加充分而有保障的土地承包经营权。该决定指出"加强土地承包经营权流转管理和服务，建立健全土地承包经营权流转市场，按照依法、自愿、有偿的原则，允许农民以转包、出租、互换、转让、股份合作等形式流转土地承包经营权，发展多种形式的适度规模经营。有条件的地方可以发展专业大户、家庭农场、农民专业合作社等规模经营主体。

土地承包经营权流转，不得改变土地集体所有性质，不得改变土地用途，不得损害农民土地承包权益。"

稳步发展阶段。随后，中共中央、国务院发布的 2009 年中央一号文件《中共中央国务院关于 2009 年促进农业稳定发展农民持续增收的若干意见》提出，土地承包经营权登记试点工作要稳步开展，必须把承包地块的面积、空间位置以及权属证书落实到农户，并且对于违法收回农民承包土地的行为要坚决禁止和纠正，严禁借机调整土地承包关系。强调一定要尊重农民的土地流转主体地位，对于农民自主流转承包地的行为，任何组织和个人既不能强迫也不能妨碍。还提出要鼓励有条件的地方发展流转服务组织，为流转双方的法规咨询、信息沟通、价格评估、合同签订、纠纷调处等提供服务。2010 年的中央一号文件《中共中央国务院加大统筹城乡发展力度进一步夯实农业农村发展基础的若干意见》提出，土地承包管理工作要继续做好，全面落实承包地块、面积、合同、证书"四到户"，并且进一步扩大农村土地承包经营权登记的试点范围，保障必要的工作经费，还提出土地承包经营权流转的管理和服务工作要加强，进一步健全流转市场，在依法自愿有偿流转土地的基础上发展多种形式的土地适度规模经营。

2012 年党的十八大以来，我国深入推进农村土地制度改革，扎实推进农村土地承包经营权确权登记颁证工作，实现了农村承包地的三权分置，深化了农村"三块地"改革。

党的十八届三中全会《中共中央关于全面深化改革若干重大问题的决定》对农村集体经营性建设用地与国有土地"同等入市、同权同价"进行了明确规定，放宽了农村集体经营性建设用地入市的条件限制。2014 年中央一号文件进一步提出加快建立农村集体经营性建设用地产权流转和增值收益分配制度改革。2014 年 11 月，中共中央办公厅、国务院办公厅印发《关于引导农村土地经营权有序流转发展农业适度规模经营的意见》，明确指出："土地流转和适度规模经营是发展现代农业的必由之路，有利于优化土地资源配置和提高劳动生产率，有利于保障粮食安全和主要农产品供给，有利于促进农业技术推广应用和农业增效、农民增收，应从我国人多地少、农村情况千差万别的实际出发，积极稳妥地推进。"2015 年《关于开展农村承包土地的经营权和农民住房财产权抵押贷款试点的指导意见》引导农村土地经营权有序流转，慎重稳妥推进农民住房财产权抵押、担保、转让试点，落实农村土地承包经营权和农民住房财产权抵押贷款试点工作和抵押融资功能，明确贷款对象、贷款用途、产品设计、抵押价值评估、抵押物处置等业务要点，盘活农民土地用益物权的财产属性。2016 年《关于落实发展新理念加快农业现代化实现全面小康目标的若干意见》提出稳定农村土地承包关系，落实集体所有权，稳定农户承包权，放活土地经营权，完善"三权分置"办法，明确农村土地承包关系长久不变的具体规定。依法推进土地经营权有序流转，扎实推进农村承包土地的经营权和农民住房财产权抵押贷款试点工作的开展。

2017 年 10 月 18 日，党的十九大进一步强调，保持土地承包关系稳定并长久不变，第二轮土地承包到期后再延长 30 年。

（三）土地信用中介组织形式

目前国内学者关于农村土地流转中介组织概念的界定尚未形成权威性定义。王志章等主张农村土地流转组织应属制度内生产物，即农村土地流转中介组织是具有秉持独立自主、公平公正的特性，以其专业化职能，在农村土地流转中沟通各方关系、协调各方利益，并保障农村土地高效有序流转和维护土地流转当事人利益，而依法成立的社会自律性组织。这一观点是农村土地流转中介服务组织应属制度内生的典型代表。钟涨宝等认为土地流转中介组织是指将农地的供给主体和需求主体联结起来的中介组织，它在农地的供给主体和需求主体之间起到了沟通和桥梁的作用。这一派系的观点主要是从中介服务组织的功能和作用的角度定义的。本书认为，针对我国农村土地流转的官办传统及我国中介服务组织的发展现状，要求农村土地流转中介服务组织完全脱离政府扶持，由社会自发产生是不大现实的。与多数中介机构的产生一样，土地流转中介机构的产生首要目的也是降低交易成本，尽量消除市场上的信息不对称的情况，从而保证土地资源能够被高效分配和利用以达到利益最大化的目的。由于土地对于我国粮食安全和农民群众的重要性不言而喻，所以土地流转中介一出生就更加侧重于保障依附于土地的广大农民的利益。在当前粮食出厂价格普遍不高的情况下，土地流转中介平台成了一个保障农民群体利益，保障农村土地高效、有序流转而依法成立的组织。

综合各位学者的观点和实践中产生的经验来看，土地流转中介主要的职能是：发布土地流转信息、确定流转土地地价、制定土地流转文本、主持土地流转竞标、鉴证土地流转合同、管理土地流转档案。

根据各地区的农村土地流转实践来看，我国专业化从事土地流转的第三方组织主要有以下三类：

第一类是所谓的"土地银行"。"土地银行"并非真正的银行，它本质上是由农户像存货币一样向信用合作社存入一定量的土地（实际上是土地的承包经营权），再由合作社将存入的土地贷给适合规模经营农业的人或者企业。土地流转利益分配方式基本上与商业银行的类似：农户将土地存入"土地银行"并取得存地报酬（利息），然后"土地银行"根据借地者的需求贷出土地，并向借地者收取一定的土地使用费，存贷间的差额就是土地银行的主要收入源，此时贷地收入要大于支付给农户的存地报酬。此类土地流转中介最典型的例子就是宁夏平罗县率先开展的土地信用合作社。

第二类是所谓的"土地信托机构"。土地信托是指在坚持农村土地集体所有权和承包权不变的前提下，土地承包人基于对受托主体的信任，将承包地的经营权在一定期限内依法、自愿地信托给受托人，受委托人取得土地经营权后，依据自己的意志并以自己的名义独立对信托土地进行经营管理或处分，在扣除经营费用和约定报酬后，土地收益则完全归土地承包权人或其指定的受益人所有。对"土地作为信托财产所产生的利益归属问题"，目前大多数学者均认同绝大部分利益应归属于委托人或受益人，而受托人（土地信托机构）在信托关系存续期间则获得少量的利益作为它的佣金。浙江绍兴就是这种模式的典型代表。河南沁阳的"土地公开拍卖"模式则是这种信托的高级形式，由政府出面搭建平台，全权托管农民的土地，然后由需求方公开竞争土地承包经营权，竞价则是由每亩田年产量来衡量。

第三类是所谓的"土地股份合作社"。在不改变土地用途和农民家庭承包经营权的前提下，农民自愿以自己的土地承包经营权入股合作社，成为合作社的股东，村集体以管理方式入股，壮大集体经济。这种模式将农民对土地的承包经营权和土地收益权分立开来，一方面，无论土地如何流转，已经入股的农民都可以从中获取分红，而且自己还可以选择其他工作获取额外收入；另一方面，土地集中于专业生产机构，便于在专业化、机械化、规模化生产的基础上降低生产成本以获取最大利益。相比之下，土地股份合作流转的利益分配方式较多样化，但大多数是基于实践中的个案研究，其中比较有代表性的是，胡璐、张绍良等以浙江省嵊州市为例总结出农村土地流转中的三种土地股份合作模式：农户模式、合作社模式和"合作社＋农户"模式，每种模式对应着不同的利益分配方式——保底不分红、分红不保底与既保底又分红，同时又向合作社缴纳一定的服务和建设费用。

除此之外，还有其他派生的模式，比如上海松江的"家庭农场"模式，河南沁阳"土地承包权公开拍卖"模式，福建三明"土地承包经营权抵押"模式、温州"种粮大户转包"模式等。这几种模式是以上述三种主要模式为基础，同时适应了地域性特点而派生出来，是比较高级的农村土地流转模式，也符合现阶段国家对于农村土地流转方式多样化的要求。

无论哪一种土地流转模式，其优点是显而易见的：

（1）土地流转基本可以把大量农村劳动力从过去繁杂的农务中解放出来，使他们成为第二、第三产业的后备军。这样，农民还可以在获得稳定的土地流转收入的同时，自由选择工作，获取额外收入，创造额外的价值。我们在本书中的中间几章着重从土地流转对农户产生影响的方面说明上述优点。

（2）流转出来的土地可以用现代化的农业生产方式进行规模化生产，降低生产成本、提高生产效率，使土地资源重新得到合理的分配，达到利益最大化的目的，最终使得农民、土地流转中介、种粮大户或企业三方获得收益。

（3）土地流转中介组织的成立与村集体或村委会有密不可分的关系。一方面，一般中介机构的负责人由能力强、有权威的领导担任，在提高管理水平、业务能力的基础上，将村集体利益极大化，使土地流转成果更多惠及村民；另一方面，中介组织形式的繁荣能够充实我国发展土地流转政策的实践经验，为我国构建新农村、加快城乡一体化进程做出贡献。

二、研究目标

探究土地流转对农户行为的影响，为促进农村土地有序、健康流转，提供相应的政策建议。基于本书的研究、意义和现有文献的研究基础，本书的研究目标是从农户层面入手，结合宁夏银北地区宏观层面的信息，了解本区域农村土地流转的特点、现状、变化趋势，把握农户对农村土地信用社中介服务的需求、意愿和满意程度，系统评估农村土地信用社对农村生产、农户收入、外出就业等方面的作用及影响，分析农村土地信用社中介服务有效提供的影响因素及其作用，为今后完善农村土地信用社中介服务职能，提高服务效率，改善服务提供水平，促进农村土地有序、健康流转，提供相应的政策建议。

第二节　研究内容

一、基本研究内容

为了实现上述研究目标，我们有以下 5 个方面的研究内容：

（1）从制度供给层面分析农村土地信用社的运行模式和制度安排。

对宁夏银北地区农村土地信用社规模、组织结构、变迁及决定因素，农村土地信用社中介服务提供的现状、提供模式、动态演进及相关影响因素等进行了分析，研究在农村土地信用社服务机构的发展演变过程中，参与主体是什么？作为一种"外生性中介组织"，政府是如何推动的？农村土地信用社服务提供与区域农村生产发展、农户收入、外出就业等之间的相关关系等。

（2）农户对农村土地信用社中介服务提供的响应程度及其影响因素分析。

本部分主要从农户需求角度出发，运用面板数据，利用 Probit 和 Tobit 模型，从农户层面分析影响农村居民土地信用社服务的响应及其影响因素，可以从需求层面初步分析出符合现阶段农村土地信用社服务提供的重点和进一步完善农村土地信用社服务的主要方向。

从农户层面了解村民对通过土地信用社进行土地流转的响应程度及其影响因素；关注农户土地特征、家庭和个人特征，重点关注政府推动这一政策变量，尤其是 2010 年宁夏回族自治区将银北地区作为农村养老保险试点制度以后，要将是否参与养老保险作为重点关注的政策变量，动态分析农户对农村土地信用社响应的变化。

（3）农户对农村土地信用社中介服务提供的满意程度及其影响因素分析。

构建一个农户需求与满意度指标体系，从需求方的角度了解村民对土地信用社所提供的信息服务、交易服务、生产服务、评估服务、监管服务等中介服务提供的可得性，包括村里是否有相关服务，服务提供方如何提供，提供质量如何，以及村民获取相关服务面临的困难和挑战，进而在对农户进行问卷调查的基础上，运用计量经济学分析工具，分析评价村民对土地流转中介服务的现实需求、满意程度、影响因素及其作用。

（4）对通过土地信用社中介参与土地流转后，该制度对本区域农村生产、农户收入、外出就业等方面的影响效果评估及其相关因素分析。

首先，综合已有研究并结合银北地区的特点，建立一个适合本区域的影响效果评价指标体系，这个指标体系针对以下几个方面的影响而建立：

对农户收入变化的影响：通过农村人均纯收入、农业收入、非农收入在总收入中所占比重等指标的前后变化，评估通过土地信用社参与土地流转的影响效果。

对农村土地产出变化的影响：通过土地流转前后单位土地产出的变化评估通过土地信用社参与土地流转的影响效果。

对土地投入成本变化的影响：通过土地流转前后劳动力、资金等投入变化，评估通过土地信用社参与土地流转的影响效果。

对土地规模经营效果的影响：通过分析规模经营土地变化、机械化程度、农业技术投入的变化，评估通过土地信用社参与土地流转的影响效果。

对农户外出就业的影响：通过土地信用社参与土地流转对外出就业尤其是妇女外出就业等指标的影响，构建一个全面系统的指标评价体系。

其次，按照构建的指标体系，利用计量经济学中政策影响效果评估方法，即倍差分析方法（difference in difference，DID）（Wooldridge，2002），系统评估农村土地流转中介服务提供对农村居民的影响效果。

（5）从制度供给层面提出进一步完善农村土地信用社的运行模式及其制度安排。

参考县级、村级层面农村土地流转中介服务提供实际情况，结合村民需求层面，对土地流转中介服务的需求、意愿和满意程度的信息，根据对农村土地流转中介服务提供效果的评估，探讨改进农村土地流转中介服务，提高我国农村土地流转中介服务提供水平和质量的可行办法，为进一步完善土地流转模式，改善农村土地流转中介服务的制度安排提供决策参考和政策建议。

二、研究内容的部分调整

1. 研究对象的部分调整

从本书研究项目申请到 2014 年，伴随着土地流转的发展和国家有关政策的变化，土地在流转模式上也发生了很大变化。本书研究项目设计的研究对象主要针对当时政府广泛推广的土地信用社中介模式，但是伴随着农户的土地流转方式的多重选择和农户的自主意识的增强，这种政府单方面强推的中介模式，逐渐受到了挑战，被新的、更适宜的流转模式所取代，比如家庭农场模式就是在政府倡导适度规模流转前提下的新的流转模式。这样，原来广泛实行土地信用社的区域逐渐剩下两个乡镇。作为研究对象的土地信用社流转农户也就急剧减少，影响到了样本的选取。另外，由于土地信用社这种中介模式虽然强调"信用"二字，但在我们的调查中实际上是有名无实，纯粹就是一种村委会代理的流转中介，与其他中介模式大同小异。因此，我们在利用双差分模型评估土地信用社流转模式的效果时，将多种土地流转模式都纳入研究对象，来评估土地流转对农户收入、劳动力转移等的影响。

2. 研究内容的增加部分

本书课题组在对银北地区的农户调查中发现，土地流转对老年人的影响较为突出。老年人对土地流转态度并不统一，同时在土地养老模式和家庭养老模式之外，土地流转的转入方，尤其是流转的种粮大户、家庭农场主等有参与农村老年人养老的积极性，但是老年人主要仍然依靠自身来解决晚年生计问题。本书为了给解决老年人问题提供相关的借鉴，在收集宁夏银北地区老年人数据的基础上，增加了土地流转对老年人生计的影响方面的评估和分析。

第三节　研究思路和研究方法

一、研究思路和计划

本书的研究思路和研究计划分为三个阶段：

（1）进一步查阅有关文献进行归类整理，完善项目计划书的研究方法，改进模型及其变量；对县、乡镇、村进行土地流转的进一步摸底调查，了解土地流转发展情况及其土地信用社功能的发挥情况。在自治区、县政府层面，针对土地流转的管理，对土地流转管理人员、对乡镇和村级负责土地流转的干部、对平罗、贺兰两县的部分农户进行典型访谈，经过多层面的摸底调查，对银北地区的土地流转发展情况有了进一步的了解；

召开项目讨论会，针对调研的现实情况，将发现的问题进行汇总、整理及其讨论，将调查方法、抽样设计、模型及其变量选择向有关专家咨询探讨，进一步确定研究方案的可操作性。

（2）对宁夏银北地区土地流转模式的追踪调查。

课题组在对宁夏银北地区农村土地信用合作社的运行模式和制度安排进行研究时发现，随着中央政策的变化和当地土地流转发展的实际情况，在农村土地信用合作社这种流转模式之后出现了新的流转模式，为了更好地进行研究、比较农村土地信用合作社和其他土地流转模式之间的特点，本书课题组对宁夏银北地区土地流转模式进行了调查，与土地信用合作社所代表的单一土地流转模式相比，随后兴起的土地流转模式在土地承包权出让方式、中介组织形式以及土地流入者的经营方式方面，立足各村实际情况，建立了符合本村实际情况的流转模式。

（3）对政府支持农村土地流转的相关政策进行调查。

首先，通过解决流转失地农民的后顾之忧，推动土地流转：进一步完善社会保障体系，惠农区实现社保、医保农村全覆盖，医保城乡一体化；贺兰县逐步推动城乡社会保障制度融合，解决农民依靠土地养老问题。对进城务工农民进行技术培训，建立流转企业雇用当地农民的劳务雇佣机制，流转企业优先雇用本村农民进行工作，解决部分不愿或不能外出工作的农民就业问题。其次推动农村土地经营管理制度改革，促进土地流转的发展：以宁夏平罗县为代表，进行农村集体土地和房屋产权的确权，推进农村集体产权制度改革及农村"三权"（农户土地承包经营权、集体荒地承包经营权和宅基地使用权）抵押贷款业务。

对县、乡、村负责人、土地流入者及部分农户的深入访谈：

（1）通过对平罗县、惠农区及贺兰县的农牧局、农经站的负责人进行深入访谈，掌握了3个县的土地流转的政策、规模、形式及对流转后失地农民的保障问题。

（2）在对宁夏银北地区各县土地流转情况掌握的背景下，本书课题组深入平罗县姚伏镇、黄渠桥相关乡镇，贺兰县金贵镇、习岗镇等相关乡镇详细了解了乡镇负责人对土地流转过程中的政策执行及其他相关问题。

（3）深入村组，通过村主任、村支书等人进行调研，进一步明确了村组织在土地流转过程中的关键作用，了解了在土地流转过程中出现的各类问题及相应的解决方法。

（4）本书课题组还针对土地流入者进行了访谈，向平罗县姚伏镇农场主徐迎平、中粮集团等相关的土地流入者详细了解了政府给予他们的政策支出、土地产出情况及流转中遇到的问题。

（5）随机选取了3个县的20多户农户进行访谈，了解了政府在推动土地流转中的作用，从需求方的角度获悉了农户对土地信用合作社及其他中介组织提供的相关服务的可得性，了解了农户在土地流转后收入水平、就业、社会保障等涉及农民根本利益的问题。

根据既有研究计划，继续对银北地区土地流转情况进行评估调查：

（1）在前期已有调查的基础上，对土地流转政策、土地流转现状在各级政府、农户层面进行跟踪访谈。

（2）开了五次中小型项目讨论会，总结新情况、发现新问题，及时调整设计方案和完善调查问卷。

（3）在7月份完成评估问卷调查。在银北地区贺兰、平罗、惠农三个样本县随机抽取14个乡镇，入户完成697份有效农户问卷，样本构成如下：参与土地流转的干预组样本农户447份，没有参加土地流转的对照组样本农户249份；在447份参与土地流转的农户中，曾经参加过土地信用社的农户61户；在447份参与土地流转的样本农户中，153个样本农户将土地流转给企业，160个样本农户流转给种粮大户，31户流转给家庭农场，27户流转给专业合作社，36户给村委会集体播种，40户给其他经济组织。

（4）8月份进行数据录入和清理，形成一套完整的银北地区土地流转调查数据。

二、研究方法

（1）系统分析法。运用制度经济学、产权理论、地租理论、规模经济理论等经济学理论对研究对象进行系统分析。这几个理论都与土地流转关联密切，是我们用来分析宁夏银北地区土地流转现状及其对农户经济水平、经济行为的理论工具，我们将其与当地具体情况相结合，不仅能够在一定程度上解释该地农村土地流转政策的效果，还能为具有相似特征的地方提供参考。

（2）采取问卷和访谈相结合的方法。根据研究目的、内容和技术路线，通过收集县级、村级二手数据，设计问卷，对农户进行抽样问卷调查。农户调查问卷将涉及农户基本信息、家庭信息、生产经营情况、农户对中介服务的需求信息、满意度量表以及当地社会经济发展的各个方面，研究变量涉及农户的家庭基本情况、家庭收入状况、受教育程度、农业生产的基本情况、非农就业的变动情况、土地信用合作社现状、当地社会经济发展状况、政府推动、农村养老保险试点等政策影响因素。深入宁夏银北地区，即平罗县、惠农区、贺兰县的县、乡、村级地区，分级进行实地调研并收集数据，为了解该地土地流转一般情况和之后影响分析提供强力证据。

（3）抽样方法。我们将用分层抽样法，首先在银北地区的所有县纳入样本县，其次在每个县抽取样本镇，在每个样本镇抽取样本村，在样本村抽取样本户。按照统计学、计量经济学关于样本量确定公式来计算总样本量，使样本户随机分布于宁夏银北地区各个符合研究要求的乡镇。在影响效果评估部分，将参与土地信用合作社的农户为处理组，未参与土地信用合作社的农户为对照组，用两时期面板数据进行影响评估。

（4）运用 Probit、Logit、Tobit、双重差分法（DID）等计量经济学方法，对土地流转和农户之间的关系进行因果识别，分析其影响机制。数据来源的可得性：根据研究目的、内容和技术路线，本书需要使用的数据主要包括三部分，县级、村级、农户抽样调查三种数据。我们计划收集两期的数据资料。在县级层面，从银北地区各县的农经站可以收集到县级相关数据。在我们的前期调查中了解到，在每个村的村委会都建立了土地信用社的档案资料，可以收集到村级相关数据。

主要从农户需求角度出发，运用面板数据，利用 Probit 和 Tobit 模型，从农户层面分析影响农村居民土地信用社服务的响应及其影响因素，可以从需求层面初步分析出符合现阶段农村土地信用社服务提供的重点和进一步完善农村土地信用社服务的主要方向。本书采用的数据模型是非观测效应面板数据模型，主要采取的方法是一阶差分模型。研究中采用两时期面板数据（panel data）进行一阶差分法，对 2010 年与 2013 年两时期面板数据进行一阶差分处理，利用双重差分模型（处理组与对照组在两个时期内的劳动力转移变化量，DID），以此来分析是否参与土地信用社对农户家庭收入的影响，识别宁夏银北地区土地流转的影响效应和劳动力转移量度的响应。本书采用 logit 回归模型分析老年人生计资本对生计策略选择的影响。

第四节 研究创新与不足

结合相关领域的研究成果，我们认为本书的研究创新之处在于：

（1）微观问题研究。本书所研究的对象都是非常具体的：土地流转政策所在地选在率先开展土地信用合作社的宁夏银北地区；研究对象为土地流转中介参加以后土地流转对农业生产、农户收入、外出就业等方面的影响效果评估及相关因素分析；调查和访问的对象也具体到村上的农户，收集的资料更是以这些农户为基础。

（2）保持研究时效性。自 2006 年宁夏平罗县经国家允许开展农村土地信用合作社以来，课题组时刻关注新型土地流转模式的动向。从 2011 年申请到相关研究方向的国家自然科学基金到 2015 年课题结项，课题组多次深入宁夏银北地区实地调研，收集资料，在时间上保持线性一致，为研究的持续有效性提供了保障，这是其他研究中所做不到的地方。

（3）计量方法与具体问题结合。虽然研究采用了诸如 Logit、Probit、Tobit、DID 等普遍使用的计量经济学方法，但是我们用这些方法研究了银北地区土地流转一系列具体问题并提出相应建议，也为其他特征相似地区实现土地流转政策提供了一定参考。

（4）数据唯一性。之所以强调数据唯一性，一是因为调研数据都是课题组几年追踪下来收集的一手资料，具有贴近实际、动态变化的特征；二是因为调研采用了随机抽样的方式，所以数据不可复制，世界上仅此一份，具有排他性，所以我们所做的研究也可以说是唯一的。

本书的不足之处：

（1）样本量不够大。由于时间和精力有限，课题组按照随机抽样的方法，从三地抽取约 700 份的样本只占样本总量的一小部分，可能会对结果的无偏性和有效性产生一定影响。但是随机抽样的方法能够有效避免变量内生性的问题。

（2）土地转入问题研究不够。课题组深入宁夏银北地区乡村进行调研，主要对农户层面的问题作出分析，例如，土地流转对农户收入水平、劳动力转移、老年人生计产生的影响等，缺乏对种粮大户、种粮企业等土地流入单位的数据收集和系统分析。

（3）文章对土地信用合作社的评价只是做了相关的收入效应分析，没有建立一个全面的评价指标体系，使得结论可能出现偏差，也分析不到参与土地信用合作社对农户整个家庭的福利影响。

第二章

理论基础及文献综述

第一节　农村土地流转的理论分析

一、土地产权理论

（一）产权的内涵及功能

现代产权理论以科斯为代表，以科斯定理为基本原则，以交易成本为基础。科斯（Coadse，1994）认为产权是指经济当事人拥有的权利，包括一个人和其他人受益或受损的权利。科斯定理可以表述为：只要产权界定清晰，初始的合法权利的配置，哪怕是不合理或不公平的，也可以通过产权的自由转让来保证资源配置的有效性。诺思（North，1994）指出，产权本质上是一种排他性权利，对于资源配置的效率具有决定性的作用。阿尔钦（Alchain，1994）提出，"产权是一个社会所强制实施的选择一种经济品使用的权利"。该定义强调产权是一种权利，通过社会强制手段达到或者有能力实现选择某种事或物的权利，社会强制包括政府的力量、伦理道德行为规范以及日常社会行动。德姆塞茨（Demsetz，1994）认为产权是一种社会工具，它们能帮助一个人形成他与其他人进行交易时的合理预期，产权包括一个人或其他人受益或受损的权利，产权的基本功能是引导在更大程度上实现外部性内部化的动力。

由此可见，产权是一组权利，包括财产的所有权、收益权、处置权和使用权等。产权不是指人与物之间的关系，而是指由物的存在及关于它们的使用所引起的人们之间相互认可的行为关系。产权安排是一种行为规范，每个人都必须遵守他与其他人之间的关系，并承担不遵守这种关系的成本。

几乎一致的结论是，产权的基本功能是社会激励与约束，明晰产权的制度变迁将提高经济绩效、重构激励机制并规范着人的行为（North，2008；P. Cook，2002）。科斯（1994）指出，权利的明确界定和足够低的交易成本是市场交易存在的本质前提，如果产权被明确界定，并且所有的交易成本为零，则不论谁拥有产权，资源的使用将完全一样。阿尔钦（1977）指出，财产的转让权可以起到分散风险和发挥比较优势的作用。所以，明晰产权是市场交易的基本保障，可以提高交易效率，降低交易成本。

（二）农村土地产权与土地流转的关系

合理的土地产权制度安排是农地有效流转的基础。从产权理论来看，明确的土地产权制度，能诱导产权主体产生合理预期来改变土地资源配置状态。诺思（1994）指出，土地产权制度的基本作用就是通过激励机制，诱导各种经济活动主体产生最优的行为决策，并通过这些决策来影响一个社会的总绩效。缺乏保障的土地产权往往使土地的流动受阻，农业主体之间的交易费用高昂，流转程度低，土地资源难以配置到最合理的用途和最佳经营者手中，农业发展也会受到制约。因此，土地流转实质是一种产权交易，合理的土地产权制度安排是农地有效流转的基础。[①] 农村土地流转是实现农村土地资源优化配置的有效形式，对于农村土地流转，产权明晰是基础。从 2009 年开始试点实施的新一轮承包地确权登记就是强化对土地承包经营权的物权保护，对农民土地权利内容的一次更加清晰、丰富的界定和保护，促进了农村土地流转市场发育，实现农村土地的集约化经营，提高农村土地的产值。

（三）我国农村土地的三权及新一轮承包地确权

1. 三权是我国农村土地的特有属性

马克思在地租理论基础上，提出了土地产权理论。马克思土地产权理

---

① 董国礼、李里、任纪萍：《产权代理分析下的土地流转模式及经济绩效》，载于《社会学研究》2009 年第 1 期，第 25～63 页。

论包括所有权以及由所有权衍生出来的占有权、收益权、处分权、出租权、使用权、转让权、抵押权等各种权能。土地占有权是经济主体实际掌握、控制土地的权利，是土地产权权能的核心。土地使用权是土地使用者依照一定的规则对一定土地加以实际利用的权利，它是土地产权束中最重要的权能之一。土地收益权是指土地产权主体根据自己享有的相应权能而获得一定收益的权利。[①]

我国农村土地的三权是我国农村土地的特有属性，三权指土地的所有权、承包权和经营权。根据马克思土地产权理论，我国农村土地属于三权分离。农村土地的所有权隶属农村集体经济组织，但是我国农村土地的所有权本身具有一般的产权属性的同时存在特殊性，集体土地进行经营性或消费性使用时，不得进行土地买卖，土地所有权不能作为责任财产，不能以土地所有权承担民事责任。承包权是农村集体经济组织将所有土地承包给农户后，农户就成为该块土地承包权和经营权的主体，依法享有承包经营权利。根据 2002 年颁布的《农村土地承包法》，我国农村土地承包采取农村集体经济组织内部的家庭承包方式。农村土地的经营权是农村土地的生产和经营权利，农户与所属集体经济组织签订土地承包经营合同后，取得了土地承包权的同时也取得了土地的经营权，所以，土地最初的经营权是由土地的承包权所引致的，而经营权是建立土地流转市场的关键因素。土地承包方与土地流转的受让方签订土地流转合同后，土地经营权从承包方流转到受让方，双方签订的土地流转合同为土地经营权的确认依据。[②]由此可见，农村土地的经营权与所有权、承包权分离是农村土地经营权流转的基础。

2. 新一轮承包地确权使土地权能界定更加清晰，促进了土地流转市场发育

在《中华人民共和国物权法》（以下简称《物权法》）法律框架下，我国从 2009 年开始试点实施的新一轮承包地确权登记颁证，强化对土地承包经营权的物权保护，促进土地流转市场发育，是新一轮农地确权登记颁证的重要政策目标，更加清晰、丰富的界定和保护了农民土地权利的内容。新一轮农地确权具有以下三方面特征：第一，权属分置更加清晰化。2014 年 11 月中办、国办下发的《关于引导农村土地经营权有序流转发展

---

① 马克思、恩格斯：《马克思恩格斯全集》，人民出版社 1979 年版，第 899~900 页。
② 刘若江：《马克思土地产权理论对我国农村土地流转的启示——以三权分离的视角》，载于《西北大学学报（哲学社会科学版）》2015 年第 2 期，第 140~145 页。

农业适度规模经营的意见》，2015 年国办印发的《关于引导农村产权流转交易市场健康发展的意见》，明确和强调了所有权、承包权、经营权的"三权分置"。上述两政策都旨在保证现有农村土地集体所有制不变的情况下，维护好农户的承包权，促进经营权实现最大限度优化配置。第二，权利更加稳定。承包期 30 年长久不变使农民对土地的承包权利愈加稳定。《物权法》中明确规定，"承包期内发包人不得收回承包地，不得任意调整土地"，从而强化了对农户土地承包经营权的物权保护。第三，权能更加丰富。新一轮确权，相关配套政策陆续出台，赋予了农民更多土地权能。党的十八届三中全会明确要求："赋予农民对承包地占有、使用、收益、流转及承包经营权抵押、担保权能"。上述政策的实施，为土地在更大范围内优化配置和发挥作用拓展了巨大空间，使实际使用农地的经营者可用转包合同或经营权证进行抵押贷款等经营活动[1]。综上所述，新一轮农地确权在集体所有制不变的前提下，并将更多权能从集体过渡给个人，强化了农户权利，使土地权能界定更加清晰。

（四）我国农村土地产权不清，影响了我国农村土地流转

我国农村土地承包经营权流转尚处于摸索阶段，土地流转过程中诸多问题都与农村土地产权不清，权利不明有关。主要表现在以下四个方面：第一，土地流转中的土地产权主体不清晰。现行农村土地产权制度对"集体"权利较为模糊，虽然法律强化了土地承包方的产权，但并没有因承包权强化而连带强化土地流转权。[2] 农村土地确权未能实现与土地流转同步，当前农村土地产权制度安排中对集体土地所有权行使的代表主体界定模糊，土地流转的有序推动出现难度。第二，农村土地产权制度遗漏了集体收益的分配问题。土地流转中集体收益分配不规范，在实践中就出现了忽视多数农民利益的情况，集体收益的分配权集中在少数代理人手中。集体土地统一流转出去后，农户往往不能参与新增田埂、沟渠被推平等耕地产生的流转收益分配。第三，农村流转中的土地产权保护不到位，流转主体双方的权益均衡性遭到破坏。由于土地产权保障权的不充分，土地流转纠纷的处理往往过度依赖于行政干预或双方的谈判能力，从而加重权利人的经济负担。第四，农村流转中的土地产权对价缺失或者说是这种对价形成

---

① 付江涛、纪月清、胡浩：《产权保护与农户土地流转合约选择——兼评新一轮承包地确权颁证对农地流转的影响》，载于《江海学刊》2016 年第 3 期，第 74～80 页。
② 周其仁：《收入是一连串的事件》，北京大学出版社 2006 年版，第 132～134 页。

机制的缺失，现行的土地产权制度在国有土地产权和集体土地上设置了两种不同的价值体现标准，从而限制了土地作为一种最原始生产要素的产权对价体现[①]。

（五）通过农村土地集体所有制创新促进土地流转

消除农地产权对土地流转产生的制度性障碍，是农地确权改革所必然要求的逻辑结果。鉴于农地产权制度变迁的成本及路径依赖，大多数学者赞同对传统的集体所有制产权结构进行调整，而不是进行所有制的根本变革（陈家泽，2011）。在保持现有农村土地承包关系稳定的前提下，在依法自愿有偿和加强服务基础上完善土地承包经营权流转市场，以此寻找到农村土地集体所有制新的实现形式。因此，在坚持农村土地集体所有制的前提下，又存在以下不同观点：

第一，做实集体土地所有权主体。以农村集体经济组织、土地合作社、农村金融合作社等多种形式，代表农地集体产权主体，形成委托—代理关系，展开和创新思路。上述中介组织代表成员的意志与其他主体发生关系，从而使农民在土地上的权益实现和权益保护掌握在农民自己手中（陈家泽，2008）。

第二，实行土地股份合作制。以集体所有制为基础，将土地所有权分解为土地股权、使用权和经营权，形成集体经济组织掌握土地经营权、农民拥有土地资产的股权、租佃农户或其他经济组织享有土地使用权的权利制衡关系（曹文斌，2009）。

第三，三权分离的农村土地流转。农村土地产权实行所有权、承包权和使用权分离，农村土地的所有者是农村集体经济组织，作为农村土地的发包方。农村土地的承包方是该集体经济组织的各农户，承包权被界定为农民拥有对某块土地具有承包权利的资格认定，可以被继承。在农户取得农村土地的承包权与经营权后，可将土地的经营权流转，流转的主体是农户。经营权流转的受让方可以是承包农户，也可以是其他从事农业生产经营的组织和个人（邓晰隆，2009）。

第四，以土地利用为基础，确立完整而稳定的土地使用权。在明确土地归属村集体的基础上，赋予农民长期而有保障的使用权，减少受到土地所有权主体的干预，提高农民保护耕地的积极性和土地的使用效率。明确

---

① 刘艳：《农村土地流转中的产权制度法律化问题探讨》，载于《中国土地科学》2014年第11期，第45～50页。

界定土地的使用权，使其具备完整清晰的内涵，从而实现土地使用权的动态流转和优化配置（肖冰，2007）。

第五，承包经营权股份化，实现农民"按份共有"。将农民承包经营权转变为农民持有的集体土地份额，由此集体土地所有权明确界定为农民"按份共有"制，真正赋予集体土地所有者拥有选择自己财产代理人的权利（黎元生，2007）。

二、制度变迁理论

（一）制度变迁的内涵及类型

诺思（1994）指出制度是一组行事规则的集合，这些规则与社会、政治和经济活动有关，支配和约束社会各阶层的行为，也称为制度安排。制度变迁，即制度的替代、转换和交易过程。诺思将制度变迁定义为一种自发更迭行为，他认为当制度处于非均衡时期，利益主体为了追求获利的机会与隐藏其中的利润会自发推动制度的更迭。诺思指出，当现有的制度安排无法实现外部效益时，新的制度有被创新出来的动力。制度变迁分为诱致性制度变迁和强制性制度变迁。诱致性制度变迁是指现行制度安排的变更或替代，或者是新制度安排的创造，它由个人或一群人在响应获利机会时自发倡导、组织和实行（林毅夫，1989）。在原有制度安排下无法得到获利机会便引起诱致性制度变迁，诱致性制度变迁是否发生，主要取决于个别创新者的预期成本和预期收益的比较。由于制度本身的公共物品性质以及制度变迁过程中的"搭便车"行为，导致纯粹由私人自发形成或仅依靠诱致性制度变迁形成的新制度安排的供给不足（Lin，1989）。强制性制度变迁是政府通过政策法令强制性手段实施的变迁行为，是政府自上而下主导的变迁行为，变迁的主体是政府，而诱致性制度变迁则多为人们自下而上进行的变迁行为，如果进行成本和收益分析比较，只有在预期收益高于政府强制推行制度变迁的预期成本，强制性制度变迁才会发生。因此，国家干预或政府介入，进行强制性制度变迁，以弥补纯粹由诱致性制度变迁所带来的制度供给不足（Lin，1989）。

（二）我国农村土地流转制度变迁的特征

我国农村土地流转制度是土地制度整体框架中一个重要的组成部分，

也是农村土地产权制度不断创新的产物，我国农村土地流转制度同时具有诱致性制度变迁与强制性制度变迁的特征。

1. 农村土地流转制度变迁具有诱致性制度变迁特征

在给定的制度约束条件下，单个行为主体或群体总是力图谋求利益最大化，追求对自己最为有利的制度安排，一旦行为人发现制度的外在利润和不均衡的存在，就会产生制度变迁的需求。农村土地流转作为我国农村土地制度的又一次改革，这一制度变迁过程具有明显的自发性和诱致性特点。家庭承包制下的农户作为土地流转的直接参与和受益者，是理性经济人，农户土地流转过程中受到外部经济、社会、自然等制度环境变化的影响，农户的选择是理性的，他们在经济活动中总是以追求自身利益的最大化为基本目标。农户参与土地承包经营权流转的主要动力来自通过流转能够获得的收益，土地价格较之于劳动力价格的升高是农村土地流转制度变迁的诱致性因素，农户转出土地后可将时间和精力投入到非农生产中以获得更大的收益，但同时需要承担一定的成本，即放弃进行农业生产经营可能获得的土地收益。经营大户（转入土地农户）可以通过规模化经营获得较高的农业生产经营性收益以及获取政府种粮补贴资金等，同时经营大户需要承担承租土地租金及农业生产规模化经营的费用。根据制度经济学成本收益分析法，农户参与土地流转取决于农户在内外部因素共同影响，包括地区的经济发展水平（如非农就业水平）、非农行业劳动力需求、劳动力的价格、户主受教育程度、年龄、社会保障、家庭经济收入等状况。在上述各种约束条件下农户进行参与土地流转的成本与收益比较后的最优选择，土地转入和转出农户只有在流转收益大于流转成本时才会进行土地流转。

2. 我国农村土地流转制度变迁很大程度上是强制性制度变迁的结果

农地流转采取强制性制度变迁的逻辑。"自发"的诱致性制度变迁需求主要由资源禀赋条件的变化引致，如果这一制度变迁需求能够得到政府正式政策法规的支持并得以全面推广，强制性制度变迁则形成。农村土地流转强制性制度变迁在很大程度上是诱致性制度变迁的延续，并进一步巩固了诱致性制度变迁的成果。中央和地方政府推进农村土地流转制度变迁，是在家庭联产承包责任制对经济发展的动力基本消失，农村土地流转成为现实需求的背景下进行的。政府通过规范的制度设计实现农地流转制度的变迁，具有重要的实践意义，主要表现在：促进农村土地的集约利用，提高土地的利用效率；通过不断的市场化来促进农地产权的清晰；有利于促进耕地保护制度和土地征用制度的完善。另外，在农民个体分化的情况下，政府通过正式制度对制度变迁的目标和过程予以引导，可以实现农村土地流转制度变迁的效率优化，建立有效率的符合大多数农民利益的农村土地流转制度。[①]

我国农村土地流转制度的变迁很大程度上是强制性制度变迁的结果。改革开放 40 多年来，农村土地由集体经营逐步过渡到家庭承包经营，从家庭承包经营基本制度的确立到以家庭承包基本制度为基础的土地使用权的流转，我国农村土地制度变迁一直寻求最佳绩效、向着优化配置的目标改革。我国农村土地流转制度的变迁很大程度上是强制性制度变迁的结果，中央政府的决策显著影响了制度变迁的总体路径。[②] 土地流转作为我国农村土地制度的一项制度安排，早在 1984 年中央工作一号文件就对农村土地产权的可转让性有所体现，1988 年修订后的《土地管理法》明确提出了，"国有土地和集体土地使用权可以依法转让"。2002 年通过的《农村土地承包法》，进一步地规定了农地承包经营权流转的相关内容和方式。2005 年，《中国农村土地承包经营权流转管理办法》出台，详细地规定了农村土地流转原则、流转主体、流转合同、流转方式以及各行政主管部门职责等问题。由此可见，中央政府希望通过一系列土地相关法律法规规范农地市场，合理引导农村土地的流转，促进农村土地资源的优化配置。

（三）我国农村土地流转制度变迁的影响因素及路径依赖

制度变迁过程表现正式规则、非正式约束及实施特征的边际调整，也就是说，三者的互动决定了制度变迁过程（North，1990）。我国属于一个快速增长的转型经济体，中国的整体经济改革及各领域的改革均呈现出明显的强制性制度变迁特征。在考察我国农村土地流转制度变迁时，中央有关土地流转调整的正式规则及其渐进性实施特征至关重要。非正式约束对我国农村土地流转制度变迁的影响值得深入探讨。在我国农村市场经济的全面深入背景之下，一方面，农户个体以及农村集体对市场作用、权益意识和产权功能等的认知逐渐增强，力图谋求利益最大化，追求对自己最为有利的制度安排，其理性行为选择推动的"倒逼效应"也是引致制度变迁

---

① 刘宗劲：《土地流转的逻辑起点与制度选择》，载于《改革》2009 年第 2 期，第 67 ~ 71 页。
② 丰雷、蒋妍、叶剑平：《诱致性制度变迁还是强制性制度变迁？——中国农村土地调整的制度演进及地区差异研究》，载于《经济研究》2013 年第 6 期，第 4 ~ 18 页。

的主要诱因。① 另一方面，农户的小农意识会对制度变迁产生阻碍的影响。自给自足的小农生产意识形态不符合当今社会机械化大生产与发展的规律，严重阻碍了我国现代农业的建设以及农村土地流转等方面的制度创新。

我国农村土地流转制度变迁具有典型的路径依赖的特性。制度变迁存在一定的路径依赖，诺思把技术演变过程中的自我强化现象的论证运用到制度变迁，提出了路径依赖理论。制度本身的规模报酬递增性质会使制度形成一种自我强化力量，以及行为人受"主观模型"和意识形态的影响，使得制度沿既定方向、在某条路径中自我发展和强化，导致制度变迁存在"路径依赖"或"锁定效应"（North，1990）。决定路径依赖的形成因素包括报酬递增、不完全市场、利益因素和交易费用。一项制度的发展会受到它过去变迁路径的影响，产生自我发展和强化，可能会进入制度的良性循环，也可能无法跳出错误路径，甚至被锁定在低效的状态，从而陷入恶性循环。我国农村土地改革进程中每一次相关制度的"边际调整"，都以土地市场化改革为指向，形成"边际上的渐进的持续变迁"。

我国农村土地制度的历次制度变迁既是对前一历史时期土地制度变迁的否定，又是对前一时期土地制度变迁的继承。家庭承包经营制是我国农业生产的基本制度，现行农村土地制度变迁受生产资料公有制的社会制度、农村特有的人地关系以及非正式制度三方面因素的制约。农村土地流转制度变迁要坚持集体所有权，坚持农户家庭经营制度，通过稳定承包权来建立有效使用权流转机制。

我国农村土地流转制度的有效供给不足。目前我国农村土地流转还属于初级阶段，农村土地流转效率低下具体表现在：流转途径单一，大多尚处于自发阶段；流转规模较小，流转范围狭窄；流转形式多样，但以转包为主（刘宗劲，2009）。要改变农地流转低效率的现状，必须加快制度创新，增加制度的有效供给，中央和地方政府需要完善与农村土地流转相关的各项制度，使稀缺的农地资源得到合理有效的配置，从而推进农村土地在适度规模上进行良性流转。王家庭和张换兆（2011）指出，我国农村土地流转涉及利益层次深、触及而宽、配套性强的制度改革，农地流转制度的改革必然会涉及农地产权、耕地保护制度、土地征用制度等农村土地其他管理制度的改革，关系到"问题三农"的解决，关系到乡村振兴战略的实施、农民的生计、农村的发展等问题。因此，在进行农地流转制度变迁

---

① 吴昊旻、胡宜挺：《完善我国农村土地流转制度：SICP 范式、路径及其内涵》，载于《西北农林科技大学学报（社会科学版）》2014 年第 5 期，第 14～20 页。

的同时，要加强农地流转制度变迁的综合性和配套性，充分重视制度变迁的关联效应，提高制度变迁效应。

三、委托—代理理论

（一）委托—代理理论的内涵

委托—代理理论（Principal – agent Theory）是新制度经济学契约理论的重要内容之一。委托—代理关系实质上是一种契约关系，在社会中广泛存在，如医生与病人、选民与官员、公司股东与公司经理、农户和农村中介组织之间的关系等都属于委托—代理关系。委托—代理理论发展的基石是科斯（R. H. Coase，1973）的《企业的性质》一文。随后，罗斯（S. Ross，1973）讨论了道德风险问题，威尔逊（Wilson，1980）构建了激励结构模型，麦克林和詹森（Meckling & Jensen，1976）研究了委托—代理成本问题。上述学者的研究进一步丰富了委托—代理理论。由于委托—代理关系双方存在信息不对称和利益冲突，使得委托—代理契约在执行前（事前）容易发生逆向选择、在执行后（事后）容易发生道德风险的问题。所以，委托—代理理论的中心任务是委托人如何设计最优契约激励代理人。

（二）我国土地流转的过程中存在的委托—代理关系及绩效

在我国土地流转的过程中，"散户—中介服务组织—大户"高效、有序的土地流转模式在市级运行中，出现了双重委托—代理关系。农户和中介服务组织之间，农户是为了最大化土地收益而将土地使用权委托给中介服务组织，即农户和农地流转中介服务组织之间形成的土地使用权让渡关系的委托—代理关系。中介组织再选择委托其他组织或大户经营土地，在农地流转中进一步形成委托—代理关系。以存贷、托管、代耕种土地为业务的农村土地信用合作社的运作中就存在双重委托—代理关系。双重委托—代理关系中农户和中介服务组织的行为是理性、主动、积极的市场化选择。下面以土地股份合作社和农民专业合作两种土地中介组织为例，分析在我国农村土地流转中出现的委托—代理关系。

土地股份合作社作为土地流转中介组织的一种，在农户承包土地经营权流转和使用中，委托、代理主体涉及入社农户、合作社、土地经营者三者。土地股份合作社存在双重委托—代理关系：第一重委托—代理发生在农户与合作社间，农户将无力或不愿自己耕种的承包地，以承包地经营权作为资产入股方式，集中到土地股份合作社，并为第二重委托—代理创造条件。第二重委托—代理发生在合作社与土地经营者之间，土地经营权的委托人为合作社，代理人为土地经营者，在此过程中，土地经营者获得大片农地的经营权，完成土地收益的分红。

农民专业合作社委托—代理关系的种类、特点。我国农民专业合作社的利益相关者包括合作社的投资者（政府或企业）、经营者（种植养殖大户）和惠顾者（社员）。谭智心和孔祥智（2011）指出农民专业合作社内部的委托—代理关系可分为三种：一是外部投资者与合作社经营者之间的委托—代理关系；二是合作社内部普通社员和合作社经营者之间的委托—代理关系；三是合作社经营者自身的委托—代理关系。合作社委托—代理关系的特点。由于合作社内部成员实行互助合作和民主管理，所以与企业相比，我国农民专业合作社内部的委托—代理关系具有两个独特之处：一是合作社中代理方的实力较强，具有明显的信息优势。合作社中代理人（经营者）是实力较强的社员（委托人），合作社代理人在委托—代理双方的实力较强，代理人自身的资源优势和要素禀赋强于委托人，在合作社的经营过程中，他们具有明显的信息优势，对合作社决策的影响力也更大；二是合作社中存在不完全委托—代理关系。在我国农民专业合作社的运行实践中，大多数情况下，合作社的经营者同时也是合作社的所有者，而且往往占有较大合作社的所有权份额。在这种情况下，合作社的经营者在经营合作社所有社员资产的同时，实际上也是在经营自己的资产。

农村土地流转双重委托—代理的绩效。农村土地流转中介组织是在农村土地流转过程中联结市场的主体，可以解决土地流转的分散性，入市交易费用高，使农户无法有效与市场对接。从交易费用视角来看，土地流转中介组织在双重委托—代理关系中具有以下功能：节约土地流转的交易费用，提高土地资源配置效率；提高农户土地流转的收益，促进农村经济的稳定发展；实现土地流转交易的规模经济，促进农业生产的专业化经营和商品化发展。肖端（2015）认为农村土地流转双重委托—代理的绩效包括：农地资源得到有效利用；农民土地权益得到保障；委托人和代理人的经济利益得到保证与协调；加快农业现代化对生产活动的影响。

（三）土地流转委托—代理过程中非对称信息和不完全契约问题

我国农村土地流转过程中，合作社委托人（普通社员）和代理人

（经营者）之间存在明显的信息不对称现象，由于合作社代理人自身的资源优势和要素禀赋强于委托人，所以在合作社的经营过程中，他们具有明显的信息优势。合作社代理人会通过不完全的契约空间来最大化自身隐藏的目标函数和实现自身效用的最大化，出现"隐藏信息"和"隐藏行动"。由于这些目标的信息没有公开，故合作社委托人（普通社员）在制定契约时无法获知代理人（经营者）经营目标的"隐藏信息"。在契约签订后，由于信息不对称，合作社委托人（普通社员）无法观察、监督甚至推测代理人（经营者）的行为所导致"隐藏行动"的发生。在我国农民专业合作社的实践中，合作社内部设立的监事会往往形同虚设，社员（代表）大会也流于形式，加上对合作社代理人违反章程的惩罚措施没有得到有效的施行，从而使得对经营者的监督力度非常弱。

同样，土地流转中介组织（委托人）和经营者（代理人）之间存在信息不对称现象，农村土地流转交易的出让方（中介组织），对土地的自然状况、地理属性、土地肥沃、政策等因素更为熟悉，相对于规模经营主体具有信息优势。但中介组织对规模经营主体的私有信息（风险态度、经营能力）处于信息劣势，使得合作社委托人对代理人行动进行监督的成本也非常大，无法将代理人的所有行动都事先清晰完整地列入契约条款之中，难以避免规模经营主体的败德行为。

（四）土地流转委托—代理过程中"隐藏信息"和"隐藏行动"的应对

根据信息经济学，针对隐藏信息可以通过信号传递解决。针对"隐藏信息"而产生机会主义行为，通过改进现有的契约及契约环境，使"隐藏信息"通过某种信号传递出来，如加大宣传土地有关法律信息和土地制度信息，通过有效手段及时公布土地的相关信息和市场供需信息，建立土地经营主体信用、经营能力评估机制。

针对隐藏行动可以通过信号甄别解决。为了降低合作社代理人的"隐藏行动"行为，合作社委托人需要改进相应的契约，对代理人的"隐藏行动"信号进行有效的甄别，从而降低代理人的机会主义行为。合作社委托人需要设计出合理的报酬契约，激励代理人（经营者）发挥出最优努力水平，努力实现委托人利益最大化目标。具体改进契约机制的策略包括：建立经营者考核制度，完善合作社内部民主决策机制；完善合作社财务制度，实行账目在全社范围公开；明晰合作社产权结构，加大中小股东在理事会及监事会中的比例。

四、可持续生计理论

（一）可持续生计的内涵及发展

1. 生计的概念及类型

学术界对"可持续生计"概念的理解是建立在对"生计"概念理解的基础之上的。生计问题的研究是从贫困问题的研究开始的，进而得到学者的注意。"生计"这一概念在研究之初，由于学者的研究方向和领域的差别，有着不同的含义。但是被学术界所广泛接受的定义则是钱伯斯和康韦（Chambers and Conway，1992）提出的，他们将生计定义为一种谋生方式，这种方式包括个人能力、拥有的资产和可以采取的行动，他们关于"生计"的概念为学术界界定"可持续生计"概念奠定了最坚实的基础。他们还指出生计是可持续的，这种可持续表现在个体能从外部冲击和压力中恢复，从而维持甚至提升其能力与资产，为下一代提供可持续生计，对其他的生计方式具有正的外部性，他将可持续生计定义为能够满足基本需求，同时又能抵御预先考虑到的外部冲击与压力的生活方式。

资产分为看得见的资产和看不见的资产，通常看不见的资产包括权利等。而随着生计问题的研究深入，生计的可持续性问题受到重视，从生计的持续性角度，斯库恩斯（Scoones，1998）提出生计应当包括四部分：一是维持基本生活的能力；二是拥有的物质资本；三是社会联系；四是行动。生计的多样性也被美国学者埃利斯（Ellis，2000）提出，埃利斯认为生计概念中的资产和行动与能力在本质上产生部分重叠，因此他将生计定义为"一种生计包括资产（assets，包括自然资本、人力资本、物质资本、金融资本和社会资本），活动（activities）以及可以获得这些的途径（access to these，制度和社会关系为其中介），而这些组合在一起决定着个人或者家庭的生活状况"。尼霍夫和普赖斯（Niehof and Price，2001）将生计定义为人们生活的物质方式，包括他们在所拥有的资源与资产条件下从事活动。显而易见，国外学者普遍认同生计是一种谋生的方式，并且这种方式与人们的资产、能力、活动息息相关。该理论认为生计应当包括资产、行动和路径，路径主要是获得生计所需要的各种资本，它决定了获得生活所必需的各种资源的方式。

2. 可持续生计内涵及分析框架

可持续生计（sustainable livelihoods）概念最早见于20世纪80年代末联合国举行的"世界环境与发展大会"的报告。该报告明确提出了可持续生计观念，其含义是"具备维持基本生活所必需的充足的食品与现金储备量以及流动量"。1992年，英国学者钱伯斯等在此基础上特意将能力因素加入此观念之中。1995年，在哥本哈根社会发展世界峰会上通过的《哥本哈根社会发展问题宣言》提出的社会发展的八大目标，较全面地体现了可持续生计观念的内涵，主要有：创造能够推动社会发展的经济、政治和法律环境；保证温饱生活，提高就业水平；根除贫困；促进社会整合；实现全民的教育和卫生机会平等；实现性别平等，妇女充分参与政治、经济、社会和文化生活；加速非洲经济社会发展；通过社会措施减缓社会结构的调整过程。可持续生计理论完整的规范理论体系和分析范式形成于20世纪末21世纪初，著名的印度经济学家阿马蒂亚·森将能力等发展维度引入这个概念，提出可行能力对于贫困的重要性的问题，学者们开始摒弃之前单从收入的角度来定义贫困的方法，提出生计不仅包括食物、收入和资产的拥有，更包括人的可行能力及相应的生活方式。由此可见，可持续生计的概念不是一成不变的、封闭的，而是随着实践的发展而发展。

可持续生计理论是伴随着生计定义逐渐达成共识而提出的，在该理论的指导下建立了可持续分析框架，其中普遍认可的是可持续生计（SL），这也是本书在研究时需要采用的方法。

图2-1是根据可持续理论构建的可持续生计框架，包括下列五个内容：第一是风险冲击，这是人生存的社会环境，人们以实现它的可持续为目标，因此要正确认识风险以及冲击，人们各种生计活动一般都要在风险和冲击的背景下来实施，风险和冲击直接影响生计策略和生计结果。第二是生计资本，在社会生存环境的背景下，人们合理安排各自的生计资本提高生计的持续性，生计资本具体来说是图2-1中的H、N、F、S、P。第三是转化结构与过程，这主要是一些社会制度，它对生计可持续性可以是正影响，也可以是负影响，这种随机的影响就决定了生计策略的不同。第四是生计策略，他决定了要不要生产和要不要消费等行为，以及卖出或者买入某种资本的行为。第五是生计结果，它是终点的同时也是我们分析问题的起点，若生计结果没有达到期望，人们则会用掌握的各种资源，改变自己的生计策略。可持续生计分析框架，一方面可以帮助判断生计过程中的风险，针对风险制定相应的解决方案；另一方面也是个人或者家庭拥有

可持续生计资本以及让资本升值的一种可持续性的行动框架。

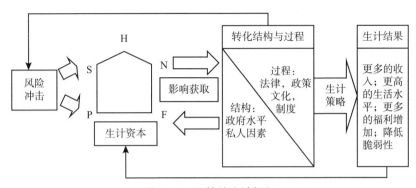

图 2 - 1　可持续生计框架

注：H 表示人力资本；N 表示自然资本；F 表示金融资本；S 表示社会资本；P 表示物质资本。

（二）土地对农户生计的保障作用及保障形式

从农耕文明起，土地，作为最基本的生产资料，为农民提供生活保障，使得拥有土地成为农民最主要的愿望。长久以来，土地作为农民的生活保障，也就成了农户最根本的生产资料保障和生计保障，使得农民十分依赖土地的供给。具体而言，土地对农户生计的保障作用主要体现在以下几方面：第一，保障农户最基本的物质生活需求，一方面农户可以在土地上进行耕种，通过出售农产品而获得经济收益，满足自身最基本的温饱需求；另一方面农户可以通过土地流转获得承包土地使用权租金。第二，保障农户的初级精神生活需求。土地所提供的经济收益在满足基本物质需求后若有剩余，可以在一定程度上满足农户对简单精神生活的追求。第三，一定程度上解决了农户的养老和就业问题。相对于城镇居民，农村居民社会保障相对发展滞后，农村老人的晚年保障一方面来自家庭养老，但更大程度上来自土地保障。同时，农忙的时候，土地也为农户提供了就业机会。第四，一定程度上解决了农户下一代的未来生计问题。农户对土地享有继承权，这就使农户的下一代有权要求获得对土地的继承权和使用权，同时，也继承了承包经营权以及收益。这使得农户子女在未来生活中一方面有地劳作，另一方面也可将土地使用权进行转让，从而获得土地流转带来的收益。

土地对农户生计的保障形式主要有三种：第一，对农户而言，土地承包权的现实功效就直接等同于土地对农户的经济功效，能够使农民获得最基本的生计保障。第二，土地流转过程中，将土地承包给他人获得租金也是土地获得收益、保障农户生计的一种形式。第三，当土地经过流转征用后获得补偿，农民应享有绝对的获得征地补偿的权利，在城镇化过程中，相较于务农所得，征地补偿是一次性相当高的收益，然而这部分收益可否保证农民的可持续发展，值得深入研究。

（三）农户的生计策略影响土地转出意愿选择

农户的生计策略与土地转出意愿选择关系密切，而且具有复杂性与差异性。农户将土地流转出去的原因存在着复杂性，主要是基于生计压迫、生计创新、社区压力等因素；此外，部分农户基于土地收益、土地保障和就业保障等因素考虑、思想认知方面的原因而未将土地转出。对于土地转出后生计途径更加多元而收入稳定的农户而言，土地流转无疑是对其现有生计的一个强有力的补充或替换。但对于那些迫于生计或社区群体性压力的农户来说，将其土地转出的行为并非一定代表农户的真实意愿，而更多的是表现出农户对现实无奈的一种回应。陆继霞和何倩（2016）发现大部分农户土地转出意愿低的根源在于无法找到可替代性生计。农村社会保障发展状况，对不同主体土地流转意愿的影响是不同的。农村就业服务体系及失业保障的缺失已成为影响青壮年土地转出意愿的重要因素。而对老龄人口尤其是高龄人口而言，现行农村社会保障的缺失一定程度上推动了老人的土地流转行为，土地转出后的转让费可用作养老支出。因此，应发现其流转行为背后更深入的动因和阻碍因素，制定土地流转相应的配套性措施，使农户在流转土地后拥有可替代性生计且可持续。

（四）农村土地流转对于农户生计的影响

土地流转是一项涉及经济社会的系统工程，会从各方面来影响农户的生计。农户生计的外部冲击是农村土地流转，农户发生农地流转后，其生计自然也会受到影响，当然存在积极影响与消极。对于土地流转农户来说，需要通过土地流转来使得自己的生计资本增加，这样才能保证通过土地流转提高生活水平，尤其对老年人来说，社会养老资源不足的情况下，更需要保障其生计的可持续性。土地流转后老年人生计现状分析（张会萍和惠怀伟）。生计资本是可持续生计分析框架中的重要部分，包括五个方面的内容：一是人力资本（H），二是自然资本（N），三是物质资本（P），四是金融资本（F），五是社会资本（S）。生计资本是老年人获得生计可持续性，降低老年人晚年生计过程中生计不安全性的重要部分。人力资本。土地流转后可以减轻老年人的繁重生计劳动，未流转的农户中，老年人单独生活家庭中的老年人劳动比例高于与子女生计家庭中的老年人劳动比例。老年人与子女生活能够为其分担生计压力，家庭子女能够为老年人的可持续生计提供保障。自然资本。对于参与土地流转家庭的老年人来说，土地的直接养老功能已经弱化，转化成了租金——家庭的现金收入。物质资本。农户的可持续生计的稳定性，依靠充足的物质资本，更多的固定资产，能够为家庭提供更有利的生计保障。金融资本。主要包括农业收入、打工收入、转移性收入、土地租金收入及其他收入，而对于老年人来说，老年人家庭的收入来源渠道广、收入多，就能增加生计的可持续性。社会资本。土地的集中化经营，农村以村为主要社会关系的社会资本也被打破甚至流失，尤其对老年人来说，土地流转加剧的劳动力外流，"空巢村"增加，留守老人成为村的主力军。

第二节　文　献　综　述

一、土地流转创新模式的研究

（一）当前农村土地流转典型模式划分

目前学界对于我国农村土地流转模式的研究，主要是从选取具有代表性的农村土地流转实践案例展开的。江淑斌和苏群（2013）认为农村土地流转的模式划分标准主要是政府行为、组织方式和合约形式。凌斌（2014）以政府行为作为划分标准时，根据政府在土地流转中行为的差异把农地流转方式分为政府主导型、农户主导型和集体主导型三种模式。刘涛（2012）依据土地流转的动力机制不同，将土地流转分为村社内部自发流转和外部推动型流转两种模式。

（二）农村土地流转典型模式的对比、评析及经验借鉴

国内学者对我国农村土地流转模式划分及比较研究较多，成果较为丰富。徐鲜梅（2015）在实地调研的基础上，从"流转形式、经营主体、

土地用途、土地价格、与分配方式"等方面，对"新风模式""良乡模式""东林模式""则字模式""梅南模式"具有代表性的五种土地流转模式进行比较研究，并从土地要素的资本性、稀缺性、流动性、配置效率与增值性等方面，对"五种模式"的效益与风险进行归纳，并在此基础上提出了完善土地流转的政策建议：分类指导农地流转及其农业产业化发展，农村土地流转价格应当由地方政府主导，用好流转土地承包经营权抵押担保贷款的组织制度。尹希果、马大来、陈彪和张杰（2012）归纳总结出我国当前农村土地流转实施过程中的四种典型运作模式，包括浙江农村土地股份合作模式、重庆农村土地地票交易模式、天津农村宅基地换房模式和成都农村土地确权流转模式，并归纳总结和简要评析上述四种模式的基本特点、运作流程，在此基础上提出了相应的理论参考和经验借鉴。刘卫柏、柳钦和李中（2012）对我国农村土地流转模式创新的形式进行了总结，比较典型的主要有如下几种类型：土地互换、土地出租、土地入股、土地股份合作、土地转包和宅基地换住房。我国农村土地流转模式创新存在的主要问题包括：耕地保护形势严峻，部分模式创新改变农村土地用途；土地流转模式创新与现行法律法规冲突，缺乏相应的法律保障；土地流转中农民利益诉求难以得到充分保证；难以控制规模经营的不确定性风险；土地流转的金融支持力度不够。周娟和姜权权（2015）通过对大规模农场和家庭农场的土地流转的比较研究，探讨家庭农场的土地流转优势及其面临的困境。认为家庭农场嵌入于村庄的关系网络，交易成本和社会成本较低，可以保证经营的稳定性以及经营规模，并且具有无租或低地租的经营优势。但是家庭农场收到大规模农场经营的空间性、社会性挤压，需要地方政府保护和促进家庭农场的土地流转与经营。

（三）土地信用合作社土地流转模式研究

对土地信用合作社这种特有的创新模式，学者们也做了不少的研究。税玉海（2008）对其产生、试点、成效及其存在问题进行了调查与分析；金学福（2009）对农村土地信用合作社的性质与宗旨、经营模式、创建过程及其运行效果进行了介绍与分析。中国人民银行石嘴山市中心支行课题组（2008）介绍了平罗土地信用社主要做法，运用典型案例调查进行了效果分析，并提出了措施建议。郑有贵（2008）总结分析了平罗土地信用社的试点情况，方便灵活而又规范的组织化、制度化的土地流转，解除了农村富余劳动力外出务工者的后顾之忧，促进了农业实现规模经营，还较好地解决了农业和农村经济发展中迫切需要解决的一些问题。邵传林（2010）将平罗土地信用社作为制度创新的案例，并运用制度变迁理论解释农村土地信用合作社的兴起并且评价了绩效，要想在全国范围内推广平罗做法需要有良好的投资机会、较发达的经济水平、和谐的人地关系、乡村精英人物等条件。张会萍等（2011）在平罗县用随机抽样的方法对 225 个农户，利用 Probit 模型对农户土地流转的影响因素进行了实证分析，研究结果显示，土地连片性、地理位置与土地流转行为存在强相关关系。但是，上述文献大都是运用定性描述，推断、案例调查等方法，实证分析方法较少，到目前还未见从农户层面进行抽样调查进行中介服务的需求与满意度分析，更缺乏使用计量评估手段系统地对土地流转效果进行实证评估。

（四）农村土地流转典型实践模式存在的问题及模式创新

农村土地流转典型实践模式存在的问题方面。张晗和邵彦敏（2015）对欠发达地区农村土地流转模式进行了研究，以新疆维吾尔自治区沙湾县"土地互换"模式、吉林省延边朝鲜族自治州专业农场模式、宁夏回族自治区平罗县"土地银行"模式等农村土地流转典型模式作案例，总结出关于欠发达地区农村土地流转模式创新的重点，包括：政府发挥好引导和扶持作用、切实保障农民权益、实现土地流转可持续发展、拓宽利益联结和共享机制。杨明国（2015）研究了我国土地流转信托新模式，在剖析了"益阳模式"和"宿州模式"的内在运行机理基础上，阐释了当前我国农村土地流转信托的比较优势和制约因素，从政府引导、制度体系构建、服务平台建设和体制机制创新等方面提出了完善该模式的对策措施。韦彩玲（2012）详细分析了"龙头企业 + 合作社 + 农民"农村土地股份合作新兴的流转模式，分析了该模式存在的问题，包括风险防范机制不健全，存在隐蔽性"农地非农化建设"之嫌，农民难以充分享受农地规模经营的收益等。针对这些问题，提出通过规范农地流转行为，完善农村社会保障体系，充分发挥政府作用和允许农民的股权流转等措施来解决。

农村土地流转典型实践模式创新方面。李俊高和李俊松（2016）认为我国新一轮的农村土地流转的理论整理主要表现在土地流转的模式和土地确权两个方面。推进土地流转的进一步发展土地流转机制创新的关键在于，解决地方政府、农户、集体和新型农业经营主体各主体之间的利益诉求及矛盾，同时，长期稳定承包经营权，在三权分离的基础上，赋予农户允许其流转、抵押的权利，鼓励土地托管联户经营。凌斌（2014）提出了土地流转的中国模式，即不同于"私权派"和"公权派"两派之间的第三条道路，通过政府和集体在土地供需双方之间的组织协调，发挥其相对于"私易模式"和"公征模式"的比较优势，实现土地使用权以及所有权的顺畅流转。

二、对农户参与土地流转的意愿影响因素的研究

（一）影响农户土地流转意愿的因素方面

学者们普遍认为，农户的意愿对农业土地流转有着显著的影响。针对哪些因素显著影响农户土地流转意愿这一问题，国内众多学者对此展开深入了研究，已有丰富的文献，试图揭示促进农户土地流转和抑制其流转的因素，归结起来可分为四类：

1. 农户家庭特征因素

徐美银、陆彩兰和陈国波（2012）以江苏省为例，对发达地区农民土地流转意愿及其影响因素进行了分析，发现家庭成员平均年龄、家庭总人口数等因素对农民土地流入意愿具有积极影响，对农民土地流出意愿具有消极影响。许恒周等（2012）发现家庭农业劳动力越充足，越倾向于流入土地，越不利于土地流转。陈昱、陈银蓉和马文博（2011）则认为农业劳动力人数和家庭人口数对土地流转意愿并不产生影响。冷智花、付畅俭和许先普（2015）实证研究了家庭收入结构、收入差距对土地流转的影响，结果显示劳动力内部分工和家庭收入结构对土地流转的影响最为显著，不同地区土地流转体现为低收入家庭对于土地的依赖程度较高，呈现"富农"行动特征，农村内部收入差距成为约束条件，决定着农户土地流转决策目标。张静、程钢和李万明（2016）基于新疆玛纳斯县的调研数据研究发现，农户家庭方面的变量是影响农户土地流转的意愿的重要因素，其中家庭人口参与养老保险比例越高，会使得其对土地流出的意愿变强，加入合作社能够促进农户的流转意愿。

2. 农民个体异质性因素

路征、李睿和康馨月（2017）基于对四川省安岳县农户的调查，结果显示，在其他因素不变的情况下，户主年龄越大、土地自主经营能力和精力弱、人均耕地面积越多，他们更愿意将土地流转出去。若农户自身有能力耕种土地，则更愿意选择自己耕种而不愿意流转。但是赵光和李放

（2014）则认为年龄对土地流转的影响却并不显著，教育水平提高显著促进了土地流转，男性个体和已婚农户对土地流转具有显著的负向影响。潘林和丁明（2015）基于安徽省四县的问卷调查，对政府主导大规模土地流转下农民参与行为进行了研究，通过数据的分析发现，男性、子女较多、文化程度较高、社会地位较高及人均耕地面积越大者对政府主导型土地流转政策认知度更高。许恒周和石淑芹（2012）研究了农民工土地流转的意愿，研究发现：第一代农民工与新生代农民工的土地流转意愿受教育程度、有无专业培训经历或证书、家庭年龄结构、农户家庭规模、家庭劳力结构等因素较大影响。

3. 生计及社会保障因素

陆继霞和何倩（2016）通过对河南省某县的实地调查，以农户生计视角，分析了农户进行土地流转的意愿及其影响因素。研究发现：农户转出土地受到生计压迫、生计创新、社区压力等因素影响，未将土地转出则受土地保障、就业保障和土地收益因素影响。李昊、李世平和南灵（2017）研究了农户土地流转意愿的影响因素、影响因素强度的变化及异质性问题，结果表明：养老保障和非农生计能力对农户土地流转意愿具有显著正向影响，非农收入对东部地区农户土地流转影响显著，只有家庭农业收入和非农收入的作用强度逐渐增加，其他变量作用强度均不同程度的减弱。周春芳（2012）基于江苏省调查数据，同样认为非农就业、社会保障水平是影响农户土地流转行为的重要因素。

4. 其他区位、土地、经济发展水平、交通等因素

陈浩天（2015）的研究结果表明，农民所处区域可以对农民土地流转意愿提供假设证伪，东部地区农民土地流转意愿强于中部和西部。王杰和句芳（2015）分析了内蒙古农牧户的土地流转行为及其影响因素，指出家庭承包总土地、土地肥沃度、亩均农业补贴、非农业总收入占总收入比重、土地流转管制、社会养老保险等因素会促进农牧户土地流转。周春芳（2012）认为区域经济发展水平也是影响农户土地流转行为的重要因素。张永强、高延雷、工刚毅和李翠霞（2016）认为交通的便利化程度及离县区距离对农户土地流转意愿有显著性影响，农户对涉农政策认知越高，其土地转出的意愿越强烈。

（二）对土地流转不畅及其土地流转中介组织影响研究

影响农户参与土地流转的因素主要有两个方面：一个是推动因素，另一个是限制因素：牛星和李玲（2016）对山东省诸城市农户土地流转的意愿及影响因素进行了实证分析，农户愿意参加土地流转的原因主要有增加收入、有多余的土地、种地收益低、外出务工时土地不会闲置、政府强制等原因。不愿意流转土地的原因主要表现在土地是保障、流转价格难以确定、担心土地收回困难、种地收入较好、不了解相关政策等几个方面。对于土地流转的限制因素，除了供给与需求层面的原因之外，土地流转的内生机制不完善，土地使用权流转的外部环境不成熟也是重要原因（詹和平，2008）。

在土地流转不畅的影响因素中，一个值得关注的问题是农村土地使用权流转的中介服务组织的发育严重滞后（黄祖辉，2008）。我国目前农户土地租赁行为有以下明显特征：农户土地租赁范围主要在村组内部的亲戚家、邻居家、或朋友家；仍然有超过一半的农户的土地租赁期限较短或者不确定（Brandt et al.，2005）。市场中介组织的缺位，限制了承包经营权的大范围、长期的流转（Benjamin et al.，2002；Li，2003；Brandt et al.，2005）。现有的土地使用权交易服务工作主要由村集体包办，缺乏农地评估机构、土地融资服务机构、土地保险服务机构等。因而失去了中介机构应有的效率和公正（季虹，2001）。相反，一个完备的市场中介组织能够打破区域和阶层的局限，促进土地承包经营权的流通（刘国超，2006）。但是王杰和句芳（2015）对内蒙古农牧户的土地流转行为及其影响因素的研究结果则显示，土地合作组织、土地经营权调整等变量对农牧户土地流转行为的影响并不显著。

三、对中介组织参与土地流转的研究

（一）国外研究述评

由于土地流转中介组织在我国的实行还处于起步阶段，理论界的研究从对土地信托模式国际借鉴入手，对其基本服务组织与职能做了初步界定，从不同角度总结了实践中存在的一些问题，并致力于进一步完善其服务职能的研究。

土地流转离不开中介机构，国外较为发达的土地中介机构当属土地信托。发展较早的是英国，以后又从美国传入日本等东南亚地区（王秀兰和杨兴权，2007）。国外合作社发展的经验启示。郭富青（2007）；张晓山和党国英（2003）；国鲁来（1995）重点分析了北美新一代合作社、丹麦合作社、德国合作社的组织架构与运作方式，提炼出了我国农民专业合作社可以借鉴的经验。

目前国外文献介绍较多的当属美国的土地信托模式，美国土地信托发展运作完善，形式多样，内容丰富，有针对土地生态资源保护的信托，有针对有机农业和林业生产及其可持续发展的信托，有以社会经济发展为目标的信托如保障性住房、保护家庭农场和地方经济发展等（Hamilton，2004）。自1844年欧洲第一个合作社——罗虚代尔公平先锋社成立以来，国外学者对合作社发展进行了大量的研究。国外研究在新一代合作社发展、合作社本质、合作社存在原因、合作社制度缺陷和变迁等方面取得了丰硕的成果。（Hansmann，1996；Poter and Seully，1987）。国外土地银行作为专门为农村土地开发利用提供服务的机构，一类是专门为农村土地开发利用提供金融服务的机构，另一类是以政府名义进行土地购买、整理、储备、供应和开发的土地储备中心。国外学者对土地银行进行了大量的研究，丹尼尔 P. 塞尔米（Daniel P. Selmi.，2011）指出，德国的土地银行逐渐开始扮演促进土地改革与农业发展的角色，主要方式仍以土地作为抵押物，衡量贷款的额度。有学者对美国联邦土地银行的运作模式进行了研究，指出美国土地银行主要通过农民的土地进行农地抵押，融通资金，为农业生产提供信贷服务，政府则通过购买土地银行股票为土地银行提供资金来源，变向扶持土地银行发展（Farstad M. Rye，J. F.，2013）。有学者对菲律宾土地银行的发展演变进行了研究，指出菲律宾土地银行的发展经历了从最初的作为农业用地抵押物服务于农业土地改革，逐步发展为具有全能性银行的职能土地银行（Halfacree，K.，2007）。

（二）国内研究述评

1. 农村土地流转中介组织的概念界定及类型划分

国内学者对农村土地流转中介组织的主要职能、基本模式论述较为充分。王志章和兰剑（2010）从其社会功能和构成的角度对农村土地流转中介组织的概念进行了界定，农村土地流转中介组织是遵循公平公正、独立自主的原则，利用特有的专业化职能，在农村土地流转中协调各方利益，沟通各方关系，并维护土地流转当事人利益和保障农村土地高效有序流转，而依法成立的社会自律性组织。关于农村土地流转中介组织的类型划分，比较有代表性的观点是：王乐和夏显力（2012）根据功能定位区别，将农村土地流转中介组织划分为农村土地银行、农地股份合作制、农地使用信托三种模式。任勤等（2010）基于成都市农村土地流转的实践，将其划分为政府成立的农村土地流转交易平台、村委会组织成立的集体经济组织、农民自发组织成立的股份合作社、全市场化运作的农村产权交易所。

2. 农村土地流转中介组织的功能和作用

国内学者从理论和实践层面，对农村土地流转中介组织的必要性、功能和作用的论述较为充分。王颜齐和郭翔宇（2012）以浙江省海盐县为案例，分析了中介组织介入土地承包经营权流转的机制和实施效果。孔祥智、刘同山和郑力文（2013）分析了村委会在土地流转中扮演的角色，指出村委会不仅是流转的中介和组织协调者，还是流转双方的代理人，并且日益成为独立的利益主体。杨成章（2014）论述了西部贫困地区成立农村土地银行的可行性，左停和周智炜（2014）认为"国家农村土地银行"不仅可以通过国家直接经营和休耕性储备，保障国家粮食安全和土地安全，而且也可以促进农地有序流转，避免农地实质私有化，促进现代农业的发展，使农民获得稳定的收入。肖端（2015）基于双重委托—代理理论，分析了成都市土地股份合作社这种新的组织形式，指出该模式为农村集体土地家庭承包制的完善和改革提供了新思路和新途径。

3. 中介组织参与农村土地流转存在的问题、面临的困难及应对对策

阮小莉和彭嫦燕（2014），朱永永（2014）通过调研案例分析，从实践层面论述了土地银行的影响因素、治理机制、经营存在的隐患，从完善农村土地银行自身不足、优化外部环境及政策支持等方面提出了土地银行未来发展的策略。张亿钧（2012）探讨了土地流转合作社的产生、运作机制以及土地流转合作社的优势和挑战，指出我国农民专业合作社发展存在自我发展能力不足，外部环境直接制约了其发展，可持续性发展能力差等主要问题，同时农民专业合作社发展面临市场竞争力不足，人才匮乏，筹资能力缺乏，规范发展等新困境。楼栋、孙晓明和孔祥智（2013）认为合作社理事长在土地流转合作社产生与发展的中起着重要作用，政府对土地流转合作社的引导不可或缺，但其介入应当有度，土地流转合作社可以在尊重社员意愿的基础上进行经营机制创新，并提供农业社会化服务。何剑伟（2012）研究了平罗土地信用合作社实现土地流转的有效机制，对于导致该机制不稳定的因素进行了分析，对土地信用合作社的进一步发展提出了建议。

4. 对土地流转中介服务的需求与满意度研究

学术界对土地流转中介服务的需求与满意度研究较少。张会萍、梁优

琴和倪全学（2011）基于宁夏回族自治区平罗县的农户问卷调查，对农村土地信用合作社满意度进行了研究，研究发现土地信用合作社作为一种全新的土地流转模式壮大了集体经济，增加了农民收入，创造了就业机会，促进了农村剩余劳动力转移就业。但这种新型的中介服务模式毕竟处于探索阶段，农民是否真正满意，需要做进一步的社会调查与分析。户主年龄、家庭劳动力人数、家庭人均月收入水平对满意度有着反向作用。任勤（2010）通过对成都市各区县农民对服务项目有需求的农户数量所占的百分比，对农民对土地流转中介组织的各项需求诸如土地交易、土地托管、流转信息网络、土地流转承包监督管理和指导等 11 项进行了先后排序。林乐芬（2010）构建了社员农户对土地股份合作社满意的综合指标，并通过农户入社满意度综合指标值与农户微观特征的交叉统计来分析其主要影响因素，通过李科特量表（Likert scaling）法来构建受访农户对土地股份合作社满意度的综合指标，对土地股份合作社的土地股份分红、合作社土地经营方式、土地股份合作社能够持续经营的满意认可度的分析。岳意定（2009）利用 BN 模型对现在的土地使用满意度进行评估，即用本模型来评价土地管理者改变土地使用后的满意度，即：在成本支付期内改变的满意度＝长期预期的满意度 - 总的改变成本/成本支付期。但是还需要利用一个科学的方法构建一个全面综合的需求与满意度指标体系，进一步对土地流转中介服务需求与满意度做多层次、多角度的综合评价及其影响因素分析。王乐和夏显力（2012）以陕西省杨凌国家级农业高新技术产业示范区为例，对土地银行实施绩效进行实证分析，发现农民对土地银行实施绩效的满意度处于中等偏下水平，需从政策指导、监督考核以及人才队伍建设等方面着手，全面提高土地银行的绩效水平。

四、对土地流转绩效评价问题的研究

（一）对农村土地产权制度与土地资源配置效率之间的关系研究

早在 1975 年，世界银行在《农村土地改革政策文件》中，保持 25 年不变的三个指导原则之一便是：通过市场运作使土地流转到更有效的经营者手中（Klaus Deininger, 1999）。汉密尔顿（Hamilton, 2004）针对土地问题时总结出：要改变小农场和细碎土地经营，就要扩大农场的规模经营，就要提倡农地租入和租出的土地流转行为，使当地的农民从中得到了更多的额外收益。国内经济学家和学者也论证了农村土地流转对农村土地资源配置的意义：农村土地流转也有一定程度的资源配置效应，土地、劳动力和其他要素在农户间的市场交易可以有效调高经济效率（林毅夫，1995；姚洋，2004）。土地的自由流转可能产生两种效应，即边际产出拉平效应和交易收益效应，从而提高了农民进行土地投资的积极性（姚洋，2007）。针对土地流转效果实证研究：贝斯利（Besley，2003）利用多元线性回归方法对加纳两个地区的数据进行分析，结果表明：为了在长时期缓解贫困，完善土地产权与鼓励土地转让是较为有效的办法。多数研究者（Carter and Yao，1998，2002；Lohmar et al.，2001；Klaus and Jin，2005；Yao，2003；Klaus et al.，2004；Jin and Klaus et al.，2006）对中国农地流转的实证研究发现：土地流转市场对农业生产率及农户收入的提高有明显的正面影响。这些正面影响主要通过以下三个途径来实现：第一，土地流转市场可使不同土地—劳动禀赋比率的农户的土地边际生产率均等化，从而提高配置效率和农业生产率；第二，土地流转市场可以使农业生产有优势的农户扩大生产规模、进行专业化生产而增加农业收入，同时，又可使有非农就业机会的农户安心地从事非农生产并获得土地租金，从而增加其总收入；第三，土地流转市场可以增加农户土地投资的积极性，因为农户如果转出土地的话，他们的土地投资可以通过更高的地租来收回。

（二）对不同土地流转模式和土地流转不同阶段绩效的研究

余小英、王章名和王成璋（2015）将我国农村土地流转制度划分为禁止流转（1978～1987年）、允许流转（1988～2002年）和市场规范化（2003～2011年）三个阶段，运用反事实度量法，分析了我国农村土地流转三个阶段的制度效率。研究表明，土地流转初步实施阶段制度效率最差，土地流转完全不流转的制度效率居中，市场规范化时制度效率最优。欧胜彬和陈利根（2014）以公共政策阶段启发模型为分析框架，对广西的"互换并地"和安徽的"家庭承包制"两个典型农村集体土地流转案例进行比较分析。研究发现，两种农村集体土地流转模式都对生产力发展起到显著作用，具有自愿性、自发性，公众参与度高的特点，均属于自下而上的流转模式。但是，前者具有局部性，处于公共政策执行阶段，后者具有广泛性，处于公共政策制定阶段。李怡（2014）基于对珠三角地区的农户调查，从土地流转的经济效率、产业发展风险和福利变化三方面评估了土地股份合作制土地流转模式的效率，认为土地股份合作制土地流转模式立足于珠三角现实需求和改革环境，尽管在一定程度上实现了经济效率改进，但存在制约产业发展的未来风险和有损农民福利的社会风险，土地流转仍需规范和完善。于传岗（2011）对政府主导型、农户主导型和集体主导型三种农地流转方式的流转路径、特征和经济绩效进行了对比，指出政府主导的土地流转模式有经济见效快、速度最高的特点，但是社会绩效最差、治理成本最大；农户主导型模式流转经济绩效适中、速率最低，但是治理社会治理绩效最大、成本最小而受农户青睐；集体组织主导型流转模式经济绩效较高、速率适中，但是因治理成本较小、社会绩效较好。

（三）针对土地绩效评价指标体系的研究

虽然现有文献对土地流转效果的研究较多，但是构建系统的评价指标进行农村土地流转较为系统的评价的研究还较少。秦国伟、卫夏青和田明华（2017）基于安徽省33个县市的调查，构建了涵盖市场竞争能力、粮食综合生产能力、社会发展推动力、可持续发展能力4个方面20项指标的综合评价体系，对农村土地流转后新型经营主体的经营绩效进行了分析，在实证分析结果基础上，对各类新型经营主体经营绩效进行比较排序：从综合表现来看，四种新型经营主体中，农业公司的土地流转绩效最高，农业公司的市场竞争能力和粮食综合生产能力绩效最高。在绩效评估的基础上，深入剖析了不同类型的新型经营主体发展中存在问题，指出了相应的对策与建议。岳意定提出的网络层次分析法，从经济和社会两个维度入手，构建了农村土地流转绩效评价指标体系，共建立了经济绩效评价指标11项，社会绩效评价指标5项，从不同角度全方位的考核了农村土地流转绩效（岳意定和刘莉君，2010）。钱忠好（2003）在构建农户农地承包经营权市场流转理论决策模型的基础上，将土地产品价格、非生产性收益、生产性成本、非生产性成本、土地使用成本、土地交易成本、现有土地经营规模等因素作为考量指标来影响对农地流转的供求。但是，针对不同区域、不同流转模式设计一个适合本区域特色的指标评价体系并且进行全面评估的研究，还需要进一步深入。

第三章

宁夏银北地区的土地流转

第一节 宁夏银北地区概况

一、样本区域概况

宁夏银北地区属于引黄灌区，是宁夏农业、工业等较为发达的地区，且交通便利。地形地貌方面主要以贺兰山山地和平原为主，贺兰县拥有耕地 58 万亩，其中盐碱地 28 万亩，占全县耕地面积的 49%[①]；石嘴山市耕地面积为 115 万亩，农业人口人均耕地占有量居宁夏灌区首位[②]。具体调查样本县区分别是平罗县，惠农区和贺兰县。

平罗县位于宁夏北部，地处银北中心，属平原地带。自古是西北的鱼米之乡、富庶之地，有"塞上小江南"的美誉。平罗县位于宁夏平原北部，总面积 2060 平方公里，人口 31.6 万人，其中，少数民族人口 9.8 万人。[③] 平罗县土地资源丰富，据 2010 年变更调查数据显示，全县土地总面积 2059.79 平方公里，其中：耕地 589.98 平方公里，占土地总面积的 28.6%；园、林、草地 528.30 平方公里，占土地总面积的 25.6%。平罗

---

① 《贺兰县 26.8 万亩盐碱地"转身"变良田》，贺兰县人民政府网站，2019 年 5 月 27 日，http：//www. nxhl. gov. cn/jrhl/zxdt/201905/t20190527_1523014. htm。

② 兰霞：《石嘴山市》，新华网，2004 年 11 月 24 日，http：//www. nx. xinhuanet. com/today_nx/szs. htm。

③ 《平罗概况》，平罗县人民政府网站，2020 年 9 月 3 日，http：//www. pingluo. gov. cn/hl-pl/plgk/201805/t20180531_773587. html。

县地处华北连通西北必经之地，交通畅达，包兰铁路穿境而过，109 国道、110 国道、京藏高速、宁夏西线高速、滨河大道贯通南北。县城距银川市 60 公里，距银川河东机场 80 公里，距石嘴山火车站 5 公里，距惠农陆路口岸 30 公里，交通便捷，在宁夏沿黄经济区战略节点优势明显。平罗县是宁夏的农业大县，也是全国商品粮生产基地县，粮食产量连续九年稳居宁夏首位，清真羊肉、瓜菜、制种、水产和枸杞五大优势特色产业发展迅速，菠菜和荚豆种子年销售量位居全国第二和第三，贺兰山东麓地区气候、土壤、地理条件接近甚至优于法国波尔多优质葡萄产区，是世界优质葡萄栽培的最佳生态区之一。

惠农区地处宁夏最北端，东临黄河，西依贺兰山，北与内蒙古乌海市接壤，是宁夏的北大门，距首府银川市 80 公里。现下辖 3 乡 3 镇、6 个街道办事处，区域面积 1254 平方公里，总人口近 20 万人，城市化率 82.91%。[1] 惠农区全区耕种土地面积 88.87 万亩，在册耕地 11.6 万亩，实种耕地 26 万亩。以山坡地、河滩地为主的近 15 万亩可垦荒地连片开阔，地势平坦，便于大面积开发利用[2]。

贺兰县地处宁夏首府银川北郊，辖区总面积 1204.71 平方公里，98% 为黄河自流灌溉。总人口 26 万人，农村人口 12 万人。共辖 4 镇 1 乡 2 个农牧场，64 个行政村，1 个街道办事处，11 个社区居委会。[3] 贺兰县拥有耕地 58 万亩，98% 为黄河自流灌溉。贺兰县县城距银川市区 8 公里，距银川火车站 15 公里，距河东机场 20 公里。包兰铁路、京藏高速、银川绕城高速和 109 国道、110 国道穿境而过。贺兰县优越的区位交通、丰富的农业资源、得天独厚的自然禀赋，为贺兰县发展现代农业奠定了坚实的基础。2010 年被农业部确定为全国首批 51 个（宁夏首个）现代农业示范区之一，并承办了全国现代农业示范区建设启动仪式。加快构建新型农业经营体系。全面抓好农村产权制度改革工作，完成 62 个行政村产权确权颁证工作，成立农村产权交易中心，盘活农村资产。积极培育新型农业生产经营主体，培育家庭农场 10 家，农业专业合作示范社 20 家。按照自愿有偿原则，稳步推进土地流转，全县土地流转面积达到 25 万亩。加强农产品龙头企业基地建设，破解农产品深加工企业原料供应问题。培育壮大龙

---

① 惠农区人民政府办公室：《惠农区行政区划》，石嘴山市惠农区人民政府网站，2020 年 4 月 16 日，http：//www.huinong.gov.cn/cms/item - view - id - 1438.huinong。

② 惠农区人民政府办公室：《惠农区资源优势》，石嘴山市惠农区人民政府网站，2020 年 4 月 16 日，http：//www.huinong.gov.cn/item - view - id - 1437.huinong。

③ 《贺兰概况》，贺兰县人民政府网站，http：//www.nxhl.gov.cn/zjhl/。

头企业 20 家，农产品加工转化率达到 70% 以上。①

《宁夏统计年鉴——2019》数据显示，2018 年宁夏银北地区是宁夏经济发展水平较高的区块，据统计，2018 年惠农区人均生产总值 84992 元，居全宁夏第三，平罗县人均生产总值 62924 元，位居第七，贺兰县位居第十一。惠农区的第一产业在三大产业总和中所占比例为 3.9%，是三县中最低的，而第二产业占比为 66.7%，是 3 县当中比例是最高的。贺兰县与平罗县的三大产业比例分布是相当的。就人均地区生产总值而言，惠农区是最高的。具体如表 3 - 1 所示。

表 3 - 1   2018 年样本区域经济发展状况

县（区）	人口（人）	第一产业（%）	第二产业（%）	第三产业（%）	人均 GDP（元/人）
贺兰县	261738	14.9	46.6	38.5	48975
平罗县	290396	12.8	55.4	31.8	62924
惠农区	207170	3.9	66.7	29.4	84992
宁夏	6881123	7.6	44.5	47.9	36394

资料来源：根据《宁夏统计年鉴——2019》整理得出。

二、农户家庭基本情况

（一）农户家庭人口及劳动力基本情况

（1）农户家庭人口基本情况：截至 2018 年底，宁夏银北地区中的平罗县、惠农区和贺兰县总人口为 75.93 万人，其中农村人口约为 28.11 万人，占总人口的 37.02%。惠农区、平罗县和贺兰县的户均人口数分别是 2.45、2.97、2.83②。

本书得到的关于土地流转对农村劳动力转移影响的有效样本 652 份，涉及农户家庭总人口总数为 2320 人，户均人口约为 3.6 人，这与宁夏统计年鉴中银北地区户均人口相比要高出 24%，因为统计年鉴的数据还包括

① 邓彦芳：《贺兰县第十七届人民代表大会第二次会议政府工作报告》，银川市人民政府网站，2014 年 2 月 27 日，http://www.yinchuan.gov.cn/xxgk/zfxxgkml/zfgzbg/hlx_7771/201608/t20160810_172217.html。

② 宁夏回族自治区统计局：《宁夏统计年鉴——2019》，中国统计出版社 2019 年版。

城镇人口，而我们的样本数据是农村人口数据，基于这样的考虑，所以我们得出的数据是合理的（马成富，2015），如表 3 - 2 所示。

表 3 - 2　　　　　　　　样本区域家庭人口情况（n = 652）

项目	样本总体	平罗县	惠农区	贺兰县
调查户数（户）	652	343	103	206
涉及家庭人口（户）	2320	1261	349	710
家庭平均人口（人）	3.6	3.7	3.4	3.4
家庭人口规模（人）				
≤2（%）	31	28	28	36
[3，5]（人）	59	60	62	56
>5（人）	10	12	10	8

资料来源：马成富：《土地流转对农村劳动力转移的影响——基于宁夏银北地区的调查研究》，宁夏大学硕士学位论文，2015 年，第 16～21 页。

（2）农户家庭劳动力基本情况：在总体样本中，涉及劳动力总人口为 1678 人，其中男性劳动力 888 人，女性劳动力 790 人，分别占比为 53% 和 47%，二者占比相差 6 个百分点。户均劳动力人口约为 2.6 人，从表中我们可以看出，劳动力人口为 2 人及以下的家庭最多，占比达到 59%，2 人以上家庭所占比重为 41%，二者比重相差 18%。在劳动力性别构成中，男性所占比例为 53%，女性所占比例为 47%，男性比女性高出 6%。在劳动力婚姻状况中，我们可以很明显的看出，劳动力主要以已婚为主，占比为 86%。具体各县区比例情况如表 3 - 3 所示。

表 3 - 3　　　　　样本区域家庭劳动力基本情况（n = 652）

项目	样本总体	平罗县	惠农区	贺兰县
涉及劳动力总人口（人）	1678	905	239	534
家庭平均劳动力（人）	2.6	2.7	2.4	2.5
劳动力人口分布（人）				
≤2（%）	59	55	65	63
>2（人）	41	45	35	37
劳动力性别构成				
男性	53	51	49	54

续表

项目	样本总体	平罗县	惠农区	贺兰县
女性	47	49	51	46
劳动力婚姻情况				
已婚	86	86	85	89
单身	14	14	15	11
劳动力平均年龄（岁）	44	44	45	45

资料来源：马成富：《土地流转对农村劳动力转移的影响——基于宁夏银北地区的调查研究》，宁夏大学硕士学位论文，2015年，第16~21页。

另外，从图3-1中我们可以看出，目前宁夏银北地区的劳动力正处于衰退时期，各年龄段从低到高所占百分比处于上升趋势，3个县区均呈现这样的趋势，样本总体劳动力平均年龄为44岁。而从人口生命周期来看，劳动力在20~40岁是创新能力和体力最强的时期。桑代克在《人的生命力与社会秩序》中指出，年龄对劳动生产率的影响在50岁以后最为明显。当一个人进入50岁以后，能力和速度平均每年要下降1%~2%。

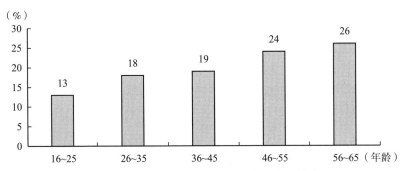

图3-1 样本总体劳动力各年龄段所占百分比

资料来源：马成富：《土地流转对农村劳动力转移的影响——基于宁夏银北地区的调查研究》，宁夏大学硕士学位论文，2015年，第16~21页。

农业劳动力老龄化影响了现代农业的发展。由于青壮年劳动力的大量外流，农村劳动力老龄化的速度大大快于城市，致使农业劳动力老龄化更为严重。第二次全国农业普查显示，51岁以上农业从业人口比重已占到32.5%，比第一次农业普查时增长了4.39个百分点。按国际劳工组织的划分，一个国家或地区45岁以上劳动力占总劳动比重在15%以上为老年型，目前，我国是典型的老年农业。老年农业的出现，为粮食安全埋下隐患。首先，老年劳动力文化程度较低，接受新知识、新技术的能力比较弱，不利于现代农业科技的推广和普及。其次，老年劳动力由于体能的下降，无法承担繁重的农业劳动，会导致农业生产率降低，甚至造成粗放经营。最后，农业人口老龄化势必引起赡养比重提高，农民个人生活负担加重，农业投资相对缩小。农业劳动力老龄化的日益严重，会动摇农业这个国民经济的基础。

（二）农户宅基地及住房情况

农户宅基地及住房是农户家庭固定资产的重要组成部分，是衡量农户家庭贫富状况的重要指标。宅基地主要是指农村居民居住生活而建造房屋等建筑所占用的土地，包括住房、辅助用房（库房、厨房，畜禽舍等）及院落占地[①]。

从表3-4可以看出，样本农户的宅基地面积比较大，符合西北农村地区的特点。就样本总体而言，200平方米以上的达到93%，贺兰县最高，为96%，比样本总体高出3个百分点；其次为平罗县和惠农区，分别为93%和92%。户均住房间数主要集中在4~7间这个区间，总体占到71%，平罗县占比为77%，是最大值，比样本总体占比高出6个百分点。户均住房价值中，被访者对自家住房价值不清楚的占到总体样本的20%，80%的被访者都能大致估出现有住房的价值。从中可以反映出贺兰县和惠农区的户均住房价值比较高，5万元以上的分别占到53%和57%，这一数字表现出来的富裕程度与当地的经济发展水平是相吻合的。需要指出的是，户均住房价值在10万元以上这个区间内，贺兰县的占比是最高的，达到22%，比样本总体高出6个百分点。这明显与贺兰县更接近宁夏首府银川市不无关系。

表3-4　　　　　　农户宅基地及住房情况（n=652）　　　　单位：%

项目	样本总体	平罗县	惠农区	贺兰县
宅基地面积（m²）				
≤200	7	7	9	3

① 章合运、吕颖洁：《新农村建设背景下农村宅基地使用权流转模式的构建》，载于《农村经济》2008年第9期，第35~38页。

项目	样本总体	平罗县	惠农区	贺兰县
(200，600]	43	38	44	52
>600	50	55	48	44
户均住房房间数（间）				
≤3	15	14	26	12
[4，7]	71	77	68	63
≥8	14	9	6	26
户均住房价值（万元）				
不清楚	20	14	23	28
≤5	44	36	20	19
(5，10]	35	37	41	31
>10	16	13	16	22
房屋主要建筑材料				
1 = 混凝土结构	2	2	0	3
2 = 砖混结构	95	96	96	93
3 = 土坯	3	2	4	4

资料来源：本书课题组调查所得，2014 年。

（三）农户家庭两时期耐用品每百户拥有量情况

随着经济的发展，我国农村农民的收入也有了很大的提高，农民已经从温饱追求过渡到了精神追求，从而农村的耐用品消费也有了一定的变化。荣昭、盛来运和姚洋（2002）指出，由于农村基础建设不足及产品定位的偏高，使得我国农村家庭耐用品的拥有量明显要比城镇居民低，收入水平的低下对农村家用电器的消费产生负面显著的影响。因此，家庭耐用品拥有量也是衡量家庭贫富水平的标志，其中家庭农机具的拥有量也可以反映农户在土地上的投资状况。

在实地调查中，我们收集了农户家庭 2013 年和 2010 年这两年的耐用品的数据。经过对表 3 - 5 的整理分析得出图 3 - 2，据此，总结出以下特点：

表 3 - 5　　　　　两时期耐用品每百户拥有量情况 （ n = 496）

项目	参与流转		未参与流转	
	2013 年	2010 年	2013 年	2010 年
普通台式电视机	93	94	92	92
数字电视（液晶）	23	14	22	14
电动车	60	38	65	39
摩托车	72	66	68	61
电冰箱	77	54	73	52
洗衣机	88	76	83	72
农用三轮车/拖拉机	70	73	78	75
播种机	19	20	19	17
脱粒机	12	15	7	6
汽车（包括面包车、轿车等）	16	11	15	10

第一，对于参与土地流转的农户家庭来说，除了家庭农用机械增长比重为负的以外，其他家庭耐用品消费的数量逐年增加，而且向高端耐用品需求的方向发展。其中，以数字电视（液晶）、电动车、电冰箱和汽车的增长量最为明显。上述四项的增长比重分别为：64%、58%、43% 和 45%；对于未参与土地流转的家庭，除了普通电视机前后没有变化外，其他耐用品均有增长，而且数字电视（液晶）、电动车、电冰箱和汽车增长也明显，这与参与土地流转的家庭是一样的，其增长百分比分别为：57%、67%、40% 和 50%，如图 3 - 2 所示。

第二，对于农用机械的增长比重，参与流转的家庭相对于未参与流转的家庭，农用三轮车/拖拉机、播种机和脱粒机增长量分别下降了 8%、17% 和 37%，这明显体现了土地流转对于农机具投资的影响，转出土地的农户，对于农机具的需求会减少，所以购买意愿也会降低；反之，没有流转土地的农户，还会继续农机具方面的投资。

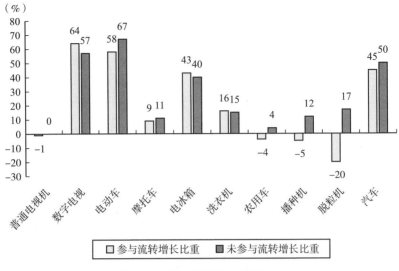

图 3 - 2　两时期耐用品增长比重

第二节　宁夏银北地区土地信用合作社的制度变迁

伴随着土地流转方式的多元化、土地流转过程的市场化，国家相关政策的出台及其农民主体意识的增强，农村土地流转出现了一些新情况，最典型的就是中介组织的出现。但是，分散的流转形式、无序的中介服务组织在一定程度上阻碍了土地流转的发展，应该建立一个高效、有序的土地流转模式即"散户—中介服务组织—大户"模式。宁夏银北地区，尤其是以平罗县为代表的土地信用合作社（或称土地信用社）是对土地流转服务组织功能的一次实践尝试。

一、自发探索期

2004 年以前平罗县撂荒土地达 8000 多亩，农民开始探索提升土地规模效益的有效方式，自发流转土地承包经营权成为农民的首选。2004 年、2005 年全县农民自发流转土地面积分别达 1.98 万亩、2.19 万亩，但是农民自发流转土地多是口头协议和自行转租，由此引发的土地流转纠纷也比较多，甚至严重影响了农村的和谐稳定。到 2006 年初，平罗县委决定在小店子开始试点"农村土地信用合作社",进行土地流转的尝试。小店子村通过召开村民大会,成立"小店子村农村土地信用合作社",这个合作社没有经过工商注册,只是以社团法人的角色在平罗县民政局进行注册。在建立小店子村农村土地信用合作社时,提出了三种经营思路:一是土地信用合作社运作的前提是土地承包关系稳定,农民自愿存贷;二是村集体荒地可入社,用来发展种植、养殖等;三是乡镇政府所有的河滩地,可委托土地信用社有偿托管,相关收益在乡镇、村集体、农民之间分配。

二、实验推广阶段

2006年,宁夏平罗县在坚持土地承包政策、土地用途和农民承包经营权"三不变"的前提下,推行了以集体土地和资产为资本,以存贷、托管、代耕种土地为业务的农村土地信用合作社试点。农村土地信用合作社在小店子村实验一段时间后,经过平罗县的调研,2006年,平罗县委发布了《关于推进农村土地信用合作社建设的通知》,要求每个乡镇都要选择一至二个村,搞土地信用合作社试点。在这份文件中,将农村土地合作社可分为"集体所有制""股份制""社团法人制"三种,可以乡镇为单位成立,也可以村级为单位成立;但首先要经过县政府批复,然后才能到工商部门或民政部门注册。业务主管部门是平罗县农牧局所属农经站。农村土地信用合作社作为一种新兴的土地流转模式在平罗县迅速发展。它属于"散户—中介服务组织—大户"模式,以运作机制独特、农户参与率高、发展迅速等特点吸引了学术界的特别关注。

三、规范运作阶段

2007年8月宁夏回族自治区政府批转了宁夏回族自治区工商总局的《宁夏回族自治区农村土地信用合作社登记试行管理办法》,这一办法的实行,标志着宁夏地区土地信用合作社的发展迎来了规范化和制度化阶段。2008年平罗县挂牌成立土地信用社31家,乡镇级1家,村级30个。共存贷土地10.6万亩,涉及农户1924户。2009年全县成立农村土地信用合作社41个,乡镇级1个,村级40个,存贷土地集中连片达到1000亩以上的22个,共存贷土地14.7万亩,其中存贷耕地5.65万亩,涉及农户4104户。截至2010年1月,平罗县的13个乡镇共挂牌成立了农村土地信用社50个，参与农村土地信用社的农户21771户，涉及耕地面积468049亩（平罗县农经站，2010）。2011年12月5日，经中央农村工作领导小组同意，农业部正式批准18个市（县、区）为"全国农村改革试验区"，平罗县凭借"政府主导、市场调节、农民自愿、依法有偿、流转有序"的土地流转制度创新，跻身全国18个试验区之一，截至2011年末，平罗已经形成了股份制农场、土地银行等5种土地经营管理模式，其中挂牌成立农村土地信用合作社62个，累计流转土地28.4万亩，实现集体经济收入284万元，转移农村劳动力8450人次，实现劳务收入4896万元。[①] 农村土地信用合作社作为一种土地流转中介服务组织，将农村土地的转入和转出信息集合到一起，有效地避免了信息不对称，降低了土地流转市场的交易成本。

四、农村土地信用合作社的衰退期

我们在对宁夏银北地区土地信用社的运行模式和制度安排进行研究的过程中发现，随着土地流转制度的完善创新以及中央政策的变化，结合当地土地流转发展的实际情况，在经过大规模流转土地后，农村土地信用合作社的流转功能逐渐在退化，故本课题后续的研究视角不再单纯局限于对农村土地信用合作社的研究。

第三节　宁夏银北地区农村土地信用合作社的特点和组织结构

宁夏平罗县的土地信用合作社作为一种全新的土地流转模式，是对土地流转服务组织功能的一次实践尝试，特点表现在：一是存贷自由，坚持农民自愿的原则，存与贷均由农民自己作主；二是促进土地经营权的流转，为形成适当规模经营创造了条件；三是提高了土地的利用率，避免因外出打工而难以有效经营的缺陷；四是保持了农民土地承包权的稳定，免除农民的后顾之忧；五是合作社成为土地经营权流转市场的载体，使土地经营权能够有序、透明、规范地推进，避免出现"暗箱操作"之弊端；六

---

① 笔者根据相关资料整理所得。

是通过合作社与企业合作经营，存地农民还可分享耕地的增值效益。

平罗土地信用社是地方政府（村委会）发动成立的，基层运作主体是村委会，由村委会提出成立申请，上级审批取得经营资格。土地信用社不开展土地抵押、贷款业务，不能进行以土地为标的的金融活动，不是政策性金融组织，具有农户之间的合作性，是一种中介组织；从经营宗旨来看，土地信用合作社是以存进土地承包经营权的有序流转、规模经营和实现农民生产生活方式转变为途径服务于"三农"；从经营原则来看，它以保护农民的合法权益和保障农民收益为主要原则，遵循依法、自愿、有偿等原则，不改变农民的土地承包经营权，存入的土地可以依法继承和转让。

土地信用合作社的审批过程如下：第一步是申请，由村委会向所在乡镇政府提出农村土地信用合作社的申请；第二步是审核，乡镇政府报县主管部门，由相关部门进行审核；第三步是审批注册，审核通过后由乡镇以文件的形式向县政府申报审批，根据批复文件去工商或者民政部门注册；第四步挂牌成立，农村土地信用合作社开始进入经营阶段。

土地信用合作社的权力机构是村民代表大会，负责制定和修改章程，审议和批准该社的发展规划、经营方针和投资计划，选举、更换理事和监事，审查批准理事、监事的报酬管理制度，对本社的分立、合并、解散和清算等重大事项作出决议，决定企业增加或减少注册资本以及其他重大事项。在运作中须建立理事会和监事会，均向村民代表大会负责。理事会是村民代表大会的执行机构，对村民代表大会负责，履行管理经营职能，负责具体的存地、贷地以及土地整理改造等延伸业务。农户将土地承包经营权存入土地信用社，与土地信用社签订规范的存地合同书，并获得存地证书和存地利息，贷地方（大户或者企业）与土地信用社签订贷地合同，缴纳贷地利息，土地信用社则获取存贷差额部分作为收入，存贷差额通常是每亩10元。土地信用合作社作为一种土地中介服务机构，将农村土地的转入和转出信息集合到一起，有效地避免了信息不对称，降低了土地流转市场的交易成本，土地信用合作社之所以能发展得如此迅速，与土地流转数量的增加和流转的无序状态密不可分，同时，农民对土地的依赖关系弱化也为土地信用社的发展提供了客观条件。

土地信用合作社作为中介实质是委托—代理关系，从信息结构看，由于农户信息获取处于劣势，土地信用社联合村委会处于信息优势；从契约关系看，土地信用社联合村委会构成了地方政府与社会之间的交换契约；从利益结构看，土地信用社作为委托人促进地方社会利益，并得到地方政府的认可。

第四节　宁夏银北地区土地流转现状

第一，农村土地信用社的中介服务作用显著。农村土地合作社成立的宗旨便是促进闲置土地信息与租用土地信息的交流，进而推动土地流转市场的形成与发展。信息不对称所导致的交易费用较高的问题，由于土地信用社制度的合理安排，得到了很好的解决，这在农地流转理论上，是非常有意义的。

第二，集中土地的农业产业化和规模化发展。农业投资商对集中起来的土地进行连续投资，逐步实现农业机械化和产业规模化，有效地带动了当地经济的发展。同时，这种产业式的发展又就地转移了农村的剩余劳动力，使农民获得地租的同时又得到了工作，大大地增加了农民的收入。

第三，农村土地信用社、农机合作社与劳动就业培训中心紧密结合。调查访谈中，我们发现土地流入大户在实行农业规模化发展时，往往缺少资金，发展缓慢，而农机合作社的出现很好地弥补了这一缺点。农机合作社是由政府、土地信用社、农户三者共同出资购买农业机械设备，同时允许不同的土地转入大户共同使用，农户只需要缴纳少量的租金即可，有效地减少了土地承包大户的固定资产投入。而对于将土地流转出去的农户，如果在当地解决不了就业，便可以参加政府组织的就业技术培训，提高他们的就业技能，同时，平罗县政府定期向社会公布就业信息，拓宽了土地转出农户的就业渠道。

第四，农地租赁契约形式规范化。大部分参与土地流转的农户均与对方签订了书面合约，形成了一种很好的法律秩序，这样可以有效地解决农户之间的利益纠纷；同时，这也有利于农户养成依法办事的良好习惯，使其逐渐转化为一种优良的社会风气。

第五，土地流转市场在逐步形成。研究中参与土地流转的样本农户里，大部分人把土地转给了其他人，只有很少部分流转到了亲戚朋友手中。这说明，平罗县的土地流转市场化明显，土地的出入双方都以利益最大化为追求目标，客观地形成了土地流转的交易市场。

第六，优秀的村级管理人员作用明显。土地流入大户，将闲置土地集中起来，实行水稻规模化种植和花卉产业化养殖，进而带动了土地信用社的发展和附近村组的土地流转。有序规模化经营，既直接增加村集体的收入，又转移了农村剩余劳动力，间接地增加了农民的收入。

本书起初的研究对象主要是土地信用社流转模式，土地信用合作社在成立之初，的确是土地流转最重要的一种中介模式，引领了农村土地流转模式制度的创新。但是自 2011 年到现在，随着土地流转制度的完善和制度创新以及中央政策的变化，宁夏银北地区的土地信用社合作模式在逐步退化。一直以来，土地信用社的运作都是由政府来推动，它现在已经不是唯一的土地流转中介组织，在国家政策的导向下，流转方式正在逐渐向多样化的流转方式转变，原来实行土地信用社的地区只剩下两个乡镇，作为研究对象的农户急剧减少，影响到了我们继续对土地信用社的研究范围，而其他先进的、更加符合地区特色的流转模式不断涌现。2014 年，平罗县在前期改革试验的基础上，还在逐渐探索农民以土地经营权入股发展股份制经营、农村集体"三资"股份制管理机制以及老年农民以土地承包经营权、宅基地使用权、房屋产权的流转或转让收益来置换养老服务等。

惠农区土地流转有中粮集团、脱水菜企业自建基地、股份制农场、本地企业、外来老板流转、村集体为主体参与流转、土地信用合作社、农机合作社、奶牛园区流转等多种方式。同时在发展以企业直接租赁农民土地为主要流转方式的基础上，积极探索创新股份制农场、村集体流转农民土地后再租赁给企业等多种土地流转模式。组建了三个股份制农场，面积 1 万亩。实行土地入股保底分红、村集体管理获取分红、社会资金投资分红的运行管理办法，农民以土地入股，每亩土地每年除获取保底股金 500 元外，还获得年底盈利后分红资金的 1%，村集体负责农场管理获得分红收益的 50%，社会投资资金占收益分红 49%。村集体在某种程度上承担着农村土地信用合作社的功能，把土地从农民手中集中连片流转，再流转给企业、种植大户、奶牛养殖园区，促进了土地流转多元发展。贺兰县兰光村自 2007 年以来，按照"依法、自愿、有偿"的原则，逐步将全村土地全部流转到村集体，实行统一经营，农民收入增长明显，而兰光村也成为全区新农村建设的示范村。2014 年贺兰县与中信信托有限责任公司合作，在全区首开土地信托流转模式的先河，村集体或个人将合法拥有农村土地所有权或承包权作为信托财产，委托给信托公司进行经营管理，实现保值增值，使农民定期获得稳定的信托收益。信托公司通过发行土地信托产品取得收益，农业企业通过认购土地信托产品来拥有土地经营权，首批农村土地信托流转涉及立岗镇先进村、金贵镇通昌村、习岗镇新平村和常信乡四十里店村 4 个村，涉及农户 1301 户，期限 5～8 年，保障了农民持续性分享土地级差收益和土地市场化成果。随着时代的发展，土地流转模式越来越多样化，虽说土地信用社作为土地流转中介，其功能有所弱化，但是无论采取哪种模式，只要有助于增加农民收入，增加农民福祉，我们都可以加以研究和推广。

第四章

土地信用合作社创新模式研究

第一节 政策背景和文献回顾

改革开放以来，我国农村地区实施的家庭联产承包责任制，很大程度上调动了农民的生产积极性，从而提高了农业和土地的生产率（Huang and Rozzle，1996），带动了农村经济的发展，其对中国农村的经济体制改革的贡献率达 46.89%（林毅夫，1994）。然而，伴随着市场经济体制的建立，国家工业化和城市化的步伐加快，以分散经营为主要特点的家庭联产承包责任制，已经无法适应以机械化、规模化、市场化等为主要特征的现代农业的发展要求，农村经济面临挑战（黄祖辉，2007）。同时，部分农村土地的生产低效率，客观上要求土地承包经营权流转向生产效率较高的农户，进而形成了土地承包经营使用权的流转。

进入 21 世纪，伴随着发展土地流转的客观要求，我国政府针对土地流转问题颁布和实施了一系列的政策法规：2003 年 3 月，《农村土地承包法》中"有条件的地方可按照依法、自愿、有偿的原则进行土地承包经营权流转，逐步发展规模经营，推动农村经营体制创新"确定了农村土地流转的发展方向。2005 年 3 月颁布实施的《农村土地承包经营权流转管理办法》，为土地流转管理工作提供了具体的指导方法。2008 年 10 月，《中共中央关于推进农村改革发展若干重大问题的决定》中明确了"土地流转不得改变农村所有制性质，不得改变土地用途，不得损害农民承包权益"。2009 年的中央一号文件提出，坚持依法自愿有偿原则，尊重农民的土地流转主体地位，任何组织和个人不得强迫流转，也不得妨碍自主流转。按照完善管理、加强服务的要求，规范土地承包经营权流转，鼓励有条件的地方发展流转中介服务组织，为流转双方提供信息沟通、法规咨询、价格评估、合同签订、纠纷调处等服务。2010年的中央一号文件明确提出，"要加强土地承包经营权流转管理和服务，健全流转市场，在依法自愿有偿流转的基础上发展多种形式的适度规模经营"。至此，我国农村土地承包经营权流转的政策体系已基本形成。

自20世纪90年代末以来，伴随着越来越多的农村劳动力转向非农产业，农地流转也日益活跃，尤其是2008年以来，土地承包经营权流转明显加快，全国土地承包经营权流转面积已达 7×10^6 公顷，比2007年增长66%，占承包耕地总面积的8.7%（段鹏飞和秦芬，2010）。伴随着土地流转方式的多元化、土地流转过程的市场化，国家相关政策的出台及其农民主体意识的增强，农村土地流转出现了一些新情况，最典型的就是中介组织的出现。但是，分散的流转形式、无序的中介服务组织一定程度上阻碍了土地流转的发展，应该建立一个高效、有序的土地流转模式即"散户—中介服务组织—大户"模式（黄祖辉和王朋，2008）。在土地流转过程中，作为土地流转供给与需求的桥梁与纽带，中介组织的具体表现形式有土地信托服务中心、土地信托服务站、土地银行、土地流转协会等（钟涨宝和狄金华，2005）。近年来以浙江绍兴、湖南浏阳、宁夏平罗等地相继成立土地流转中介组织，以其各自特有的运行模式吸引了众多学者的研究和探讨。开辟和培育土地使用权流转市场，必须确立承包权流转的农户自由原则和辅以政府、社区服务的原则，使这种管理和服务能为目前存在的无序土地使用权流转提供规范的制度性基础，同时为土地使用权的有序流动创造良好的外部环境（张红宇，2002）。

宁夏平罗县的土地信用合作社是对土地流转服务组织功能的一次实践尝试。2006年，平罗县在小店子村试点农村土地信用社以来，农村土地信用合作社作为一种新兴的土地流转模式在平罗县迅速发展。截至2010年1月，平罗县的13个乡镇共挂牌成立了农村土地信用社50个，参与农村土地信用社的农户21771户，涉及耕地面积468049亩（平罗县农经站，2010）。农村土地信用合作社作为一种土地流转的中介服务组织，将农村土地的转入和转出信息集合到一起，有效地避免了信息不对称，降低了土地流转市场的交易成本（程志强，2009；邵传林，2010）。宁夏平罗县的土地信用合作社是一种全新的土地流转模式（厉以宁，2008），在服务功能方面，它与土地信托模式有些类似，在中国特殊的国情下，须建立由地方政府引导的多功能土地中介服务机构，为土地供求双方提供信息、咨询服务等，这样既可以提高土地的流转效率，又能防止土地流转争议的发生（岳意定，2008）。到目前，土地信用合作社制度在平罗县已经实施了4年之久，且规模有扩大之势，它的发展对整个平罗县乃至平罗县的土地流转市场有着重要影响。针对这种发展现状，我们需要探索并回答以下三个方面的问题：第一，宁夏平罗县的土地流转现状如何？土地信用社的发展对该地区土地流转规模有着怎样的影响程度？第二，如何评估土地信用社的收入效应？第三，应该如何评价土地信用合作社的中介服务满意度？影响农户满意度的因素有哪些？本书将对上述一系列问题进行分析与评价，从中探寻其迅速发展的经验，发现该土地流转机制运行中存在的问题，对进一步完善土地信用社的中介服务功能，具有重要的理论价值和实践意义。

一、相关文献回顾

目前学术界关于农村土地流转问题的研究大多集中于以下几种思路：一是基于农地制度层面的理论分析；二是对农村土地流转的决定因素分析或是限制因素分析；三是对农村土地流转前后绩效的进行评价；四是对土地流转的中介服务需求与农户满意度研究。具体如下：

（一）农村土地流转理论方面的研究

产权经济学家认为，稳定的土地产权是土地流转市场交易的基础。正是由于土地的频繁调整导致农户缺乏稳定的地权，因此农地使用权流转市场的发育受到了阻碍（钱忠好，2002）。相反，稳定的地权对农民的土地投资具有积极的推动作用，可以增加农户的预期收入，促进土地使用权的有效流转（姚洋，1998）。罗思高（Scott Rozlle，2005）等的研究也表明，地权稳定性对那些有长期效率的农业投入有着系统的影响，尤其是对土地的投资，如排水和灌溉等投资，易于保持甚至提高土壤的肥力。然而，在较长的时期内，要彻底消除土地频繁调整的现象是非常困难的，即保持地权的绝对稳定在中国人多地少的特殊国情下是不现实的（张红宇，2002）。另外，如果缺乏配套的制度改革，尤其是农村社会保障体系的建立和完善，仅依靠禁止土地调整政策并不会促进农地使用权市场的发育（田传浩和贾生华，2004）。农村土地流转也有一定程度的资源配置效应，土地、劳动力和其他要素在农户间的市场交易可以有效调高经济效率（林毅夫，

1995；姚洋，2004）。土地的自由流转可能产生两种效应，即边际产出拉平效应和交易收益效应。边际产出拉平效应是土地的自由流转促使土地边际产出较少的农户将土地租让给土地边际产出较高的用户，在边际报酬递减规律的作用下，使两者的边际产出相等，也就达到了帕累托最优状态。因此，农村土地市场流通状况的改善在中国有改善资源配置的意义。而交易收益效应则是土地流转带来的另外一种资源配置效应，它是指土地交易性的提高增加土地拥有者在需要的时候找到土地需求者的概率，同时也增加了土地投资实现其价值的概率，从而提高了农民进行土地投资的积极性（姚洋，2007）。随着市场经济的深入发展，价格杠杆在调节各种生产要素资源配置中的作用越来越明显。农民和土地作为生产要素也不例外。当地宏观经济发展水平、人均收入水平以及市场微观区位等，都对农村土地流转市场有显著的影响（叶剑平，2006）。同时，通过其对 17 个省的调查分析后，他认为，农村行政性和过渡性配置方式与市场化配置之间存在着替代和互补关系，这种土地分配混合模式是现实经济和制度下的一种理性选择。

（二）农村土地流转的决定因素和限制因素的研究

土地转出推动影响因素的实证分析。金松青等（2004）利用 2001 年对年贵州、湖南、云南三省 110 个乡村的 1001 个农户的调查数据及国家统计局农调队住户调查数据，运用 Probit 模型和 Tobit 模型对样本农户的家庭特征、政策变量、土地禀赋、农业生产和区域变量对农户参与土地租赁市场的决定因素进行了计量检验分析。结果显示，人均土地面积更高的教育水平、具有非农就业的经历以及非农业资产比重较高，这些因素都增加了农户转出其农地的可能性。赵晓秋等（2009）基于重庆市 306 户农户的调查数据，通过建立结构方程模型分析了影响农民土地转出意愿的因素，其研究结果表明，农民的自然灾害风险预期、租金收回风险单位面积租金、预期找到工作的可能性和拿到工资的可能性等对农民的土地流转意愿具有积极作用。

土地流转不畅及其土地流转中介组织影响研究。对于土地流转的限制因素，除了供给与需求层面的原因之外，土地流转的内生机制不完善，土地使用权流转的外部环境不成熟也是重要原因（詹和平，2008）。在土地流转不畅的影响因素中，一个值得关注的问题是农村土地使用权流转的中介服务组织的发育严重滞后（黄祖辉，2008）。我国目前农户土地租赁行为有以下明显特征：农户土地租赁范围主要在村组内部的亲戚家、邻居家或朋友家；仍然有超过一半的农户的土地租赁期限较短或者不确定（Brandt et al.，2005）。市场中介组织的缺位，限制了承包经营权的大范围、长期的流转（Benjamin et al.，2002；Li，2003；Brandt et al.，2005）。现有的土地使用权交易服务工作主要由村集体包办，缺乏农地评估机构、土地融资服务机构、土地保险服务机构等，因而失去了中介机构应有的效率和公正（季虹，2001）。相反，一个完备的市场中介组织能够打破区域和阶层的局限，促进土地承包经营权的流通（刘国超，2006）。农户自身资源禀赋的差异也会促进土地的流转。金松青（2004）通过对贵州、云南、湖南等1001户农户的实证调研得出结论：受教育程度的高低、人均土地面积的多少、非农产业化程度的高低，以及是否有外出务工的经历，与土地流转有着显著的相关关系。姚洋（2004）则进一步提出了人力资本异质性的衡量指标，它比平均教育年限等指标更具综合性，并得出了这样一个结论：在一个村庄中，如果它的人力资本异质性高于其他村庄，那么它的土地流转或是土地租赁就较为容易。张红宇（2002）认为，农村人均土地面积的多少也影响着土地流转。人均耕地面积小的地区土地调整频繁，会影响到土地租入方的预期，进而减少了土地流转需求；而农村土地所固有的社会保障和失业保险功能又使人均耕地面积小的地区流转土地的意愿降低，从而有较少土地流转的供给，土地流转的供求双方受到限制，使这些地区农村土地流转程度较低。相反，人均耕地面积较大的地区土地流转程度较高。

（三）农村土地流转的效果分析研究

在农村土地流转的效果方面，姚洋认为农村土地流转市场的形成以及农地的自由流转，有助于农地的边际产出在各农户之间趋于一致，从而达到资源的优化配置（姚洋，2004）。同样，清晰的产权是市场发挥作用的前提，产权的界定和制度的完善，可以降低交易成本，提高经济效率（张五常，1965）。因此，如果农村土地流转制度得以形成和完善，它对农村经济的贡献是很大的。贺振华（2006）认为，农村土地使用权的流转有利于农村的剩余劳动力向第二、三产业转移，进而增加农民的收入。同时，土地使用权的流转，解除了土地对农民的束缚，加速了非农就业，推动了城市化和农业现代化的进程。农村土地流转还有利于技术的扩散和农业产业化、规模化、机械化发展。俞海等（2003）对中国农地实证研究后认为，稳定的地权有助于改善农地土壤的长期肥力，但对土地产出率并无明显的正面效应。钱忠好（2003）认为，土地使用权的流转，可以连片整合土地资源，实行规模化种植，有利于实现农业的规模效益。在实行农业产业化的同时，也促进了农民观念的更新和新技术的应用，提高了农民的综合素质。也有实证研究表明，农村的土地流转并不能够带来农业绩效的提高。贺振华（2003）便得出了相反的观点，他认为：土地流转后并不会提高土地的生产效率，除非在流转后加入了新的生产要素，或者是生产要素发生了质的提高。

（四）对宁夏平罗县土地流转的相关研究文献

目前，对宁夏平罗县土地流转问题的研究主要集中在土地信用合作社的创新模式上。厉以宁（2008）认为，宁夏平罗县土地信用合作社是一次土地流转模式的创新。税玉海（2008）对其产生、试点、成效及其存在的问题进行了调查与分析；金学福（2009）对农村土地信用合作社的性质与宗旨、经营模式、创建过程及其运行效果进行了介绍与分析。中国人民银行石嘴山市中心支行课题组（2008）介绍了平罗土地信用社主要做法，运用典型案例调查进行了效果分析，并提出了措施建议。郑有贵（2008）总结分析了平罗土地信用社的试点情况，方便灵活而又规范的组织化、制度化的土地流转，解除了农村富余劳动力外出务工者的后顾之忧，促进了农业实现规模经营还较好地解决了农业和农村经济发展中迫切需要解决的一些问题。邵传林（2010）将平罗土地信用社作为制度创新的案例，并运用制度变迁理论解释农村土地信用合作社的兴起并且评价了绩效，要想在全国范围内推广平罗县的做法需要有良好的投资机会、较发达的经济水平、和谐的人地关系、乡村精英人物等条件。张会萍等（2011）在平罗县用随机抽样的方法对225个农户，利用Probit模型对农户土地流转的影响因素进行了实证分析，研究结果显示，土地连片性、地理位置与土地流转行为存在强相关关系。但是，上述文献大多是运用定性描述，推断、案例调查等方法，实证分析方法较少，到目前还未见从农户层面进行抽样调查进行中介服务的需求与满意度分析，更缺乏使用计量评估手段系统地对土地流转效果进行实证评估。

综上所述，虽然前人在以上几个方面有着众多的研究，为本项目打下了很好的研究基础，但目前仍鲜有文章对宁夏平罗县的土地流转问题进行全面系统的研究。本书认为在宁夏平罗县土地流转创新模式的研究中，以下几个方面需要得到进一步的关注：

（1）从研究角度上，我们从农户家庭的微观层面入手，用统分结合的方式系统评价土地流转给农户和社会带来的利与弊。

（2）从研究范围上，我们聚焦于样本县平罗和已经稳定发展了4年的农村土地信用合作社，着重分析政府的中介服务作用，以及入社农户的满意度情况，并进一步分析满意度的决定因素。

（3）从研究方法上，我们分别采用 Probit 模型、DID 差分模型和 Logit 模型，对平罗县的农村土地信用合作社进行全面评价，为全国其他地区的农村土地流转提供系统全面的政策建议和参考。

二、理论基础

目前，农村土地流转的理论基础主要有以下几种：规模经营理论，制度变迁理论和土地市场理论。本书将进一步讨论农村土地制度影响经济绩效的途径，如社会保障功能和地权稳定性效应。

（一）规模经营理论

规模经营理论是来源于经济学上的规模经济这一概念，它是指生产经营者按一定的生产规模，可能获得的经济利益，即因生产经营规模的变化而引起经济利益的增加变化。通常来说，人们根据生产要素数量的组合方式变化规律的要求，自觉地选择和控制生产规模，求得生产量的增加和成本的降低，而取得最佳的经济效益。

依照规模经营理论，土地规模小于适度规模的经济单位，在竞争中处于不利地位，而必须扩大响应的土地经营规模；而如果经营规模大于适度规模，则应将其分解为较小的经营规模单位。我国农户的土地经营规模在全世界范围内是较小的，土地细碎化问题突出。而在宁夏银北地区，农村户均土地面积较大，且连片性较好，这为土地规模经营提供了得天独厚的条件，也是平罗县农村土地信用合作社得以迅速发展的重要因素。

（二）制度变迁理论

所谓制度变迁，是指一种效益更高的制度对另外一种效益较低制度的替代过程。在这个替代过程中，制度需求的主要约束条件便是制度的替代成本。制度的变迁，最初通常源于需求方，也就是说，按照当前制度安排，参与方无法获得更多的利益，而改变现有的制度安排，就有可能得到之前无法得到的利益（詹和平，2008）。制度变迁理论，强调制度变迁中市场主体和国家组织的作用和地位，这种理论发展与诱致性制度变迁相互对应、相互补充。

农村土地流转本身是农村土地产权制度创新和变迁的产物，农村地区出现农地流转现象后，农户产生了农地流转制度的需求，而后国家通过立法对这种土地制度的合理性予以确认，20 世纪 80 年代家庭联产承包责任制的确立便是这样一个过程。经过近 30 年的发展，农村各种利益集团已经发生了很大程度的变化，已经产生了各种不同形式的土地流转的制度需求。宁夏平罗县的农村土地信用合作社是这种制度的创新，也是本书所要研究的重点。

（三）土地市场理论

土地是一种重要的生产要素，在西方国家里，土地市场作为要素市场之一，与市场经济共同发展，有效地配置着土地资源，而我国不允许买卖或以其他形式非法流转农村集体土地。土地市场主要有两种：广义土地市场和狭义土地市场。狭义的土地市场指土地交换的领域和场所。由于土地具有不可移动性，因而土地自身只能是产权的集中和流转；而广义的土地市场包括土地市场交换的各种关系的总和及运作机制，如土地管理、土地中介、土地交易价格及体系等。

由于土地的异质性，我国现有农村土地流转形式多样，模式众多，而中介机构的参与，使得各地的农地流转特色鲜明。农村土地流转市场较为复杂，无论是土地直接使用者，还是土地经营者，都必须有中介机构的参与，才能完成任务。这些中介机构主要有当地政府、银行、技术咨询、土地测量、业务代理、价格评估和法律仲裁等组织。然而从土地流转的稳定性和农户的信任度来看，政府作为外生性的土地流转中介机构，可以增强参与农户的信任度，扩大土地流转市场的规模。宁夏平罗县的土地信用合作社就是这样一种模式，当地政府作为中介机构，收集和公布土地存贷信息，并为转出农户解决就业问题，使该模式有着持续性和稳定性的特点。

（四）农地制度的经济效应

农地制度的经济效应是经济学理论界长期关注的问题。本书主要分析以下两种：

一是社会保障功能。土地是我国农民赖以生存的主要生产资料，在社会保障不完善的情况下，土地的社会保障功能不容忽视。土地作为农民社会保障功能的替代物，为大多数农民提供了基本的生活保障，是维系社会稳定的重要因素。在经济发达地区，农户的非农收入较高，土地的收入功能降低，同时随着收入的提高，抵御风险的能力也随之增强，也无须其他形式的保险；而在欠发达的地区，土地的收入功能占的比重较大，农户对土地的依赖性较高。

二是地权稳定性效应。稳定的地权可以延长农户对土地所有权的持有，加大土地资金的投入预期，利于提高土地的产出效率，而不稳定的地权使农户对自己所拥有的土地缺乏长期的预期，从而减少了对土地的投入，使得土地产出效率低下。对地权稳定性效应的研究很多。姚洋对浙江和江西的449个农户的研究表明，地区稳定性对农民的化肥施用面积有显著的正面影响，而对产量影响不显著。加特纳（Carter）的一项研究考察了农户的所有投资与地权稳定性的关系，其结果与姚洋的结论类似，进一步检验了地权稳定性对农业投资的促进作用。稳定的地权可能不会在短期内见到产量的效果，因为它主要是通过促进土地的长期投资达到可持续发展的目的。

三、研究设计

基于本书的研究意义和现有文献的研究基础，本书的目标是从农户层面入手，结合宁夏平罗县宏观层面的信息，了解本区域农村土地信用社的特点、现状、变化趋势以及农户对农村土地信用社中介服务的需求、意愿和满意程度；系统评估农村土地信用社对农村生产、农民收入、外出就业等方面的作用及影响；分析农村土地信用社中介服务有效提供的影响因素及其作用。为今后完善农村土地信用社中介服务职能，提高服务效率，改善服务水平，促进农村土地有序、健康流转，提供相应的政策建议。

（一）分析框架

在借鉴前人研究成果的基础上，结合本书的写作需要，文章的结构框架将按照以下技术路线展开：

第一，在回顾大量国内外文献的基础上，进一步结合宁夏平罗县的实际情况，客观评价样本县的土地流转现状。

第二，利用对样本农户两时期面板数据，采用 Probit 和 Tobit 模型，从农户层面分析影响农户参与土地流转的决定因素，了解和掌握土地信用合作社在样本县中土地流转的作用与地位。

第三，利用对农户两时期的跟踪调查数据，研究农村土地流转中介服务提供对农户生产、农民收入等方面的影响。通过比较处理组农户与对照组农户（参与土地信用合作社农户为处理组；未参与土地信用合作社农户为对照组）在土地流转前后农户生产、农民收入等方面的变化和差异，然后运用政策影响效果评估模型，即倍差分析方法（DID）系统评估农村土地流转中介服务提供对农村居民收入的影响。

第四，综合参考农村土地流转中介服务的实际提供情况，结合村民需求层面对土地流转中介服务满意程度的信息，根据对农村土地流转中介服务提供效果的评估，探讨相关决策参考和政策建议。

（二）实验手段

本书在理论分析的基础之上，根据研究目标、分析框架和技术路线，采取社会科学研究普遍采用的抽样调查法开展调查研究：

1. 问卷设计和数据收集

根据研究目的、内容和技术路线，通过收集县级、村级数据，设计问卷，对农户进行抽样问卷调查。农户调查问卷将涉及农户基本信息、家庭信息、生产经营情况、农户对中介服务的需求信息、满意度量表以及当地社会经济发展的各个方面。研究变量涉及农户的家庭基本情况、家庭收入状况、受教育程度、农业生产的基本情况、非农就业的变动情况、土地信用合作社现状、当地社会经济发展状况、政府推动、农村养老保险试点等政策影响因素。

2. 抽样方法

我们将用分层抽样法，首先将平罗县的所有乡镇纳入总样本，其次在每个乡镇抽取样本村，在每个样本村抽取样本户。按照统计学、计量经济学关于样本量的确定公式来计算总样本量，使样本户随机分布于宁夏平罗县各个符合研究要求的乡镇。在影响效果评估部分，参与土地信用合作社的农户为处理组，未参与土地信用合作社的农户为对照组，用两时期面板数据进行影响评估。

3. 数据来源的可得性

根据研究目的、内容和技术路线，本书需要使用的数据主要包括县级、村级、农户抽样调查三种数据。我们计划收集两期的数据资料。在县级层面，从平罗县各县的农经站可以收集到县级相关数据。在我们的前期调查中了解到，在每个村的村委会都建立了土地信用社的档案资料，可以收集到村级相关数据。在已有的数据中，2010 年我们通过农户调查已经收集到了土地信用社未实施前 2005 年的调查数据，和 2009 年的两个时期的面板数据。根据我们先前的调查情况所取得的经验，本项目将保证调查数据的获取。因此，从数据来源的可得性上看本书的研究具有很好的可行性。

（三）研究方法

本书的技术方法主要运用了统计学和计量经济学的方法对土地流转的响应程度及决定因素、农户的满意度及影响因素、农村生产和农户收入等方面进行系统的评估分析，具体方法及模型如下：

1. 关于样本县农村土地流转农户参与响应度及决定因素的限制因变量 Probit 模型和 Logit 模型

本书采用 Probit 模型分析决定农户参与农村土地信用合作社的概率，我们可以将因变量分为两种情况：参与农村土地信用合作社和未参与农村土地信用合作社。然后，我们先写出农户参与土地信用合作社的多元回归模型：

$$\text{LandTransfer} = \beta_0 + \beta_i X + \beta_j Z + \mu \qquad (4-1)$$

其中，LandTransfer 表示参与土地信用合作社，取值 1 和 0，1 代表参与土地信用合作社，0 代表未参与土地信用合作社。X 是农户的特征向量，包含多个反映农户特征信息的解释变量；Z 表示控制变量，包含了外部环境诸多因素的一个向量。

Probit 模型是二值响应模型的一种，这种因变量受限模型非常适合横截面数据分析，运用起来方法简单且易于说明问题。例如某户参与土地信用合作社，其决定因素的 Probit 模型可以写为：

$$P(\text{LandTransfer} = 1 \mid X; Z) = \beta_0 + \beta_{1i} X_{1i} + \beta_{1i} Z_{1i} + \mu \qquad (4-2)$$

本书采用 Logit 模型分析农户对土地信用合作社满意度的决定因素（Damodar N Gujarati，1996）。在 Logit 模型中，我们需要弄清楚农户对土地信用合作社的打分，并进一步分析它跟哪些变量有关。我们可以将 Logit 模型表达为：

$$L_i = \ln\left(\frac{P_i}{1 - P_i}\right) = \beta_1 + \beta_2 X_i + \mu_i \qquad (4-3)$$

模型中，因变量是农户满意度是否满意的二分变量，X_i 是影响农户对土地信用合作社打分高低的各种因素，μ_i 为随机扰动项，代表其他影响满意度的无法观测的因素。将调研得到的数据代入模型，可以得到模型的分析结果，详见本书第五章的内容。

2. 关于农村土地信用合作社下农民收入效应的研究

本书拟对农村土地信用合作社制度背景下、土地流转前后对农民收入等因素的影响进行科学系统的评估。而对农户参与农村土地信用合作社的经济效果评估是本书实证分析的重点之一。本书将采用目前项目评估和政策分析中广泛运用的两时期面板数据（panel data）模型来评价其给农户带来的经济效应。由于平罗县农户参与土地信用合作社均为自愿参与，因而，本部分计量分析面临最大的问题便是自选择，也就是变量的内生性问题，模型中可采用固定效应模型或一阶差分模型解决这一问题（东梅，2010）。

因此，本书将抽样调查样本村中参与和未参与土地信用社流转的农户家庭特征、生产特征、收入特征和其他特征等信息，构成一个两时期面板数据。该数据模型能够很好地对土地信用合作社土地流转对农户经济效应进行评估。

假设有一个随机样本农户，Y_{it} 是我们关注的 t 时期 i 农户的人均种植业收入、畜牧业收入、非农收入等可能受参与农村土地信用合作社项目影响的变量。在 t = 0 阶段，也就是基期还没有农户参与土地信用合作社；在 t = 1 阶段，也就是年上述样本中仍然有一部分农户未参与土地信用合作社，而有一部分农户则参与了土地信用合作社。假设 P_i 是一个二值虚拟变量，当它为 0 时，表示所有农户均未参与土地信用合作社；当它为 1 时，表示年已经有参与土地信用合作社的农户，而同年未参加该合作社的农户仍然是 0。M2009 也是一个二值虚拟变量。本书采用的非观测效应面板数据模型如下：

$$Y_{it} = \chi_0 p_{it} + \beta_0 + \beta_1 M2009 + \beta_2 Z_{it} + \beta_3 X_i + c_i + \mu_{it} \qquad (4-4)$$

模型中，i 表示农户，t 表示时期，Z_{it} 是随时间变化的、可观测的、影响变量 Y_{it} 的控制变量，包括人均土地拥有量、人均种植业收入等变量。X_i 是不随时间变化、影响变量 Y_{it} 的控制变量，包括户主性别和受教育年限等。c_i 是非观测效应，控制随时间不变不可观测的因素。μ_{it} 是随机干扰项，表示农户因时间的变化而变化、且影响 Y_{it} 的非观测干扰项。χ_0 是本书最关注的参数，用来衡量农村土地信用合作社对变量 Y_{it} 的影响大小。β_1 用来衡量时间效应对收入的影响，即随着时间的变化，收入将发生怎样的变化。β_2 是待估参数矩阵，衡量控制变量（人均土地拥有量等变量）

对因变量 Y_{it} 的影响作用。

估计这种非观测效应面板数据模型有两种方法：一种是固定效应模型；另一种是一阶差分模型。然而，对于两期面板数据模型，固定效应估计与一阶差分估计的估计参数和效率完全一样（Wooldridge，2002）。本书采用一阶差分模型对两时期面板数据进行估计，分析土地信用合作社对农户收入的影响。

第二节　宁夏平罗县农村土地流转的现状分析

本节主要从宏观层面描述宁夏平罗县样本县平罗的农村土地流转的现状。具体章节安排如下：第一部分简单介绍平罗土地信用合作社的基本情况；第二部分阐述实地调查得到样本农户的基本信息，并对其进行描述；第三部分总结平罗县土地流转的现状。

一、平罗县土地信用合作社的基本情况

平罗县地处宁夏银北平原的黄河灌溉区，土地面积广阔，地势平坦，耕地面积为 82.18 万亩（杨扬，2007），可利用荒地 113.5 万亩，是全国著名的商品粮生产基地之一（邵传林，2010）。平罗县的农产品资源丰富，水稻、小麦、玉米、大豆是该县的主产粮食，凭借其得天独厚的地理条件和近几年经济的迅速发展，平罗县于 2008 年顺利进入西部百强县。

2006 年，平罗县在小店子村试点农村土地信用社以来，农村土地信用社制度作为一种新的土地流转方式在平罗县迅速发展。截至 2010 年 1 月，平罗县的 13 个乡镇共挂牌成立了农村土地信用社 50 个，参与农村土地信用社的农户 21771 户，涉及耕地面积 46.80 万亩（平罗县农经站，2010）。农村土地信用社是宁夏平罗县独特的土地流转方式（厉以宁，2008），它是以土地存贷的形式，将闲置的土地集中起来，利于农业集约化和农业产业化发展，并模仿金融机构从存贷土地的差价中收取每亩 10 元的"利息"。土地租用信息的有效收集与发布是其存在和发展的必要条件。

从经营宗旨来看，土地信用合作社是以存进土地承包经营权的有序流转、规模经营和实现农民生产生活方式转变为途径服务于"三农"；从经营原则来看，它以保护农民的合法权益和保障农民收益为主要原则，遵循

依法、自愿、有偿等原则，不改变农民的土地承包经营权，存入的土地可以依法继承和转让；土地信用合作社的审批过程如下：第一步是申请，由村委会向所在乡镇政府提出农村土地信用合作社的申请；第二步是审核，乡镇政府报县主管部门，由相关部门进行审核；第三步是审批注册，审核通过后由乡镇以文件的形式向县政府申报审批，根据批复文件去工商部门或者民政部门注册；第四步挂牌成立，农村土地信用合作社开始进入经营阶段。

土地信用合作社的权力机构是村民代表大会，负责制定和修改章程，审议和批准该社的发展规划、经营方针和投资计划，选举、更换理事和监事；审查批准理事、监事的报酬管理制度；对本社的分立、合并、解散和清算等重大事项作出决议；决定企业增加或减少注册资本以及其他重大事项。在运作中须建立理事会和监事会，均向村民代表大会负责。理事会是村民代表大会的执行机构，对村民代表大会负责，履行管理经营职能，负责具体的存地、贷地以及土地整理改造等延伸业务。农户将土地承包经营权存入土地信用社，与土地信用社签订规范的存地合同书，并获得存地证书和存地利息；贷地方（大户或者企业）与土地信用社签订贷地合同，缴纳贷地利息，土地信用社则获取存贷差额部分作为收入，存贷差额通常是每亩10元。章程还对理事成员的选举和理事长的权限作了明确的规定。监事会及监事由村民代表大会选举产生，监事会主席由监事会选举产生。监事会监督理事会履行职责情况，检查监督本社的财务管理和活动，受理投诉、接待来访，对理事、理事长、管理人员执行本社职务的行为进行监督，对违反法律、行政法规企业章程或村民代表大会决议的理事、理事长管理人员提出罢免的提议等（程志强，2008）。

土地信用合作社作为一种土地中介服务机构，将农村土地的转入和转出信息集合到一起，有效地避免了信息不对称，降低了土地流转市场的交易成本（程志强，2008）。而税玉海（2007）认为，土地信用合作社之所以能发展得如此迅速，与近几年土地流转数量的增加和流转的无序状态密不可分；同时，农民对土地的依赖关系弱化也为土地信用社的发展提供了客观条件。邵传林（2010）认为，高素质的村级管理精英也是推动农村土地信用社发展的重要因素，从小店子村和万家营子村的案例中可以很明显地看出来。本书在综合前人研究成果基础上，总结宁夏平罗县的土地流转现状，并得出了一些初步的政策意义性的结论。

二、实地调查与样本描述

(一) 实地调查

本书的课题组于 2010 年 7 月按照随机抽样的原则对宁夏平罗县 7 个村（它们分别是通伏镇通城村、姚伏镇小店子村、灵沙乡东灵村、黄渠桥镇通润村、城关乡沿河村、姚伏镇沙渠村、灵沙乡富贵村）225 户农户进行了实地考察，通过问卷与访谈的形式，获得了 225 户农户的基本信息，其中包括家庭收入的两时期面板数据（2005 年和 2009 年），土地、劳动力和农户特征等截面数据。对于一些村民不了解的政策等信息，我们从村土地信用社或是县农经站那里得到了补充。因而，我们获得的数据应该是较为完整的、无偏的样本数据。

(二) 样本描述

从农户问卷所反映的信息来看（见表 4－1），在随机调查的 225 户农户中，有 136 户参与了土地流转，占样本总户数的 60.44%，其中，转出土地农户数是 119 户，转入土地的农户是 20 户，136 户当中有 3 户既有土地流出，也有土地流入；没有参与土地流转的农户数是 89 户。从参与土地流转的面积数来看，转出土地面积为 1957.3 亩，转入的土地为 1968亩，参与土地流转的土地总面积为 3925.3 亩，占样本农户土地面积总数的 64.65%。在所有受访农户中，有 97 户农户参与了农村土地信用社。可以说，农村土地信用社是平罗县土地流转的主要方式。

表 4－1　　　　　　2009 年样本县土地流转基本情况

样本户信息	数据
样本农户总数	225
参与土地流转的农户数（户）	136
其中：转出土地的农户数	119
转入土地的农户数	20
没有参与土地流转的农户数（户）	89
样本农户的土地总面积（亩）	6071.2

样本户信息	数据
参与土地流转的土地面积数（亩）	3925.3
其中：转出土地的亩数	1957.3
转入土地的亩数	1968
参与土地信用社的农户数（户）	97
没有参与土地信用社的农户数（户）	128

资料来源：笔者调查所得，2010年。

由表4-1我们可以看出，宁夏平罗县的土地流转参与度较高（还是比较高的），无论是土地流转农户参与率，还是土地面积参与率，均超过了60%，已经初步形成了土地流转市场。

从参与土地流转的农户来看，农户土地流出和流入的合同方式主要有口头和书面两种形式，参见表4-2，我们可以看出农户转出土地和转入土地中口头形式和书面形式的比率。在119户转出土地的样本农户中，土地合同是口头形式的有11户，约占样本农户的9.24%；而土地合同是书面形式的有108户，约占样本农户的90.76%。从中我们可以看出，平罗县参与土地流转农户的法律意识较为明显，但仍有接近1/10农户以口头形式流转土地，这为以后解决地租等纠纷埋下了隐患。

表4-2　　　　　　　　　2009年参与土地流转农户的合约情况

项目		户数（户）	所占百分比（%）
农户转出土地合同方式	口头	11	9.24
	书面	108	90.76
农户转入土地合同方式	口头	13	65.00
	书面	7	35.00
转出土地合同是否可以随时中断	是	24	20.17
	否	95	79.83
转入土地合同是否可以随时中断	是	15	75.00
	否	5	25.00

资料来源：笔者调查所得，2010年。

　　根据表 4 - 3，我们可以看出宁夏平罗县土地流转的一个重要特征，即转出和转入土地的连片性。在调查中，我们发现平罗县土地转入大户将集中起来的土地进行集约化、产业化种植，如小店子村叶立国的水稻种植基地、万家营子村刘学贵的花卉养殖基地，以及通伏村水稻养蟹项目。这种集约化种植必然要求流入土地的连片性，因而从表 4 - 3 中我们看到农户转出土地连片的有 98 户，占土地转出样本农户的 82.35%，而转入土地中也有 12 户的土地是连片的，占土地转入样本农户的 60.00%。

　　表 4 - 3 中，我们还可以看到，无论是农户转出土地还是转入土地，大部分的粮食直补都归属于土地的转出方。119 户转出土地的农户中，有 100 户的粮食直补给了土地转出方，只有 19 户的粮食直补归属于土地转入方，而两者的主要区别是土地的地租不同，粮食直补归属于土地转入方的地租价格较高，因为它包含了国家给予的粮食补贴价格。20 户转入土地的农户中，粮食直补归属于土地转出方的比率也有 60.00%，低于转出土地农户的比率。当然，具体的粮食直补归属问题可以在土地流转合同中说明，只要满足双方平等自愿原则即可。

表 4 - 3　　2009 年参与土地流转农户的土地特征及粮食直补归属情况

	户数（户）	所占百分比（%）
农户转出土地是否连片：		
是	98	82.35
否	21	17.65
农户转入土地是否连片：		
是	12	60.00
否	8	40.00
农户转出土地，粮食直补归属：		
转出方	100	84.03
转入方	19	15.97
农户转入土地，粮食直补归属：		
转出方	15	75.00
转入方	5	25.00

　　资料来源：笔者调查所得，2010 年。

由表 4-4 我们可知，就转出土地农户而言，119 户中仅有 1 户将土地转给了父母或是兄弟姐妹，只占土地转出样本农户的 0.84%，而流转给亲戚（本村、外村）和一个村的朋友的农户也仅为 4 户和 12 户，只占到土地转出样本农户的 3.36% 和 10.08%，在我们"其他"这个选项上却有 102 户农户将土地流转了过来。这个其他又是什么呢？我们问卷中，清楚地写着来自宁夏各市乃至全国各地的投资商。尽管目前我们还没有做严谨的计量分析，但在基线调查中我们知道这与农村土地信用社的招商引资作用是分不开的。农村土地信用社将闲散的土地集中起来，对热衷于投资农业方面的商人来说，是难得的机会，同时农业投资人的涌入反过来又推动了农村土地信用社的市场化发展。它们之间具体的关系，我们将在下面的章节中进一步阐述。

表 4-4　　　　　　2009 年样本农户土地流转的来源及去向分布

土地的来源（转入）和去向（转出）：	转出土地农户		转入土地农户	
	户数（户）	所占百分比（%）	户数（户）	所占百分比（%）
父母、兄弟姐妹	1	0.84	4	20.00
亲戚（本村、外村）	4	3.36	8	40.00
一个村的朋友	12	10.08	5	25.00
其他	102	85.71	3	15.00
转入土地的用途：				
种植粮食作物			19	95.00
种植经济作物			1	5.00
其他			0	0

资料来源：笔者调查所得，2010 年。

而就转入土地农户而言，20 户转入土地的来源较为平均。当中，有 8 户是来自本村或是外村的亲戚，比率是最高的，也仅占土地转出样本农户的 40%，可见农户间自发流转土地的来源较为分散，以亲戚朋友为主。从另一个角度讲，农户自发的土地流转与农村土地信用社以农业投资为导向的土地流转从规模上是无法比拟的，而效果之间的比较如何，则需要我们进一步的研究。

对于转入土地的用途。从我们调查的 20 户土地转入农户来看（见

表4-4），有19户转入土地是为了种植粮食作物，仅有1户转入土地是为了种植经济作物。可见，种植粮食作物仍然是宁夏平罗县农户转入土地的主要用途。

参考其他学者的研究成果，我们知道土地使用权的流转可以促进农村剩余劳动力的转移。首先，它解除了土地对农民的束缚，将土地流转出去的农户可以更多地参与到非农就业当中，拓宽家庭收入渠道；其次，闲置土地流转到某个承包大户手中，其产业化经营又直接实现了农民的就近就业，他们的身份也由农民转变成了农业工人。表4-5中，我们可以很容易地发现，参与农村土地信用社的非农就业人数在土地流转之前是53人，而未参与土地信用社的非农就业人数为54人，两者的非农就业水平相差无几；当参与土地信用社的农户实现土地流转之后，其非农就业人数变为139人，增加了86人，而为参与土地信用社农户的非农就业人数仅增加到83人，增加了29人，变化率远远低于前者。从这一点，我们可以看出农村土地信用社有着较强的剩余劳动力转移作用。

表4-5　　　　　　　　样本农户非农就业人数变化情况

项目	土地流转前（2005年）		土地流转后（2009年）		人数变化值（人）	变化率（%）
	性别	人数（人）	性别	人数（人）		
参与农村土地信用社	男	36	男	95	59	163.89
	女	17	女	44	27	158.82
未参与农村土地信用社	男	41	男	59	18	43.90
	女	13	女	24	11	84.62

资料来源：笔者调查所得，2010年。

从参与非农就业的性别角度来看。参与土地信用社的农户在实行土地流转以后女性就业人数远远大于未参与土地信用社的农户，同样，男性也有着相同的变化趋势。在这里，我们要注意的是，更多的农村女性参与到非农就业中，对儿童和老人的照顾会有一定的缺位，农户的家庭生活满意度会相对降低。

（三）平罗县样本农户土地流转的现状总结

根据前面的数据描述和本课题组的调查访谈，我们可以发现宁夏平罗县土地流转现状主要有以下几个特点：

第一，农村土地信用社的中介服务作用显著。农村土地合作社成立的宗旨便是存进闲置土地信息与租用土地信息的交流，进而推动土地流转市场的形成与发展。信息不对称所导致的交易费用较高的问题，由于土地信用社制度的合理安排，得到了很好的解决，这在农地流转理论上是非常有意义的。

第二，流入土地的用途以粮食作物种植为主。表4-4中，我们已经看出土地转入农户的基本情况。而从农村土地信用社集中闲散土地的用途来看，大部分农业投资商都是投资于粮食作物的种植，主要有水稻、玉米、小麦等。这主要得益于平罗县良好的灌溉条件和集中连片的土地状况。

第三，集中土地的农业产业化和规模化发展。农业投资商对集中起来的土地进行连续投资，逐步实现农业机械化和产业规模化，有效地带动了当地经济的发展。同时，这种产业式的发展又就地转移了农村的剩余劳动力，使农民获得地租的同时又得到了工作，大大地增加了农民的收入。

第四，农村土地信用社、农机合作社与劳动就业培训中心紧密结合。调查访谈中，我们发现土地流入大户在实行农业规模化发展时，往往缺少资金，发展缓慢，而农机合作社的出现很好地弥补了这一缺点。农机合作社是由政府、土地信用社、农户三者共同出资，购买农业机械设备，同时允许不同的土地转入大户共同使用，农户只需要缴纳少量的租金即可，有效地减少了土地承包大户的固定资产投入。而对于将土地流转出去的农户，如果在当地解决不了就业，便可以参加政府组织的就业技术培训，提高他们的就业技能，同时，平罗县政府定期向社会公布就业信息，拓宽了土地转出农户的就业渠道。

第五，农地租赁契约形式规范化。在表4-2中，我们可以看出，大部分参与土地流转的农户均与对方签订了书面合约，形成了一种很好的法律秩序，这样可以有效地解决农户之间的利益纠纷；同时，这也有利于农户养成依法办事的良好习惯，使其逐渐转化为一种优良的社会风气。

第六，土地流转市场在逐步形成。表4-4的数据显示，参与土地流转的样本农户中，大部分人把土地转给了其他人，只有很少部分流转到了亲戚朋友手中。这说明，平罗县的土地流转市场化明显，土地的出入双方都以利益最大化为追求目标，客观地形成了土地流转的交易市场。程志强的研究表明，在土地所有权保持不变的情况下，土地使用权的流转是一种制度内的帕累托改进，对土地流转的双方均有利。

第七，村级管理精英作用明显。前面，我们已经介绍了像小店子村的叶立国、万家营子的刘学贵，他们作为土地流入大户，将闲置土地集中起来，实行水稻规模化种植和花卉产业化养殖，进而带动了土地信用社的发展和附近村组的土地流转。但是，作为一种成熟的土地流转方式，不能过多地依赖于村级精英的管理，而更应凸出其可以复制推广的共性，这也是我们之后研究平罗县农村土地信用合作社的方向。

第三节 宁夏平罗县土地流转的决定因素分析

本节主要包括三部分：第一部分是实证分析部分，主要包括模型的设定和变量的选取；第二部分是模型的估计结果；第三部分是本章的小结，根据模型的估计结果论述宁夏平罗县土地流转的决定因素有哪些。

一、模型设定与变量选取

（一）模型设定

本书以随机抽取的宁夏平罗县为样本县，在前期调研过程中发现该县的土地流转形式特点比较突出，自 2006 年起已有不少村镇相继建立起农村土地信用社，而它对当地土地流转市场形成的作用如何，以及它在推动当地土地流转市场发展过程中的作用是否显著，则需要我们做进一步的分析与研究。综合前人的研究成果，我们拟利用随机抽取的样本数据，对宁夏平罗县土地流转的决定因素做相关的实证分析，期望得到一些较为有意义的结论。

根据当前的研究成果，借鉴其他学者的研究方法，以及参考课题组于 2010 年 7 月的调查研究数据。本书拟进一步从农户、村庄等微观角度，并借助计量经济软件包 Stata 11.0，建立影响农户农地流转选择行为的多元回归模型，来定性分析影响宁夏平罗县农地流转的决定因素。本书认为，影响农户土地流转选择行为的因素主要有：农户基本特征、农户经济特征、土地禀赋、家庭劳动力禀赋、村庄特征及其他因素。这些因素在不同程度上都有可能对农户的选择行为产生影响，因此我们需要建立多元回归模型做进一步的研究，模型设定如下：

农户的土地流转行为 = f(农户基本特征、农户经济特征、土地禀赋、

家庭劳动力禀赋、村庄特征、其他因素）   （4 – 1）

式（4 – 1）中，农户基本特征（FBC）包括户主年龄（AGE）、户主民族（RAC）、户主受教育程度（EDU）、户主是否有非农就业经验（WJB）、户主的政治面貌（HCM）、家庭是否有自营工商业（FWS）、家庭是否参与农村土地信用社（WFO）；农户经济特征（FEC）包括家庭非农业资产价值（UFA）、非农收入所占比重（UAR）；农户土地禀赋（RLC）包括人均土地面积（ELM）、连片土地面积（BLM）、土地是否调整（LWT）、土地离灌溉水源的平均距离（LWD）；家庭劳动力禀赋（FLC）包括农业劳动人口数（ALN）和非农业劳动人口数（UAL）；村庄特征（VLC）包括村组的土地流转价格（VLP）、村庄到县城（VCD）的距离；其他因素（OTH）包括农户是否愿意进行土地流转（RWT）、家庭参与农村合作医疗、商业保险和社会养老保险的比重（FSR）。

就土地流转行为而言，139 户农户参与了土地流转，而其他农户则是非土地流转农户；而就转出土地行为而言，119 户农户是土地转出农户，其他的农户则是非土地转出农户；同样，就转入土地行为而言，20 个农户是土地转入农户，其他的则是非土地转入农户。我们可以看出，无论农户选择了哪种土地流转行为，都是一个二元选择的问题。

（二）变量选取

由于农户参与土地流转是一种二元选择行为，本书采用 Probit 模型。模型的因变量是农户的土地流转行为的选择，参与土地流转是 1，没有参与土地流转是 0；而自变量是前面我们假定的影响土地流转行为的 19 个因素。

农户的基本特征包括 7 个因素，其中年龄、民族和政治面貌对土地流转行为的影响，需要我们从模型结果中观察；而户主接受的教育程度、是否有非农就业经验和家庭是否有自营工商业这三个因素，从詹和平（2008）的研究中可以得出相应答案，即户主教育程度高，户主有过非农就业经验和家庭有自用工商业的农户更易于进行土地流转，这需要我们在文章中验证。

农户的经济特征方面。主要涵盖了关于农户家庭经济状况的两个方面：家庭非农业资产价值和非农收入所占比重。从课题组在平罗县 7 个村的访谈过程来看，以及其他学者研究成果经验上的支持，我们认为家庭非农资产价值越高，以及非农收入所占比重越大的农户，相比其他农户而言，更易于选择土地流转。

　　农户土地禀赋方面。农户人均土地面积、土地是否连片以及土地离灌溉水源的平均距离，描述的是农户是否参与土地流转的个人因素；而土地是否调整，则是农户参与土地流转的政策因素，它是对地权稳定性的实证检验。经分析，这4个因素对土地流转都有一定的影响，而我们估计的是否正确以及其影响程度如何，则需要模型的进一步检验。

　　家庭劳动力禀赋方面。我们认为，家庭从事农业劳动和非农业劳动的人数也可以不同程度的影响农户的土地流转行为。调查中我们发现，往往家庭非农就业人数多的家庭更易于将土地流转出去，而从事农业劳动人数多的家庭则更易于将土地流转进来。

　　村庄特征方面。在一个村庄里，他人土地流转的行为和价格很容易影响农户的选择，而农户的土地流转选择行为也容易对他人产生影响，这种交互影响机制的存在，是我们加入这个因素的主要原因。同时，我们认为，村组的区位因素也会对农户的土地流转行为产生重要影响。通常情况下，离县城比较近的村庄更易于有土地流转行为，因为城郊农户的非农就业机会相对较多，会对农户种地行为产生相应的替代效应。

　　其他因素。姚洋等的研究表明，土地对农户的社保功能以及农村相应社保机制的缺失是阻碍农地制度改革的重要因素。我们在这里，将农村社保描述成家庭参与农村合作医疗的比重和家庭参与商业保险和社会保险的比重两个部分的算术平均值，在文章中分析和验证土地的社保功能是否依然阻碍着土地制度的改革与创新。

　　由于课题组在随机抽样调查的过程中，选取的土地转入农户仅为20户，样本量较少，无法进行准确的计量分析。在这里我们只做"是否有土地流转行为"的 Probit 模型和"是否有土地流出行为"的 Probit 模型。具体模型如下：

$$
\begin{aligned}
\text{Probit} = Z_i/Z_{out} = {} & c + \beta_1 AGE_i + \beta_2 RAC_i + \beta_3 EDU_i + \beta_4 WJB_i \\
& + \beta_5 HCM_i + \beta_6 FWS_i + \beta_7 WFO_i + \beta_8 UFA_i + \beta_9 UAR_i \\
& + \beta_{10} ELM_i + \beta_{11} BLM_i + \beta_{12} LWT_i + \beta_{13} LWD_i + \beta_{14} ALN_i \\
& + \beta_{15} UAL_i + \beta_{16} VLP_i + \beta_{17} VCD_i + \beta_{18} RWT_i + \beta_{19} FSR_i + \mu
\end{aligned}
$$

$$(4-5)$$

　　式（4-5）中因变量 Z_i 代表农户是否参与土地流转，1 表示参与土地流转，0 表示没有参与土地流转；而因变量 Z_{out} 则代表农户是否转出土地，1 表示转出土地，0 表示没有转出土地。而19个自变量的意义请参考前面所给的定义，各个变量的数据特征如表4-6所示。

表 4 - 6 模型中各变量数据的统计描述

变量	均值	方差	最小值	最大值
是否参与土地流转（1 = 参与流转；0 = 没有参与流转）	0.6044	0.4901	0	1
是否转出土地（1 = 转出土地；0 = 没有转出土地）	0.5289	0.5003	0	1
户主年龄	48.3289	11.4770	25	80
户主民族（1 = 汉族；0 = 回族）	0.7067	0.4563	0	1
户主受教育程度	6.5600	3.6471	0	18
户主是否有非农就业经验（1 = 有；0 = 否）	0.6400	0.4811	0	1
户主政治面貌（0 = 群众；1 = 团员；2 = 党员）	0.1822	0.5729	0	2
家庭是否有自营工商业（1 = 有；0 = 否）	0.0756	0.2649	0	1
农户是否参与农村土地信用社（1 = 有；0 = 否）	0.4622	0.4997	0	1
家庭非农业资产价值	44234.1300	28239.9900	3820	133150
非农收入所占比重	0.5676	0.3459	0	1
人均土地面积	5.5345	3.9300	0	32.5
连片土地面积	24.0653	88.3686	0	1321
土地是否调整（1 = 是；0 = 否）	0.2411	0.4287	0	1
土地离灌溉水源的平均距离（单位：千米）	0.1677	0.3541	0	2.5
农业劳动人口数	1.6622	0.8082	0	4
非农业劳动人口数	0.9644	1.0726	0	6
村、组土地流转价格	452.4356	171.1032	0	1300
村庄到县城的距离（单位：千米）	18.6489	9.2763	6	35
农户是否愿意参与土地流转（1 = 是；0 = 否）	0.5644	0.4969	0	1
农户参与合作医疗和商业社会养老保险的比重	0.7441	0.2117	0	1

资料来源：笔者调查所得，2010 年。

二、模型估计结果

（一）土地流转行为的因素分析

根据前面的模型设定与变量的选取，我们利用 Stata 11.0 计量软件，对课题组于 2010 年 7 月在平罗县获得调查数据进行分析。首先，我们要做的是土地流转行为 0~1 选择模型。因变量为农户是否参与土地流转，自变量则是公式（4-5）中的 19 个影响因素。模型估计结果详见表 4-7。从回归结果（表 4-7）的 Probit（1）模型来看，户主年龄、户主受教育程度、户主的非农就业经验等农户基本特征的 Z 值较小，未通过显著性检验；同样，非农业资产价值、土地是否调整、灌溉水源距离、家庭劳动力状况和参保比重等也没有通过显著性检验。这说明，宁夏平罗县的土地流转数据对上述剔除的各种影响因素在统计上得不到支持。

表 4-7　　　　　　　　农户土地流转行为 Probit 模型估计结果

项目	自变量	Probit（1）		Probit（2）	
		系数	Z 值	系数	Z 值
农户基本特征	户主年龄	0.0032	0.19	—	—
	户主民族	-1.2623 ***	-3.11	-1.2329 ***	-3.64
	户主受教育程度	0.0233	0.45	—	—
	户主是否有非农就业经验	-0.3730	-1.02	—	—
	户主政治面貌	-0.7449 ***	-2.53	-0.7670 ***	-2.83
	家庭是否有自营工商业	0.8783	1.44	—	—
	农户是否参与农村土地信用社	4.2788 ***	6.48	3.9804 ***	6.17
农户经济特征	家庭非农业资产价值	0.0000	-0.92	—	—
	非农收入所占比重	0.9867 *	1.65	0.7360 *	1.74
农户土地禀赋	人均土地面积	-0.0918	-1.35	—	—
	连片土地面积	0.0431 *	1.81	0.0229 *	1.84
	土地是否调整	0.1765	0.49	—	—
	土地离灌溉水源的平均距离	0.2769	0.49	—	—
家庭劳动力禀赋	农业劳动人口数	-0.1953	-0.67	—	—
	非农业劳动人口数	-0.1404	-0.66	—	—
村庄特征	村、组土地流转价格	-0.0024 ***	-3.1	-0.0021 ***	-3
	村庄到县城的距离	0.0250	1.27	—	—

续表

项目	自变量	Probit（1）		Probit（2）	
		系数	Z 值	系数	Z 值
其他因素	农户是否愿意参与土地流转	1.1785 ***	3.31	1.1244 ***	3.53
	家庭参与医疗和保险的比重	−0.5569	−0.68	—	—
常数项		0.4181	0.27	−1.5591 *	−1.66
观测样本		224		224	
LogLikelihood		−46.74598		−50.715134	

注：* 、*** 分别表示10%、1%的显著性水平。

对统计上不显著的自变量进行删除后，我们对剩下的因素在进行一次 Probit 回归，便得到 Probit（2）模型。从 Probit（2）模型的回归结果来看，农户是否参与土地信用社、连片土地面积和村庄的区位因素是影响宁夏平罗县土地流转的主要因素，并且是正相关的。在调查中，我们也发现往往农户参与了农村土地信用社，其土地流转的可能性就越大。同时，连片土地的面积和良好的区位因素也进一步推动了闲散土地的流转，这些条件刚好满足了农业产业化对土地连片性和交通便利性的要求。从另外一个角度讲，农村土地信用社很好地解决了"存地方"和"贷地方"信息不对称问题，使得土地流转的交易费用降低，促进了土地流转市场的形成。参考估计结果，我们发现农户的土地流转意愿也在很大程度上影响着农户土地流转行为的选择，往往是土地流转意愿强的农户更易于有土地流转行为。同时，我们也发现尽管户主民族和政治面貌和土地流转价格也通过了显著性检验，但符号却是负的，与农户的土地流转选择行为负相关。

（二）土地转出行为的因素分析

本书进一步探索宁夏平罗县农户转出土地的行为都有哪些特点，受何种因素的影响。同样，按照公式（4−2）我们可以写出农户转出土地行为的二元选择的 Probit 模型。在这里，因变量是农户是否转出土地的 0~1 选择变量，自变量还是我们假设的 19 个因素。利用 Stata 11.0 我们可以得到表 4−8 的模型估计结果。

表4－8　　　　　　　　农户转出土地行为 Probit 模型估计结果

项目	自变量	Probit（3）		Probit（4）	
		系数	Z 值	系数	Z 值
农户基本特征	户主年龄	− 0.0017	− 0.1	—	—
	户主民族	− 2.0618 ***	− 3.89	− 1.8352 ***	− 4.25
	户主受教育程度	0.1139 *	1.78	0.1001 *	1.82
	户主是否有非农就业经验	− 0.4487	− 0.97	—	—
	户主政治面貌	− 0.6613 ***	− 2.24	− 0.6736 ***	− 2.35
	家庭是否有自营工商业	0.4665	0.63	—	—
	农户是否参与农村土地信用社	4.2270 ***	6.14	4.0100 ***	6.75
农户经济特征	家庭非农业资产价值	0.0000	0.03	—	—
	非农收入所占比重	1.2475 *	1.76	0.9995 *	1.69
农户土地禀赋	人均土地面积	0.1751 ***	2.91	0.1736 ***	3.18
	连片土地面积	− 0.0298 ***	− 2.51	− 0.0263 ***	− 2.37
	土地是否调整	0.2232	0.57	—	—
	土地离灌溉水源的平均距离	1.1490 *	1.65	1.2553 **	1.93
家庭劳动力禀赋	农业劳动人口数	− 0.7656 ***	− 2.2	− 0.6713 ***	− 2.47
	非农业劳动人口数	− 0.1010	− 0.39	—	—
村庄特征	村、组土地流转价格	0.0007	0.78	—	—
	村庄到县城的距离	0.0353 *	1.71	0.0274	1.31
其他因素	农户是否愿意参与土地流转	0.2381	0.67	—	—
	家庭参与医疗和保险的比重	− 0.3472	− 0.43	—	—
常数项		− 0.8696	− 0.53	− 1.5591 *	− 1.66
观测样本		225		225	
LogLikelihood		− 37.8187		− 39.3487	

注：*、**、*** 分别表示10%、5%、1%的显著性水平。

　　从表4－8的 Probit（3）模型估计结果看，户主的年龄、非农就业经验和自营工商业没有通过显著性检验；同样，农户资产价值、地权稳定性状况、土地的流转价格和农户的社保水平等因素也没有通过显著性检验。而需要注意的是，户主的政治面貌和受教育程度的 Z 值较高，这说明在平罗县的转出土地方面，户主的身份与学历是两个很重要的因素。对变量剔除后，再次回归，我们得到 Probit（4）模型的回归结果。从表4-8来看，各个变量均通过了显著性检验。

从 Probit（4）模型的估计结果看，户主的民族、政治面貌和受教育程度影响着农户的土地转出行为。正如前面所述，由于有经商的传统，回民更愿意将土地流转出去；同时，村干部在筹建农村土地信用社过程中，更易于利用信息的溢出效应，带动群众将土地流转出去；而户主拥有更高的教育水平，可能会选择其他的就业方式，进而会选择将闲散的土地租给他人耕种。

农户的经济特征方面，家庭非农收入比重越高的农户更易于将土地流转出去，从机会成本的角度考虑，因为他们必然有着更好的其他非农收入来源。在劳动力禀赋方面，家庭农业劳动力人数与土地流转的选择行为成反比，家庭农业劳动力少的农户转出土地的可能性大，这与我们调查中所发现是情况一致的。与土地流转行为选择模型不一样的是，农户的土地流转意愿不是影响土地转出的重要因素，这跟实际情况是有出入的，这可能与我们的抽样和样本量有关。

三、小结

通过本书课题组对宁夏平罗县的实地调查研究，以及前面的统计和计量模型分析，我们可以初步得到以下几点结论：

第一，农村土地信用社制度是宁夏平罗县土地流转的主要推动力量。从土地流转的行为选择模型和土地流出的行为选择模型，我们都可以看出土地信用社的重要作用。而这种模式是否存在其他问题，则需要我们做进一步的分析。

第二，农户的土地流转意愿很大程度影响着农户土地流转行为的选择。从 Probit 模型的估计中，我们也发现，农户的土地流转意愿与土地流转选择行为紧密相连，这与实际情况是一致的，农户往往有了土地流转的想法才会选择土地流转行为的。政府需要做的就是尽可能地收集和公布信息，让农户的意愿尽快地转化为现实。

第三，村庄的区位因素也影响着农户土地流转行为的选择。村庄良好的交通条件和城郊农村的农户就业选择多元化，以及农村土地信用社对农业投资商的吸引力，均增强了农户土地参与土地流转的意愿，进而影响农户土地流转行为的选择。

第四，农户的非农收入所占比重的经济特征和土地的连片性也是影响土地流转选择行为的重要因素。在宁夏平罗县土地流转的案例中，农村土地信用社、土地连片性和村庄的区位因素是不可分割的整体。农村土地信用社将连片的土地集中起来，借助于良好的灌溉、交通等区位条件，吸引进有实力的农业资本，进而进行农业产业化和规模化经营，既增加了村集体的收入，又转移了农村剩余劳动力，间接地增加了农民的收入。

从农户转入土地的用途来看，主要是种植粮食作物，产品结构较为单一，从而缺乏对土地长久性的投资；而从农户在签订租地合同的方式来看，仍有不少人是以口头形式为主，特别是《物权法》公布以来，农户更应该以法律为保障，在土地流转过程中切实维护到自身的合法权益。从宏观角度来看，宁夏平罗县的土地流转方式具有政策独创性，对其他地区形成了良好的示范作用；从长远来看，这种特有的土地流转形式有助于提高农业生产率，升级农业产品结构。但是，这种由政府建立的土地流转中介机构是否真正给农户带来实惠，需要我们用其他方法做进一步的探索。

第四节　农村土地信用合作社的满意度及影响因素分析

本节包括四部分。第一部分是对土地信用合作社做进一步的简单介绍；第二部分描述样本农户的基本信息等；第三部分是样本农户对土地信用合作社的满意度评价；第四部分是通过设定模型分析满意度评价的影响因素；第五部分对本节进行简单评述。

一、平罗县土地信用合作社的特点

自 2006 年以来，宁夏回族自治区平罗县对土地承包经营权流转和土地适度规模经营进行了探索和创新，截至 2009 年 7 月底，已成立 45 家农村土地信用合作社，共存贷农地约 18.5 万亩，实现存地收入 1457 万元，累计为村集体创收 163 万元，实现劳务收入 4781 万元，转移劳动力 7630人次，农户参与率高达 50% 以上（倪全学，2011）。

根据平罗县农村土地信用合作社的基本情况，可以总结出如下几个特点：

一是存贷自由，坚持农民自愿的原则，存与贷均由农民自己做主。

二是促进土地经营权的流转，为形成适当规模经营创造了条件。

三是提高了土地的利用率，避免因外出打工而难以有效经营的缺陷。

四是保持了农民土地承包权的稳定，免除农民的后顾之忧。

五是合作社成为土地经营权流转市场的载体，使土地经营权能够有序、透明、规范地推进，避免出现"暗箱操作"之弊端。

六是通过合作社与企业合作经营，存地农民还可分享耕地的增值效益。

郑有贵（2007）认为平罗农村土地信用合作社在不改变农地承包经营权权属的前提下，有利于促进农地组织化、制度化的流转，有利于解决务工农民的后顾之忧，也有利于农村公益事业筹资，前途广阔。

综上所述，平罗县试点的土地信用合作社实质上是由地方政府推动的，且需经地方政府审批注册的、村级集体主导的、遵循国家规则的土地承包经营权流转中介机构。最后，根据杨扬（2007）的研究，土地信用合作社不同于一般意义上的合作社、也不同于股份合作制，更不同于传统的返租倒包、两田制等模式，是基本上符合中国农村土地制度发展方向的一次农村土地承包经营权流转制度的创新。

二、样本数据描述

本书研究的数据来自课题组 2010 年 7 月组织的调查。本次调查以问卷调查和访谈为主，对宁夏平罗县 6 个村进行了实地调研。每个村随机抽取了 20 户农户进行入户问卷调查。调查对象是参与土地信用合作社的农户。调查共收回问卷 120 份，经筛选获得有效问卷 97 份。

从表 4－9 中我们可以得到以下几点：

表 4－9　　　　　　　　　　　样本信息基本情况

变量	人数	百分比（%）
性别		
男	95	91.3
女	9	8.7

续表

变量	人数	百分比（%）
年龄		
30 岁以下	4	3.8
30~40 岁	22	21.2
40~50 岁	27	26.0
50~60 岁	26	25.0
60 岁及以上	25	24.0
受教育年限		
6 年及以下	46	44.2
7~9 年	47	45.2
10~12 年	10	9.6
12 年以上	1	1.0
家庭规模		
2 人及以下	29	27.9
3 人	20	19.2
4 人	32	30.8
5 人及以上	23	22.1
是否到过外地（以省份为界限）		
是	68	65.4
否	36	34.6
是否有非农收入		
是	103	99.0
否	1	1.0
人均月收入		
1000 元以下	72	69.2
1000~2000 元	28	26.9
2000~3000 元	2	1.95
3000~4000 元	0	0
4000 元及以上	2	1.95

资料来源：笔者调查整理，2010 年。

第一，从被调查者户主的性别看，男性占 91.3%，女性占 8.7%，男性比例明显高于女性比例。96.2% 的被调查者年龄集中在 30～40 岁、40～50 岁、50～60 岁及 60 岁以上这四个年龄段之间，且分布较为均匀。这主要考虑男性被调查者对家庭基本经济状况以及农村土地信用合作社更准确的把握，而且在我国农村地区，农村劳动力主要以 30 岁以后的男性为主，对农村土地信用合作社的了解程度和重视程度都较高。

第二，44.2% 的被调查者具有小学文化程度，而 45.2% 的被调查者具有初中文化程度，而仅有 9.6% 的被调查者具有高中及以上文化水平。这充分说明了农村劳动力文化素质普遍不高，但是基本都能识字，也能够对调查问卷涉及的农村土地信用合作社问题作出较为客观的回答。

第三，家庭规模集中在 2～5 人之间，且各人数段分布比较均匀，2 人及以下占 27.9%，3 人占 19.2%，4 人占 30.8%，5 人及以上占 22.1%，从中也可看出家庭规模在 2 人和 4 人的比例略高于家庭规模为 3 人和 5 人的。

第四，调查结果显示，65.4% 的户主都曾去过外地，34.6% 的户主未曾去过外地。而去过外地的户主基本都有打工的经历，非农务工经验较多；而未曾去过外地的户主也有很大一部分在本地务工的经历。样本农户的非农就业参与比率高达 85%。

第五，99% 的户主都有非农收入来源，而只有 1% 的农户家庭收入全部靠农业收入。这充分说明目前农民收入已经不仅仅依靠农业，最主要依靠非农业活动收入，对于这一群体的观察有助于了解具有高额非农收入的农户对农村土地信用合作社的态度。

第六，69.2% 的被调查农户月人均收入虽在 1000 元以下，但是接近 1000 元，26.9% 的农户月人均收入在 1000～2000 元之间，这一比例相对于其他县较高（中国农业统计年鉴，2009），主要由于平罗县距离中心城市较近，其非农收入高、经济相对发达。

三、农村土地信用合作社的满意度评价

本书采用自行设计的农村土地信用合作社满意度问卷，包括一般情况，如年龄、性别、家庭年均收入等，及与满意度相关的 10 个条目的内容：当前的土地流转制度、流出土地的租金、流入土地的租金、土地流转的期限、村集体的领导作用、土地流转后的就业状况、土壤的改良状况、土地的产出水平、农户的流转意愿、非农就业的工资水平。采用李科特量

表 5 级评分法，1~10 分，每 2 分为一个评级，依次为很不满意、比较不满意、一般满意、比较满意和很满意，总分为 100 分，得分越高其满意度越高。满意率的计算为比较满意和很满意的人数之和占总人数的百分比。表 4-10 数据的基本特征如下：

表 4-10　　　　　　农户对土地信用合作社的满意度情况

项目	很不满意 1~2 分	比较不满意 3~4 分	一般 5~6 分	比较满意 7~8 分	很满意 9~10 分	满意率 （%）
当前的土地流转制度	10	12	30	32	20	50
流出土地的租金	14	27	33	24	6	28.8
流入土地的租金	85	1	9	9	0	8.9
土地流转的期限	10	21	31	31	11	40.4
村集体的领导作用	5	17	27	32	23	52.9
土地流转后的就业状况	11	13	34	37	9	44.2
土壤的改良状况	10	7	29	43	15	55.8
土地的产出水平	7	9	35	43	10	51
农户的流转意愿	15	21	23	22	23	43.3
非农就业的工资水平	13	20	34	26	11	35.6

资料来源：笔者调查整理，2010 年。

第一，农户对目前实行的农村土地信用合作社的满意度较低。综合当前的土地流转制度、流出土地的租金等十项条目，总满意率为 41.1%，10 个条目的满意率大部分在 30%~55% 之间，而大部分的农户对土地信用合作社的满意度集中在一般和比较满意这两评级上，农村土地信用合作社的总体实施效果并未得到多数农民的普遍肯定。

第二，50% 的农户对当前土地流转制度表示满意，40.4% 的农户对土地流转的期限表示满意，而 28.8% 的农户对流出的土地租金表示满意。满意度低的最主要原因集中在流入的土地租金上，调查结果显示仅有 8.9% 的农户对流入的土地租金这一项表示满意，81.7% 的农户对此项条目处于很不满意的状态，而在很满意这一评级上的人数为 0。这说明流入的土地租金偏低，与农户的理想租金差距很大，不能满足农户的要求。

第三，满意度相对较高的主要集中在村集体的领导作用、土壤的改良状况、土地的产出水平这三项，其满意率分别为52.9%、55.8%和51%。但需要指出的是，农民对这三项的高满意度更多带有对这种恢复性制度认同的特征，是对农村土地信用合作社"方式"上的满意而非"实质"上的满意，即尽管土地信用合作社在解决农民收入等方面取得了一定成果，但仍有不容忽视的问题。

第四，从农户的流转意愿上看，43.3%的农户对此表示满意。这一比例偏低可能的原因就是农户并没有看到土地流转后预期的良好效果，导致了大部分农户参加土地流转的积极性不高。

针对样本农户对农村土地信用合作社满意度较低的现状，本书将借助于计量经济模型，进一步分析其内在的决定因素。

四、农村土地信用合作社满意度的影响因素分析

(一) 变量及数据说明

在调查问卷中，我们将农户满意度分为满意（总得分≥80分），不满意（总得分<80分），采用非条件Logit回归对农村土地信用合作社满意度的影响因素进行分析。将二分变量——农村土地信用合作社满意度（y）作为因变量。自变量包括了两类共10个变量：一类是农村劳动力的个人特征变量——年龄（X1）、民族（X2）、政治面貌（X3）、受教育程度（X4）；另一类是家庭经济因素——家庭劳动力人数（X5）、农业劳动人数（X6）、非农业劳动人数（X7）、是否到过外地（X8）、是否愿意流转（X9）、月人均收入（X10）。各变量数据的统计描述如表4-11所示。

表4-11　　　　　　　　模型中各变量数据的统计描述

变量	均值	方差	最小值	最大值
满意与不满意（1=满意；0=不满意）	0.0385	0.0373	0	1
户主年龄	48.6827	142.3158	25	80
户主民族（1=汉族；0=回族）	0.6154	0.2390	0	1
户主政治面貌（1=党员；0=群众）	0.0865	0.0798	0	1
户主受教育程度	6.1635	15.3031	0	14
家庭劳动力人数	2.5865	0.8856	1	6

续表

变量	均值	方差	最小值	最大值
农业劳动人数	1.5096	0.8154	0	3
非农劳动人数	1.0769	1.3532	0	6
户主是否到过外地（1 = 是；0 = 否）	0.6538	0.2285	0	1
您是否愿意进行土地流转（1 = 是；0 = 否）	0.6058	0.2411	0	1
家庭人均月收入（单位：元）	1377.2612	23910900.14	115.44	50071.75

资料来源：笔者调查整理所得，2010 年。

（二）Logit 多元回归模型

由于农村土地信用合作社满意度（y）是一个二分变量，不符合一般线性回归模型要求因变量必须是连续变量这一基本条件，因此这里选用 Logit 多元回归模型进行非线性回归分析。采用 10 个自变量拟合的响应概率 Logit 模型为：

$$Ly_i = \ln\left(\frac{P_i}{1 - P_i}\right) = \alpha_0 + \alpha_1 x_{1i} + \alpha_2 x_{2i} + \alpha_3 x_{3i} + \alpha_4 x_{4i} + \alpha_5 x_{5i}$$
$$+ \alpha_6 x_{6i} + \alpha_7 x_{7i} + \alpha_8 x_{8i} + \alpha_9 x_{9i} + \alpha_{10} x_{10i} + \mu \qquad (4-6)$$

表 4-12 列出了影响满意度的各个自变量的系数、Z 值和 P 值。模型的结果显示，户主年龄、家庭劳动力人数和家庭人均月收入显著影响着农户对土地信用合作社的综合满意度，而其他因素没有显著的影响作用。

表 4-12 农户对土地流转的满意度的 Logit 模型回归分析结果

自变量		系数	Z 值	P 值
X1	户主年龄	-0.0609**	-1.71	0.043
X2	户主民族	0.3020	0.20	0.842
X3	户主政治面貌	—	—	—
X4	户主受教育程度	0.0947	0.41	0.684
X5	家庭劳动力人数	-3.1695**	-1.72	0.042
X6	农业劳动人数	0.6130	0.60	0.546
X7	非农劳动人数	—	—	—

自变量	系数	Z 值	P 值
X8　户主是否到过外地	− 1.2954	− 0.83	0.404
X9　是否愿意进行土地流转	—	—	—
X10　家庭人均月收入	− 0.0017 **	− 1.87	0.031
常数项	7.1933	0.99	0.322
观测样本数	97	97	97

注：** 表示 95% 的显著性水平。

户主年龄与农户满意度呈负相关关系。户主的年龄越大，其对当前土地信用合作社的满意度越低。理论上分析，土地的租出替代了高龄户主的农业劳动，其满意度应该是正向的。但实际上由于地租价格是刚性的，高龄农户只是价格的接受者，再加上外出务工率较低，使得出租土地的收入远没有农户自己耕种得到的收入多，即收入效应使得高龄农户负的满意度大于替代效应正的满意度，进而使得户主年龄与农户满意度呈现负相关的关系。

家庭劳动力人数对农户满意度有反向作用。在土地信用合作社开始实施时，当时的农产品价格较低，农民的主要收入来自外出务工收入，因而家庭劳动力人数多的农户是更愿意出租土地而选择外出务工的。然而最近2 年，粮食价格逐渐走高，政府的粮食直补力度也进一步加强，特别是2008 年金融危机以来，大批农民工返乡，使得人与耕地的关系紧张，再加上偏低的土地租金，使得家庭劳动力人数多的农户越来越不满意当前实行的土地信用合作社制度。

家庭人均月收入水平对农户满意度也具有反向作用。家庭人均月收入高的农户，比较当前土地的机会成本，由于偏低的地租价格，使得其对土地信用合作社的满意度打分较低。而家庭平均月收入较低的农户，没有更多的收入来源，可选择性较少，使其对地租收入的依赖性较大，因而对土地信用合作社的评价较高。

从上述的分析中可见，尽管有诸多因素影响着农户对土地信用合作社的满意度评价，但只有户主年龄、家庭劳动力人数和家庭人均月收入的影响作用显著，并且是负相关的。而三个变量的核心相关因素则是地租的价格偏低，且过于刚性，没有达到农户的价格预期，在上一节的统计分析中，明显可以看到租出土地和租入土地的满意度分别是 28.8% 和 8.9%，评价是最低的。

五、小结

通过本节分析可知，样本农户对当前的土地信用合作社的综合满意度是较低的，主要受户主年龄、家庭劳动力人数和家庭人均月收入三个变量影响。这里需要说明的是"满意度较低"是以常规打分形式得出的，作为一种分析问题的工具，它带有一定的农户主观性，与农户的主观期望值过高有关；土地信用合作社是政府推动的一种自上而下的土地流转模式，在实行过程中存在处理不好某些特殊群体的利益关系的问题，如老龄人等。为了更大作用的发挥土地流转中介服务功能，针对当前农村土地信用合作社存在的问题，政府应从以下几个方面入手：

第一，着力发展土地托管服务。引导农村孤寡老人、外出务工、从事第二、三产业和自愿放弃土地承包经营权等人员将承包地入社托管，由土地信用合作社统一组织对外发包或租赁，集中进行农业开发。特别是保护高龄农民的利益，由于高龄农民的就业渠道相对狭窄，单一的土地转出和转入租金价格很难满足这一类群体的收入要求。因而当地政府部门应在社会养老保险的基础之上，给予参加土地信用合作社的高龄农民相应倾斜的补贴政策，以保证高龄农民的应得利益不受损害。

第二，实行合理的地租价格形成机制和价格补偿机制。对土地需求方租地的用途和资金状况进行有效监督，并组织议价谈判，改变土地出让农户价格接受者的地位；深入开展农村土地存贷业务，盘活农村土地经营权，实现土地有序流转和规模经营；发展农业产业化及第二、三产业，发展公益事业，以微利服务于农民、农业和农村经济。对价格波动较大的农产品可以采取价格补偿的方式，尽量维护农户的利益不受损失。

第三，努力发展规模经营和农业产业化，拓宽农户就业渠道。鼓励农村土地信用合作社整村、整组吸存土地，引导社会资本和城市工商企业通过农村土地信用合作社承接、承租土地，围绕清真牛羊肉、设施瓜菜、制种、枸杞和生态水产"五大"产业建设规模化种养园区或产业基地，提高土地集约化经营水平，以转移更多的农村剩余劳动力，增加农户家庭收入。

第四，加强与农户沟通，改进工作方法，以取得流转土地农户对该流转模式的信任。平罗县农户对土地信用合作社评价较低的另外一个重要因素是对该模式了解不透彻，从众情况较多。这种情况下，需要当地政府加大宣传力度，耐心与农户沟通，以消除流转土地农户的误会，农户也可以放心地将剩余土地流转到土地信用合作社。

第五章

农村土地流转中的租金形成机制

——基于鼓励种粮为目的的规范分析

第一节 问题的提出

一、研究背景及意义

土地承包经营权流转是我国农村土地制度改革和农业发展的方向性选择，是一件事关农民收入、农民稳定、农村经济乃至整个国民经济和社会发展的大问题。[①] 党的十七届三中全会以来，国家对稳定土地承包关系、健全土地流转制度等提出一系列要求。同时，伴随着农业经济发展和产业结构升级，适度规模化经营必将取代家庭联产承包责任制，而农村土地经营权流转（本章主要针对农村耕地的流转）是实现农业规模化经营的主要途径。我国土地流转不论从规模上还是速度上都呈现了上升趋势，截止到2013年底，全国承包耕地流转 3.4 亿亩，是 2008 年底的 3.1 倍，流转比例达到 26%，比 2008 年底提高了 17.1 个百分点[②]。

从国家政策层面来讲，围绕土地流转问题，出台了一系列中央一号文件：2003 年 3 月，我国颁布了《中华人民共和国农村土地承包法》，并开

[①] 周镕基、程强然、段进东：《试析农村土地流转成因及意义》，载于《资源论坛》2003年第 8 期，第 8~9 页。

[②] 农业部新闻办公室：《农业部农村经济体制与经营管理司司长张红宇就引导农村土地有序流转答记者问》，载于《中国乡镇企业》2014 年第 5 期，第 4~5 页。

始实施，为农村土地流转的运行提供了政策基础和法律基础。2005 年 3 月，《农村土地经营权流转管理办法》的颁布，使土地流转管理工作在实施环节，有了明确具体的指导意见。2008 年 10 月，党的十七届三中全会提出："在农村改革中，农村土地管理制度改革是其重要内容之一。"在审议通过的《中共中央关于推进农村改革发展若干重大问题的决定》中强调了"农民应按照依法自愿有偿的流转原则进行土地流转，且流转形式多样，包括出租、转包、互换、转让、股份合作等"。该决定首次赋予农民流转承包土地、获取流转收益的权利。2009 年中央一号文件提出："坚持依法自愿有偿原则，尊重农民的土地流转主体地位，任何组织和个人不得强迫流转，也不得妨碍自主流转。该文件确保农民土地流转的主体地位。"2013 年中央一号文件指出："土地流转不得搞强迫命令，确保不损害农民权益，不改变土地用途，提高农民在土地增值收益中的分配比例。规范土地流转程序，逐步健全县乡村三级服务网络，强化信息沟通、政策咨询、合同签订、价格评估等流转服务。"2014 年的中央一号文件在关于农业补贴政策上又强调了对土地流转规模化经营的支持，提出"农业补贴要提高精准性，使补贴真正流向种粮大户、专业合作社"。同时强调了粮食安全问题，"任何时候都不能放松国内粮食生产，严守耕地保护红线，划定永久基本农田，不断提升农业综合生产能力、确保谷物基本自给、口粮绝对安全"。可以看出，政府出台有关土地流转政策的目标主要在于：一是促进土地规模化经营；二是在土地流转中保障农民权益，使农民在规模经济的收益中能分享到收入的增长；三是在土地流转过程中，鼓励粮食生产，保障国家的粮食安全。

但是，从土地流转的发展现状来看，也出现了一些令人担忧的问题，与上述土地流转的目标不尽相符：一是对于出租方，即出租农户来讲，土地流转的租金偏低。通常来讲，由于土地流转信息不对称，出租农户属于弱势的一方，多数地方的土地流转只是事先简单约定租金，租金偏低，在合同期内缺乏土地流转租金的增长机制，使其没有充分分享土地规模化经营带来的收入增长（赵俊臣和赵海兰，2010）。二是土地流转后的"非粮化"种植问题。由于在现有保护耕地的政策中，"不改变土地用途"没有具体明确哪些土地专门用于种植粮食，相对于较低的粮食生产收益，种粮户会选择种植收益较高的经济作物。特别是在大规模土地流转后放弃种植粮食，势必会影响到粮食产量。三是现有农业补贴政策没有真正起到鼓励承租种粮大户规模化经营的作用。2004 年以来，我国的农业补贴体系逐步形成，主要内容包括：粮食直补、良种补贴、农机具购置补贴、农资综合直补等。但一个突出的问题是，现有的粮食补贴规定与土地流转目标不够协调，甚至给当前土地流转造成了不利影响。由于现有粮食补贴未能充分考虑土地流转规模经营的长期目标，不利于激励租种土地的种粮大户。现实中的"谁的土地谁受益"与国家"谁种粮谁受益"的政策相悖，特别是在发生农业风险，即农业自然灾害和粮食价格波动情况下，种粮大户面临亏损，需要政府的补贴机制发挥作用。因此，当务之急是粮食补贴与土地流转之间的政策协同，形成发展合力（唐茂华，2011）。

宁夏是我国的十二大商品粮基地之一，主要粮食作物为水稻、小麦、玉米，是我国较早有规模有组织地开展土地流转的地区之一。2006年平罗县率先开始土地信用社试点，随后扩展到宁夏银北地区，又发展到整个黄河灌溉区域，土地流转呈现三种特点：一是政府推动型的土地流转。地方政府积极培育壮大各类农村经济组织，鼓励扶持参与农村土地流转。二是土地流转的进程明显加快，逐渐走向规模化经营。在现有的种粮大户中，一般租种土地都在四五百亩以上。三是经营主体的多元化，且以种粮大户为主。土地流转的承租一方主要包括种粮大户、农业龙头企业、农民专业合作组织等经营主体（李宣良，2012）。本课题组在前期跟踪调查宁夏银北地区土地信用社流转模式过程中，认为目前宁夏土地流转仍存在以下问题：其一，尽管农户在土地流转后综合收入得到明显增长，但主要以土地流转后农民外出打工收入的增加为主，土地流转租金明显偏低且缺乏增长机制，尤其是在粮食价格上涨的年份，租出土地的农户需要以更高的价格购买口粮，生活成本提高，也影响到出租土地农户的利益。其二，宁夏作为国家商品粮基地之一，也出现了较为突出的"非粮化"现象。土地流转后，承包户利用耕地弃种粮食，改种蔬菜、瓜果、药材等，如果这种现象有增无减，那必然影响到粮食主产区的粮食产量。其三，在农业生产风险和农产品价格风险出现时，种粮大户易出现经营亏损。例如，2013年在银北地区的平罗县，由于水稻价格的大幅波动，从每斤1.3元降至每斤0.9元，种粮大户悉数亏损。然而，此时最需要政府发挥作用的粮食补贴却在出租农户手中，甚至有些地方政府出台的鼓励农地规模化经营的补贴也没有兑现。因此，部分种粮大户产生了放弃继续承租土地的想法，这一系列问题直接影响到稳定粮食生产和维护国家粮食安全。

要解决上述问题，使土地流转保持健康、持续的发展，其关键因素就是科学合理地确定土地流转的租金。农户出租土地以获得合理的租金为主要目的，承租方选择种植粮食还是经济作物是以租金作为衡量其经营成本的主要因素，种粮大户能持续承租土地并且继续种植粮食也是以实现其盈利为目的。与此同时，政府把种粮补贴继续发给承包农地的农民而不是承租土地的一方，严重影响到土地收益在土地流转双方的合理分配。

因此，探索一个有利于土地流转各方利益的租金形成机制，其研究意义在于：其一，从理论上丰富土地流转基本理论，发挥政府补贴经济学在土地流转中的作用机制；其二，从现实中保护农民利益，让农民合理享受土地规模经营带来的收入增长；其三，在能够保证种粮大户种植粮食的收益，有效地解决土地流转中的"非粮化"问题，从而稳定粮食生产，保证国家粮食安全。

二、国内外研究现状

目前，关于农村土地流转的租金问题，学术界已经做了大量的研究，分别从土地流转的租金影响因素、租金水平、租金测算方法以及租金补偿机制方面入手，得出了很多见解各异的结论，这在很大程度上丰富了土地流转的租金价格理论，对本章的理论框架也有很大的启发。现根据本章的研究思路与研究内容，通过阅读、整理大量的相关文献，针对农村土地流转租金研究的相关文献进行分类综述。

（一）土地流转租金影响因素的研究

针对土地流转租金影响因素的研究主要通过土地流转的供给与需求理论角度和相关实证分析角度展开的。

供给与需求理论角度方面，陈常优（2010）认为影响土地流转租金的两个最重要的因素就是土地流转的供给和需求，剩余的因素对土地流转价格的影响都要通过供给和需求这两个因素来体现。土地流转的有效供给是指在一定时期能够提供的不同种类的土地数量，如果在需求不变的情况下，提供的有效供给较多，那么，土地流转的租金相对比较低，相反，土地流转租金就较高。张萍丽等（2010）从土地流转的供给方与需求方的效用角度展开分析，认为土地承租方的风险分担功能与土地出租方的土地经营收入决定土地流转租金。农用土地供需的特殊性和市场的地域性也是土地流转租金评估时需要充分考虑的影响因素。曹建华等（2007）认为，农户进行土地流转，使土地资源、劳动力资源得到二次配置，以提高土地供给方和土地需求方二者的福利和经济效率。流转双方对流出、流入土地所能带来的总收益、成本和风险的判断将决定其是否参与土地流转，最终通过土地的供给和需求，作用于土地流转的租金上来。方中友（2008）指出土地流转租金是供求均衡的结果，深刻影响着农户土地流转决策。上述分析主要从定性的角度论述供需关系如何影响土地流转租金。

而从实证角度，伍振军等（2011）的分析指出，土地因素和农户因素是决定租金的主要影响因素，其中农户的受教育程度、土地的租赁期限及经营项目显著影响土地流转的租金水平。骆东奇和任海钰（2011）从预期租金的角度，以重庆市为例，展开调查研究，分析得出农村土地流转中的预期租金与被调查者居住地与市镇的距离呈正相关关系，与被调查者的家庭人均年农作物经济收入呈正相关关系，与被调查者家庭的在校学生数呈负相关关系。

（二）土地流转租金水平的研究

针对土地流转租金水平的研究，主要是对土地流转租金低廉原因的探讨。

长期以来，土地流转被看作是提高土地利用率的有效方法。但在我国的土地流转实践中，租金水平普遍偏低，土地资源稀缺，二者不相匹配，使土地流转的良性发展受到一定影响。学术界多数认为土地流转价格普遍较低，甚至存在零价格状态，而交易成本与流转价格之间有一定的内在联系（Cheng – ri Ding，2001；邓大才，2007，2009；Deininger，2005；Songqing Jin，2009）。邓大才（2000）认为致使土地流转租金偏低的原因包括：土地经营效益低、土地承载负担重、拥有土地的成本高、土地流通环节不畅、土地交易成本高。林翊（2009）指出，目前中国农村各地普遍存在无偿甚至倒贴转包土地的现象，在一定程度上损害了农民的利益。马元（2009）分析得出：农户之间进行土地流转大多采取口头约定形式，承租年限也不确定，这与农村"亲戚社会"的专有性关系及农业生产的专用性特征有关。王洁（2009）指出促使土地流转租金较低的原因主要包括两个方面：一是农资价格的刚性上涨，导致了农用土地经营效益的降低；二是农业种植面临一些不确定因素，如农业种植风险成本高，使农业效益不稳定。李菁和邱青青（2011）指出在买方市场条件下，土地流入方在租金水平决定过程中具有一定优势地位，低估了土地流转租金，损失了资源配置效率。此外，在土地流转租金满意度方面，张会萍等（2011）基于宁夏回族自治区平罗县的农户问卷调查中得出：农户对流出的土地租金处于很不满意的状态，土地流转租金偏低，与农户的理想租金差距很大，不能满足农户的要求，应建立合理的土地流转租金价格形成机制和价格补偿机制。虽然现有文献多数认为土地流转租金偏低，但都是站在农户的角度单方面探讨租金水平。根据课题组2013年在宁夏银北地区的调研访谈中得知，在不确定价格风险的影响下，种粮大户仍认为土地流转租金过高，以至于亏损。针对这种情况，查阅现有文献，鲜有从土地流转双方角度探讨土地流转租金水平的研究，本文进一步探求合理的土地流转租金形成机制，有利于保障流转双方的基本利益。

（三）土地流转租金测算方法的研究

针对土地流转租金测算方法的研究主要从成本—收益分析、一般均衡博弈分析以及农用土地估价模型评估的角度展开，部分学者指出对农村土地应采取土壤潜力估价法、标准田法等进行估价（张丽庆，2008），此外也有研究主张根据流转主体来定价（钟林，2009；浙江物价课题组，2011），分析农户、政府、企业或市场中介等主体在土地流转租金形成中的影响。林带雄（2009）、孔凡文等（2011）都提出租金的评估方法应根据土地的流转方式和流转后的具体用途来确定。李启宇（2010）提出土地流转价格应考虑土地的未来收益，即"预期地租"的计价标准。路婕（2010）通过综合分析各种方法后，认为现行的农用地估价方法应主要采用收益还原法。

从成本—收益角度分析，武深树（2002）、路婕（2010）认为农村土地使用权流转价格与土地收益有不可分割的关系。穆松林等（2011）指出土地承包经营权流转时，其租金是由土地的收益能力和收益水平决定的，应包括经济价格、社会价格和流转修正价格三部分，其中流转修正价格是指对流转后经营项目发生改变的土地流转价格的修正。因此，若想直观地反映流转后土地租金的水平就需要建立更加科学的估价模型。斯蒂芬·克拉克（Stenphen Clark）等学者从建立土地估价模型入手，发现地价、地租之间的时序变化特征的差异，说明仅仅依据收入不能解释地价问题，必须建立涉及理性投机、风险回避、物价变化等因素的更为复杂的地价模型，并设计出地价关于利息率变化的估价模型。此估价模型在使用中要求所评估土地是同等级、连片的，我国目前存在农用土地细碎化的问题使得土地未能在不同用途之间充分流动，导致土地租金分布趋于分离，土地流转呈现"租金分层"现象（江淑彬等，2013）。因此，这样的估价模型在实践中存在一定的局限性。

因此，在上述约束条件下，仇娟东和赵景峰（2013）从流转双方的角度围绕土地流转租金展开博弈，得出两方面的结论：其一转出方对租金的要求与流转的交易费用、种植收益、耕种收入占家庭总收入的比重成正比，与转出土地后从事其他农业或非农业活动的机会收益成反比；其二转入方对租金的支付意愿与其转入土地的预期总收益成正比，与其在流转中的交易费用、从事其他工作的机会收益成反比。黄春滚和胡蓉（2009）指出土地流转时土地租金是农户与租种方双方博弈的结果，其考虑了土地规模种植的收益和小规模种植的产值以及政府的农业补贴，构建了出租农户与承租方在流转土地与不流转土地时的收益函数，并形成了纳什均衡，得出了土地流转租金确定范围，即农户租出土地打工收入比自己种植合算时才会选择租出土地。

（四）土地流转租金补偿机制的研究

针对土地流转过程中的租金补偿机制的研究，从农业补贴政策与耕地流转表现、农民农业收入的关系角度来看，农业补贴政策对其有促进作用（赵成胜，2011）。耕地流转后，种田能手能够经营更多的土地，使自身的经济收益得到增加，而转出土地的农户既能够得到土地租金，也能够专心投入非农事业中。从补贴的对象来看，现有的农业直接补贴的对象是耕地的承包者，粮食直接补贴应达到鼓励农民种植粮食的目的，但在土地流转的区域中，土地承包人将土地出租给种粮大户，实际的补贴受益人依然是承包人，并且流转双方通常形成一种思维惯性，直接补贴金额成为流转租金的部分或全部，即"直接补贴等同于租金"。这与国家鼓励农民种粮的目标不相匹配（黄川，2010）。从补贴方式上看，我国的农业补贴方式主要以向农民直接提供资金补贴，但农业补贴额还是偏低（肖琴，2010）。在粮食直补过程中，同一地区内的单位土地面积享有相等的补贴金额，不论农户耕作土地的多少，补贴金额总是以单位面积为基数，不随种植面积的增多提高单位面积的补贴金额，没有更好地达到对种粮大户的激励作用，即没有实现"级差补贴"。粮食直接补贴政策可能会增加粮食的种植面积，减少其他农作物的种植面积。但由于补贴金额较小，加上政策执行中的种种疏漏（如并非根据农民实际种粮面积补贴），通过粮食直补而增加粮食种植面积的效果并不大（马彦丽等，2005）。因此，多位学者都认为，2004年开始我国相继实施的粮食直补等农业扶持政策，对耕地流转起到了推动作用，但是在对提高粮食产量、鼓励种粮大户规模种植，保证国家粮食安全方面等方面并没有起到显著作用（顾和军，2008；Fred Gale，2005；Teresa Serra，David Zilberman，2004）。

综上所述，虽然前人在以上几个方面有着众多的研究，为本书打下了很好的研究基础，但笔者认为以下两个方面的问题需要进一步的关注：

针对土地流转租金的形成机制：虽然目前有很多关于土地流转租金形成机制的研究，但都是从理论层面且针对某一角度进行的定性研究，如供需双方角度、流转双方博弈角度阐明土地流转租金形成的影响因素。同时，现有的土地流转补贴政策多数侧重于保护农民单方的基本利益，缺乏一种针对流转双方收益兼顾的补贴机制。所以，仍需要针对一个区域从多角度展开，建议从农户、种粮大户和政府三方面进行研究，探索一个有利于土地流转各方利益的租金形成机制。

第二节　农村土地流转中的租金概述

一、农村土地流转中的租金体系

中央一号文件多次强调土地流转要坚持依法自愿有偿原则，确保不损害农民权益，不改变土地用途，提高农民在土地增值收益中的分配比例。明确了土地流转的有偿性。本书所指的土地流转租金是指在坚持农村土地承包经营权流转原则的条件下，土地流入方取得一定期限的土地使用权而支付给土地转出方的流转费。

土地流转租金不能等同于土地的价格，因为本书所指的土地流转是土地承包经营权的流转，仅仅是把农村土地经营权转让给其他经济主体使用。土地经营权在这里取得了相对独立的状态，土地转入方由于使用土地就必须按照使用时间的长短以不同的形式向土地转出方（原承包户）支付报酬，这部分报酬实质上就是向转出方缴纳的租金，也就是土地经营权的价格，是其凭借土地经营权获取土地收益的表现形式。土地经营权流转的租金不但包括土地质量价格，还应包括因经营状况改变后的土地未来收益的经济补偿。

按照土地流转租金的评估目的来分，租金可分为市场化租金和政策性租金，流转租金主要由市场形成，是政策性租金制定的依据；政策性租金是在流转租金的基础上进行规律分析和理论研究并最终制定，用以规范和引导市场的流转租金。

在土地流转租金价格中，按照土地在农户之间、农户与种粮大户及农业企业之间流转的主要方式，土地流转租金主要包括土地转让价格、土地转包价格、土地出租价格、土地入股价格，其中，转让金、转包费、出租价、股息和分红共同构成了土地流转的租金体系，如图 5-1 所示。

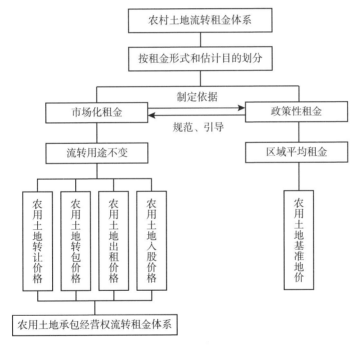

图 5-1 农村土地承包经营权流转租金体系

二、不同土地流转模式下的租金表现

(一) 土地出租及其租金表现

土地出租即土地承包经营权的出租，是指出租人（承包方）将其土地承包经营权出租给他人，出租人与承租人双方约定一定的流转期限，且出租后土地用途不发生改变，原土地承包关系不发生变更，如图 5-2 和图 5-3 所示。出租方继续履行原有土地承包合同中规定的相应的权利与义务，承租方按约定条件向出租方支付租金。

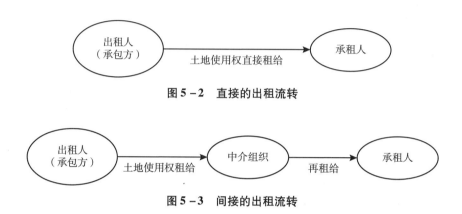

图 5-2 直接的出租流转

图 5-3 间接的出租流转

土地出租的特点包括三个方面：第一，土地承包经营权的流入方是具有农业经营能力的自然人或法人，包含企业、其他组织和个人，不受农村集体经济组织成员的限制。第二，土地出租的本质属性是实现土地承包权与经营权的分离，即土地承包人将其土地的经营权转让给承租人。第三，承租方不得改变土地的农业用途，继续从事农业生产经营。

土地出租的租金是指在租赁过程中由承租方向承包方支付的租赁使用农用土地的价款。租赁期限和租金水平由租赁双方约定。

（二）土地转包及其租金表现

土地转包是最为常见的土地流转方式。关于转包的概念，在《农村土地承包经营权流转管理办法》中对其做了明确规定。所谓转包是指在承包期内，承包方约定一定的期限，将部分或全部土地承包经营权转给其他农户，继续从事农业生产经营。土地转包后，原土地承包合同规定的权利和义务由原承包方继续履行。土地接包方需按转包时双方约定的条件对原承包方负责。

土地转包的特点包括四个方面：第一，在流转期限内，转包方享有土地承包经营权，流转期届满，承包方享有土地承包经营权；第二，在流转期内，未经承包方许可，土地不得进行二次流转；第三，不改变土地用途，土地流转期限不超过剩余承包年限；第四，原承包关系不变，流转双方存在权利义务关系。

土地转包主要有两种形式：一是有偿转包；二是无偿转包。改革开放初期，土地基本上是无偿转包。1998 年，全国进行二轮土地承包，在随后几年，有些农户为了保留承包地，无偿转包土地，还有一些农户，无人承包其土地，最后撂荒土地。近几年，由于农产品价格的上涨，农业税费的减免，以及国家给予粮种、农药、化肥等农资补贴，使土地需求增加，土地市场机制逐渐完善，土地转包方需向承包方支付一定的流转费，一般由转包双方约定。本书将土地转包费称为土地流转租金。

（三）土地入股及其租金表现

土地入股是指土地承包期限内，农民以其土地承包经营权作为股份，成立农村土地信用合作社或者其他经济组织，并参与入股。成立的土地信用合作社统一管理入股的土地，可将土地对外租赁，也可自主开发，农民按各自拥有的股权获得分红，一般采取的分配方式为：固定收入加按股分红，如图 5 - 4 所示。

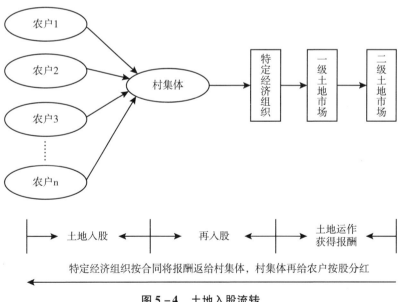

图 5 - 4 土地入股流转

土地入股的特点包括两个方面：第一，土地通过入股，将土地承包经营权转化成股权形式；第二，入股后，农民获得保底的收入，即固定收入，每年根据土地经营状况分红。所以土地入股方式下其租金表现为股息加分红。

（四）其他土地流转模式及其租金表现

（1）土地反租倒包模式。反租倒包是指乡镇政府或村委会根据农民意愿，将已承包到户的土地反租（或反包）回集体，经过统一规划和布局，投资开发，重新将土地使用权通过市场方式发包给本集体经济组织的农业经营大户或租赁给从事农业经营的公司进行土地经营的方式。该模式类似于出租模式，土地租金是第三方在租赁过程中通过集体经济组织向土地承包者支付土地使用权的价款。

（2）土地转让模式。土地转让是指承包方将自己的部分或全部承包地的承包经营权以及相应的权利义务关系转让给第三方。由于土地转让模式转让的是土地的经营权和承包权，所以土地转让的转让金将不作为本书土地流转租金的研究范畴。

（3）土地互换模式。土地承包经营权的互换是指在农村集体经济组织内部，承包方之间为了耕种的方便或是各自的需要，对各自承包的土地进行简单的调换。互换之后，原本被分割成零散的土地，在一定范围内连成一片，实现规模化、集约化经营。土地互换虽然属于土地流转模式之一，但不涉及土地流转租金，所以也不作为本书的研究范畴。

（五）土地流转租金类型及产权经济分析

上述四个小节分析了不同土地流转模式及其租金表现。土地流转按照承包经营权流转主体的不同，流转形式分为了农户、种粮大户、其他经营组织等流转主体之间的相互流转，根据上述具体流转方式所反映的产权经济关系，又可分为多种不同形态的租金价格形式。具体的土地流转租金形式及产权分析如表5-1所示。

表5-1　　　　　　　　土地流转租金形式及产权分析

租金类型	流转方式	产权经济分析	租金形式
转包价格	转包	经营权，即承包者一次性或者分期支付转包者转包费，取得一定年期的土地使用权	转包金

租金类型	流转方式	产权经济分析	租金形式
出租价格	出租、反租倒包	经营权，即取得一定期限的土地使用权	租金
入股价格	入股	经营权，农户将一定年期的土地使用权作价入股，按出资额或股份分红，土地使用者取得入股土地使用权	股息、分红
转让价格	转让	经营权、承包权，用地需求方一次性交付转让金或一定年限内的土地使用权收益取得该年限内的土地使用权	转让金

根据农村土地流转的租金类型及产权经济分析，结合本书的研究目的，本书研究的土地流转租金是指不改变土地用途的，承包权不变，只转让土地使用权模式下的租金。且鉴于承包模式、入股模式下的土地流转租金都是以出租模式下的租金为基础制定的。所以，本书研究的土地流转租金仅是指出租模式下的租金。

三、现有土地流转中租金的实现形式

土地流转是土地承包经营权权利束的转移，土地流转租金实质是土地承包经营权转移在经济上的实现形式。因此，土地流转租金是一种地租形式。从我国的土地流转市场实践来看，土地流转过程中的租金实现形式主要包括：现金形式、实物形式、股权形式及其他形式。[1]

（一）现金形式

现金形式是指土地承包经营权产权交易转移过程中以现金或与合同约定的实物等价的现金形式被支付的土地租金方式。现金方式是土地流转最为重要也是最常见的支付方式和实现形式。叶剑平（2006）在对福建、广西、江苏、黑龙江等全国17省份的调查统计表明，在所有转出的土地中，有87.6%的土地转包给本村的亲戚或其他村民，其中，有33.6%的农民获得现金补偿，有14%的农户得到粮食补偿，另过半数（50.9%）的农

---

[1]　王颜齐、郭翔宇：《农村土地承包经营权流转价格初探》，载于《农业经济与管理》2012年第3期，第19～22页。

地交易不收取报酬。张会萍课题组 2010 年对宁夏平罗县的沙渠村、通城村、小店子村等 221 户农户进行问卷调查，其中 119 户参与了土地流转，其中 84.87% 的农户分年度取得货币租金，10.92% 的农户一次性取得租金。[①] 笔者 2013 年在宁夏平罗县小店子村调研访谈：小店子村成立了农村土地信用合作社，种植大户以 660 元（含粮食补贴、良种补贴及农业生资补贴等）的价格转包小店子村八队的 1000 亩土地，租金以货币形式发放，每年分春冬两个季节兑现。

（二）实物形式

土地承包经营权在产权交易转移过程中，交易双方以合同的形式约定，土地转入方需向土地转出方缴纳一定量的实物，该方式被称为实物形式下的土地租金方式。实物形式是土地流转的另一种重要的支付方式和实现形式，应用范围和频率比现金形式低。张会萍课题组（2010）对宁夏平罗县的沙渠村、通城村、小店子村等 221 户农户进行问卷调查，仅有 0.84%（1 户）的农户约定实物形式租金，即按一定数量的粮食支付。笔者 2013 年在宁夏银北地区，包括平罗县、惠农区、贺兰县三个地区的典型访谈中得知：在签订的土地流转合同中，租金的约定形式大都是现金形式，没有实物形式的租金。但通过对相关文献的查阅，发现我国的一些不发达地区或者欠发达地区，农户进行土地流转，其目的是满足基本生活需求，增加收入，所以将实物作为租金形式的比例较高。例如，洪名勇（2009）通过对贵州省四个县的调查研究表明，贵州作为中国最落后的地区之一，土地租赁的租金形式以实物租金（产品租金）为主，货币租金为辅。

（三）股权形式

股权形式是指拥有土地承包经营权的农户以其土地承包经营权作价入股，将其土地经营权流转给土地需求方，使土地需求方获得占有和使用土地的权利，土地承包户取得股权的租金收益方式。股权形式下的土地租金支付方式在实际中是以土地入股的流转方式存在。土地承包经营权入股的运行机制和操作规程一般为：第一，在保留承包权的基础上，承包户以书面形式签订农村土地承包经营权入股合同，经过对土地承包经营权的评估、验资、确定股权后，以经营权等权能作为股权折价入股。第二，召开

---

① 王会贤：《农村土地流转中的租金形成机制——基于鼓励种粮为目的的规范分析》，宁夏大学硕士学位论文，2014 年，第 14 页。

创立大会，确定董事会和监事会等组织机构，并依法登记设立具有法人资格的土地股份合作社（或股份公司）。第三，土地股份合作社依法向入股者发放股权证，确认承包方的股权资格，并经营农村承包地。第四，土地股份合作社依法向入股者分配股权分红和福利等。农村土地入股是一种新兴的土地流转方式，但在宁夏银北地区还是很少见。笔者 2013 年 12 月在宁夏银北地区的调研中得知，贺兰县 2012 年农村土地使用权流转总面积达到 170253.1 亩，但股份合作流转面积仅占到 10390 亩，即占到 6.10%；2012 年农村土地使用权流转总农户达到 14645 户，但股份合作方式仅涉及农户数 111 户，仅占到 0.76 个百分点（中共贺兰县委政策研究室贺兰调研，2013）。

（四）其他形式

当前，在我国土地流转的实践中，土地租金主要以现金形式、实物形式和股权形式为主，除此之外，还包含实物现金混合形式、权益形式等。其中，实物现金混合形式指以现金和实物（如粮食）的组合方式，向土地转出方支付地租的形式；权益形式指以土地承包经营权的转移来换取特定权益的地租支付方式，例如，土地抵押。另外，在一些偏远的农村，土地产出的附属物同样能够成为土地转入方向土地转出方支付土地租金的一种形式，例如秸秆、柴草等。

四、现有土地流转中的租金模式

土地流转租金是指在流转期内，出租人每年按事先确定的租金额收取租金的方法。根据笔者 2013 年在宁夏银北地区的调研中得出：土地流转租金的模式分为两种，即固定租金模式和浮动租金模式。

（一）固定租金模式

固定租金模式就是以土地年收益、政府指导的基准流转租金价格为基础，在流转期限内实行定额租金，即每次支付的租金都是相等的。固定租金模式中的租金表现形式又分为如下两类：

（1）实物形式下的固定资金模式。土地流转双方在签订的土地流转契约中将租金模式约定为实物租金形式，承租方在流转期限内每年按照固定量的实物作为租金支付给出租方，比如小麦、稻米。

（2）现金形式下的固定租金模式。土地流转双方在签订的土地流转契约中将租金模式约定为现金租金形式，承租方在流转期限内每年按照固定的现金作为租金支付给出租方。

固定租金模式不能规避农产品的价格风险，无论对于承租方还是出租方的收益都不好把握。土地经营收益应随着种植大户的经营状况而变化，定得过高或过低对流转双方都会带来不利，而同时，固定租金也不利于体现出租方、承租方共同承担经营风险的原则。笔者在 2013 年的调研的过程中，发现小店子村自成立土地信用合作社以来，流转土地一直采用固定租金机制，其租金模式具体情况如表 5 - 2 所示。

表 5 - 2　　　　　　　小店子土地信用合作社租金形式

流转年份	流转期限（年）	租金（元/年）	是否含农业补贴（粮食直补、农资补贴等）
2005	3	300	是
2008	3	480	是
2011	3	660	是

资料来源：笔者调查所得，2013 年。

（二）浮动租金模式

浮动租金模式是一些学者和管理部门针对固定租金模式的不足之处而提出来的，其特点是租金随着产品价格和物价水平的增减而浮动。土地流转的租金价格通常是按照当年的市场价格和物价水平制定的，所以由于物价水平的波动，租金应设定一定额度的浮动空间。这样，在粮食价格上涨的情况下，出租土地的农户既可以分享农业收入的增长，又可以降低出租土地农户的生活成本。笔者在 2013 年的调研中发现，在宁夏银北地区，在土地流转契约中约定的流转期限在 5 年及以内的，通常采用固定租金模式，流转期限在 5 年以上的通常采用浮动租金模式。如 2008 年中储粮集团在宁夏贺兰县流转土地签订的合同中约定：流转期限为 20 年，流转租金为 700 元，租金实行 5 年调整一次，上浮金额是 50 元，但是浮动标准没有具体的测算方法，是双方协商的结果。

农村土地流转租金是土地经营权的价格，是其凭借土地经营权获取土地收益的表现形式。在土地流转租金体系中，按照租金的评估目的来分，租金可分为市场化租金和政策性租金，按照流转模式来分，土地转包租金、土地出租租金、土地入股租金共同构成了土地流转租金体系，但本书是基于鼓励种粮为目的的规范分析，是以宁夏这一商品粮基地的土地承包经营权的流转为研究对象，仅研究出了出租模式下的土地流转租金，不包括入股、转让等形式的租金。

另外，现有土地流转过程中租金的实现形式包括现金形式、实物形式、股权形式及其他形式，同时，在土地流转过程中，租金模式又表现为固定租金模式和浮动租金模式。

第三节　市场竞争下土地成本—收益测算及基准租金形成

成本—收益法是指以货币单位为基础对投入与产出进行估算和衡量的方法。博弈论（game theory）又称"对策论"，是用以研究决策主体的行为发生相互作用力时的决策选择以及决策均衡问题的方法论。在土地流转过程中，租金问题是土地流转中的核心问题，本章将围绕土地流转租金，采用成本—收益法就土地流转中流转双方的成本、收益进行测算分析，运用博弈论的方法，即出租农户与承租农户博弈视角下分析其土地流转前后的成本与收益，根据其成本收益的约束条件，测算土地流转租金的基准水平。

本章研究市场竞争下土地流转基准租金的形成，结合博弈的划分类型，本章所涉及的博弈都属于静态的博弈。即参与人同时选择行动或虽有先有后，但后行动者并不知道先行动者选择的博弈。根据本章理论介绍和实践状况分析，在进行成本收益分析、博弈分析之前，笔者首先做以下假设：

第一，假设目前土地的所有权和承包权稳定，即土地集体所有关系稳定，农户对土地的承包权在流转期限内不变，而所开展的仅为土地承包经营权的流转。

第二，假设转出方与转入方均为"理性经济人"，双方为追求自身利益的最大化，会根据各自的成本及收益的有关约束条件作出行为选择。

第三，为全面了解流转双方对各自利益的要求，假设其围绕土地流转租金展开分析，转出方希望得到更多的租金收入从而使其收益最大化，而转入方希望支付较少租金从而最大化其收益；事实上，租金是转出方与转入方对土地流转合约达成中各种影响因素的综合评价。

第四，出租农户与土地承租方分别根据各自的收益对土地流转的租金进行报价，其中土地的规模种植收益、小规模种植的产值、政府的各项农业补贴均是流转双方考虑的因素。此处，为符合国家政策"谁种植，谁受益"，所以假设农业补贴归属于耕种土地的一方。

第五，假设土地流转的双方均为同一经济组织成员，均为农户且农户特征及农户家庭特征相同，租种农户流入的土地面积是出租农户流出的土地面积的 n 倍。流转双方放弃农业种植从事非农行业的机会成本是相同的。

一、出租农户的成本—收益测算

（一）出租农户的土地经营成本测算

出租农户经营土地通常表现为小规模种植，其进行农产品生产所产生的成本，是以货币表现的农产品生产中物化劳动和活劳动的总耗费。物化劳动是指生产过程中所耗费的各种生产资料，如种子、农药、化肥、机械作业等；活劳动是指生产过程中所耗费的农民的劳动。但是在农业生产中农户的小规模种植通常不考虑所耗费的农民的劳动，即人工费用。根据农户对成本的测算习惯，假定本书中出租农户的成本不考虑人工费用，物化劳动是形成农产品生产成本的基础，对于农户来说，在一定时期内，为生产一定数量的农产品需要支付的所有生产费用，称为农产品的生产成本。下面以粮食生产为例进行具体说明。

出租农户进行小规模农业生产的年经营成本设为 c，其中：种子费用设为 c_1，农药费用设为 c_2，肥料费用设为 c_3，机械作业费用设为 c_4，水电费用设为 c_5，农机具购置及维修费用设为 c_6，其他费用设为 c_7。

农户小规模经营土地的年经营成本为：$c = \sum_{i=1}^{7} c_i$

（二）出租农户的土地经营收益测算

出租农户进行小规模经营的收益是指根据投资回报原理，在农村土地承包经营权正常流转的情况下，流转方利用流转的土地进行生产经营所取得的收益，换句话说，即年总收益就是土地生产的年总收入，也称土地年产值，由主产品收入与副产品收入构成，主要根据农产品的产量与估价期间的正常市场价格对收入进行计算。

另外，自 2004 年以来，我国逐步形成了以粮食直补、良种补贴、农机具购置、农资综合直补等为主要内容的补贴体系。笔者 2013 年在宁夏银北地区的调研中得知：目前宁夏地区国家向农民发放的粮食、良种、农资等各类补贴每亩每年大约为 100 元，该农业补贴降低了农户的土地经营成本。对于农业补贴，国家政策要求"谁种粮谁受益"，但现实中是"谁的土地谁受益"。因此，本书根据本章的前提假设，农业补贴的收益方是谁种植，谁得到补贴。因此，国家给予农户的各种补贴，也应计入总收益内。下面以粮食生产为例进行具体说明。

农户进行小规模生产的年经营收益为 y，其中：小规模生产粮食产量设为 q，当年的粮食价格设为 p，则农业产值即为 p×q，国家对农业的补贴设为 s，则：

$$y = p \times q + s$$

（三）出租农户的净收益测算

通常，由于出租农户拥有相对较少的土地，属于小规模种植经营。所以，其净收益是农业土地经营获取的年收益扣除土地经营成本（如种子、化肥、农药等）后的收益额，再加上农业补贴收入，也称纯收益，设为 y^*。则：

$$y^* = y - c,$$

即：$y^* = p \times q + s - \sum_{i=1}^{7} c_i$

另外，如果出租农户将自己承包的土地进行出租，其农业种植的机会成本为 U，或称为保留效应收益，是指承租方即使不租种土地，出租农户进行其他行业获取的最大收益，例如打工获得工资，或开商店从流通领域获取收益。同时，出租农户出租土地，转让使用权，租入土地的农户将支付给出租农户一定的报酬，即土地流转租金，设为 R。此时，出租农户将土地流转时的收益为土地流转租金和从事其他行业的机会收益，也就是 U + R。

二、承租农户的成本—收益测算

（一）承租农户的土地经营成本测算

承租农户经营土地通常表现为规模种植，其流转土地经营成本不仅包括利用流转土地进行农产品生产所产生的成本，而且包括流转土地支付给农户的租金，且租金是其主要的成本。所以承租农户流转土地的经营成本是以货币表现的土地流转租金与农产品生产中物化劳动和活劳动的总耗费。租金、物化劳动和活劳动是形成农产品生产成本的基础，对于承租农户来说，在一定时期内，为生产一定数量的农产品需要支付的所有费用，称为农产品的生产成本。下面以粮食生产为例进行具体说明。

承租农户进行规模经营时，其农业生产的年经营成本设为 C，租种规模设为 n。其中，物化投入包括：种子费用设为 C_1，农药费用设为 C_2，肥料费设为 C_3，机械作业费用设为 C_4，水电费用设为 C_5，农机具购置及维修费用设为 C_6，其他费用设为 C_7；活劳动投入包括两项，季节性人工费用设为 C_8，管理人工费用设为 C_9；土地流转租金设为 R。

农户规模经营土地的年经营成本为 C，$C = n \times \sum_{i=1}^{9} C_i + nR$。

（二）承租农户的土地经营收益测算

承租农户流转土地的经营收益是指根据投资回报原理，在农村土地承包经营权正常流转的情况下，流转方流转土地进行生产经营所取得的收益，换句话说，即年总收益就是土地生产的年总收入，也称土地年产值，由主产品收入与副产品收入构成，主要根据农产品的产量与估价期间的正常市场价格对收入进行计算。国家给予的各种补贴，如"粮食直补"和"农资综合补贴"，也应计入总收益内。

承租农户进行规模经营生产的年经营收益设为 Y，其中：假定，租种规模设为 n，规模经营生产的粮食产量设为 Q，当年的粮食价格设为 p，则农业产值即为 $p \times Q$，国家对农业的补贴为 s，则承租农户进行规模种植的总收益为 Y：$Y = np \times Q + ns$。

（三）承租农户的净收益测算

通常，由于承租农户租种相对较多的土地，属于规模种植经营。所以，其净收益是农业土地经营获取的年收益扣除土地经营成本（如种子、化肥、农药、人工费用等）后的收益额加上农业补贴收入即为净收益，也称纯收益，设为 Y^*。则：

$$Y^* = Y - C,$$

即：$Y^* = np \times Q + ns - n \times \sum_{i=1}^{9} C_i - nR$

另外，如果承租农户不租种土地，其收益设为 U。

三、成本—收益法下土地流转租金基准水平的测算

根据本章的前提假设及对出租农户和承租农户的成本收益分析，现假设土地转入方，即承租农户为 A，对其进行分析。

A 租种一定数量的土地，净收益为：

$$np \times Q + ns - n \times \sum_{i=1}^{9} C_i - nR \qquad (5-1)$$

A 不租种土地，不从事农业经营，而进行其他行业，获取的最大收益为 U，如打工获得一定工资，或开商店从流通领域获取一定的收益。对于 A 而言，依照其参与土地流转的约束条件，也就是指其租种土地的规模经营收益应该大于等于其从事其他行业的机会收益，A 才愿意租种土地，从事农业规模经营。即：

$$np \times Q + ns - n \times \sum_{i=1}^{9} C_i - nR \geq U \qquad (5-2)$$

对其进行变换，以获得 R 的范围，则：

$$R \leq \frac{np \times Q + ns - n \times \sum_{i=1}^{9} C_i - U}{n}$$

化简得：

$$R \leq p \times Q + s - \sum_{i=1}^{9} C_i - \frac{U}{n} \qquad (5-3)$$

上述是对承租农户的分析，下面则对出租农户土地进行成本收益分析。现假设土地转出方，即出租农户设为 B。

B 将其土地出租，获得的净收益为：U + R。

此公式解释为：农户出租其土地后，获得一定的土地流转租金，租金为 R。与此同时，农户将会把自己的时间腾出，用于从事其他职业，例如到城市打工等，进而得到保留效应收益 U，但此时不能获得政府的农业补贴 s。

当农户不将自己的土地出租，农户自己对其种植时，收益为：$p \times q + s - \sum_{i=1}^{7} c_i$。

下面将根据承租农户与出租农户的成本—收益约束条件，围绕土地流

转租金展开分析，具体表现为以下三种情况：

（1）当农户认为其宁愿选择荒芜土地，放弃土地种植，也要外出务工时，该类农户在其成本约束条件下，土地流转租金的确定如下分析：

即当 $p \times q + s - \sum_{i=1}^{7} c_i \leqslant U$ 时，理性的农户不对土地进行耕作，选择荒芜土地，并外出打工，其收益为 U。

此时，对于 B 来说，根据土地流转的参与约束条件，可得到：

$$R \geqslant 0 \tag{5-4}$$

整理式（5-3）和式（5-4），得到均衡解，即：

$$0 \leqslant R \leqslant p \times Q + s - \sum_{i=1}^{9} C_i - \frac{U}{n} \tag{5-5}$$

对上述解进行分析，得出：即当 $0 \leqslant R \leqslant p \times Q + s - \sum_{i=1}^{9} C_i - \frac{U}{n}$ 时，农户会首先选择外出打工，进行土地流转，放弃土地种植。此时说明，会有较多的农户放弃土地种植，有承租意愿的农户就会有较多的土地供给，所以承租农户就能以大于等于零的租金租到一定数量的土地。因此，上述博弈选取角点解零。当然，在现实生活中，零租金的情况很少实现。因为这意味着只有农户出外打工才会把土地租出，实际上有一些农户选择在当地从事非农活动，并利用极少的时间兼顾农业种植。本书从理论上阐述土地流转租金问题，说明的只是租金很低而已，只是一个约束条件。当然对一些完全不关心农业收入的农户来讲，零租金也是可能的。

（2）当土地流转双方，即有出租意愿的农户可以租出土地，有流入土地意愿的农户可以租入土地，其成本约束条件下租金的确定如下：

当 $U + R \geqslant p \times q + s - \sum_{i=1}^{7} c_i > U$，根据理性农户租出土地的参与约束条件，整理可得：

$$R \geqslant p \times q + s - \sum_{i=1}^{7} c_i - U \tag{5-6}$$

整理式（5-3）和式（5-6）得：

$$p \times q + s - \sum_{i=1}^{7} c_i - U \leqslant R \leqslant p \times Q + s - \sum_{i=1}^{9} C_i - \frac{U}{n} \tag{5-7}$$

分析后也会是一个角点解：

$$R = p \times q + s - \sum_{i=1}^{7} c_i - U \tag{5-8}$$

即当 $p \times q + s - \sum_{i=1}^{7} c_i - U \leqslant R \leqslant p \times Q + s - \sum_{i=1}^{9} C_i - \dfrac{U}{n}$，土地流转租金在这个范围时，土地流转双方可以达成土地流转意愿。同时，土地流转租金的最小值为 $R = p \times q + s - \sum_{i=1}^{7} c_i - U$，即出租农户耕种土地的收益与其放弃土地耕种从事其他行业的机会收益相等，是农户进行土地流转的最低租金界限。

（3）由于流转双方在租金问题上未达成一致，致使土地流转交易无法达成。

此时租金的确定范围如下：

即当 $p \times q + s - \sum_{i=1}^{7} c_i > U + R$，换言之，$R < p \times q + s - \sum_{i=1}^{7} c_i - U$ 时，土地流转无法进行。因为此时的农户认为，其自己耕种土地比出租土地外出打工获取的收益更高。

四、成本—收益法下基准租金的影响因素分析

上一节分析了三种情况下土地流转租金的确定条件：一是当农户认为其宁愿选择荒芜土地，放弃土地种植，也要外出务工时，该类农户在其成本约束条件下租金的确定条件；二是当土地流转双方，即有出租意愿的农户可以租出土地，有流入土地意愿的农户可以租入土地，其成本约束条件下租金的确定条件；三是由于流转双方在租金问题上未达成一致，致使土地流转交易无法达成交易情况下的租金确定条件。在上述三种情况中，前两种情况下土地流转的租金水平与土地流转的规模有关，认为土地流转的经营规模应较大，也就是说土地的承租方要使其收益水平达到平均收益水平，需要耕种更多的土地。而伴随着土地规模 n 的增大，土地流转中发生的交易费用也就必定增加，将导致土地流转难以达成，反之亦然。根据上面式（5-2），计算得 n 的最小值为：

$$n_{min} = \dfrac{U}{p \times Q + s - \sum_{i=1}^{9} C_i - R} \qquad (5-9)$$

当 $p \times q + s \leqslant U$ 时，将 R 的精炼解 0 代入式（9）得：

$$n_{min} = \dfrac{U}{p \times Q + s - \sum_{i=1}^{9} C_i} \qquad (5-10)$$

土地流转后，伴随土地种植规模的扩大，市场格局的变化以及专业技术水平的提高，例如新技术的投入，给承租方带来了规模种植收益。上述分析中，$p \times Q - \sum_{i=1}^{9} C_i$ 就是由于土地流转后形成规模经营所带来的收益。

上面还提到了政府对农业的补贴 s，是土地流转租金的另一个影响因素。事实上，农业补贴只是提高了土地种植者的收益，对土地流转租金没有实质性的影响。同时，无论将租金给予出租农户，还是将租金给承租农户，对租金水平的确定也没有影响。如果农业补贴归属于出租农户，承租农户就可以降低土地流转租金，减少对出租农户货币租金的支付。此处把补贴给了承租户，实质上就等同于增加承租农户支付给出租农户的货币租金。但是，在式（5-10）中，农业补贴 s 有不同的意义，降低了机会收益对土地流转的影响，使 n_{min} 降低。s 的出现，从一定程度上讲，使农业种植收入与其他行业收入的差距降低，减少了 U 对土地转入方的要求，从而降低了土地流转的最低规模。

U 是保留效益，由当地经济发展水平决定，即非农产业的发展水平。非农产业越发达，从事农业的保留效益就越高，从式（5-8）可以得出，保留效益会降低土地流转租金。其经济意义在于，当非农产业发达时，人们更加愿意从事农业种植之外的行业，而对土地租金的收入关心相对减弱，从而土地租金降低。

本节根据承租农户与出租农户的成本收益约束条件，围绕租金展开分析，得出以下三个结论：

（1）当 $0 \leqslant R \leqslant p \times Q + s - \sum_{i=1}^{9} C_i - \dfrac{U}{n}$ 时，农户会首先选择外出打工，进行土地流转，不惜放弃土地种植。

（2）当 $p \times q + s - \sum_{i=1}^{7} c_i - U \leqslant R \leqslant p \times Q + s - \sum_{i=1}^{9} C_i - \dfrac{U}{n}$，租金在这个范围时，土地流转双方可以达成土地流转意愿。同时，土地流转租金的最小值为 $R = p \times q + s - \sum_{i=1}^{7} c_i - U$，即农户耕种土地的收益与其放弃土地耕种从事其他行业的机会收益相等，是农户进行土地流转的最低租金界限。

（3）当 $p \times q + s - \sum_{i=1}^{7} c_i > U + R$，即：$R < p \times q + s - \sum_{i=1}^{7} c_i - U$ 时，土地无法流转，因为农户在自家种植比租出土地后出外打工收益更高。

第四节　市场竞争下土地供需关系及租金形成

供需机制是市场经济制度下的保证机制。只有存在供求关系，才会有市场的存在。土地供求关系是伴随着市场经济发展而产生的现实问题，其发生的前提条件则是土地使用权的供给与土地使用权的需求同时出现。供需机制下，土地流转双方根据自身的效用函数，确定一个各自都可接受的均衡价格，即土地流转租金，流转便实现了。同样，价格机制作为市场机制的核心，土地流转价格在农户土地流转决策中起着非常重要的作用。

一、土地流转中供给的影响因素分析

农户的土地供给受到多种因素的影响。本书主要是从农户服从"理性经济人"的基本假设出发，土地转出方的收入包括两部分：一是租金收入，二是放弃土地经营而从事其他行业的收入。所以，土地转出方是将转出土地前所能获得的土地经营收入和转出土地之后所能获得的收入进行比较，然后选择是转出土地还是维持现状或转入土地。从土地流转的相关法规和实际流转情况来看，农户与村委会构成了土地流转的供给者，但最主要的供给者还是农户。下面根据农户收入结构存在的差异，将农户划分为纯农户和兼业农户，分别对其转出土地的行为进行分析。

（一）纯农户的土地转出行为

根据统计部门的相关分类方法，所谓纯农户是指家庭从业人员均以农业经营为主要行业，其家庭收入以农业经营收入为主的农村住户，或家庭从业人员中有人从事少量非农活动，且其非农收入占其家庭总收入不到10%的农村住户。对于纯农户来讲，其土地经营收入占家庭总收入的比重非常大，土地的收入功能很大，其对租金水平的要求也就相对较高。下面将具体描述纯农户的土地转出行为。

假设某一农户为纯农户，其拥有承包经营权的土地数量总和设为 A，当期农产品价格设为 P，则该农户的收入表示如下：

$$U_1 = P \times f(A) \tag{5-11}$$

如果该农户选择土地流转，且土地流转的面积为 A，单位土地面积的租金为设 R，农户从事非农工作的收益为 M，则该农户收入情况如下：

$$U_2 = RA + M \qquad (5-12)$$

此时，必然有 $U_2 > U_1$，也就是存在：

$$RA > P \times f(A) - M \qquad (5-13)$$

换言之，即农户将土地流出取得的租金收入要大于该农户作为纯农户时，其农业收入减去农户非农就业的收入，对式（5-13）进行转换，可得到：

$$Y = RA + M - P \times f(A) \qquad (5-14)$$

Y 表示租金剩余，即租金超过转出土地农户的机会成本的部分，Y 越大，表示出租方的出租意愿越强，越愿意将自己的土地转出。对 A 求导数，得出：

$$\frac{dY}{dA} = R - P \times f'(A) \qquad (5-15)$$

因此，如果农户转出土地后，其单位土地面积的租金收入大于其土地流转前的单位土地面积收入时，农户会积极地参与土地流转，愿意将其拥有的土地转出。

（二）兼业农户的土地转出行为

依照统计部门的分类方法，兼业农户是指既从事农业生产获取农业收入，又从事非农业活动而获得非农收入的农户。兼业农户分为两种：第一种兼业农户是指以农业收入为主，以非农收入为辅的农户；第二种兼业农户是指以非农业收入为主，农业收入为辅的农户[①]。兼业农户的产生，是由于社会经济的发展以及农业生产自身特点的共同作用。下面将对兼业农户的土地转出行为进行具体描述。

假设，在没有进行土地流转前，兼业农户的兼业收益设为 M_1，其家庭收入水平如下所示：

$$U_1 = P \times f(A) + M_1 \qquad (5-16)$$

如果该农户选择进行土地流转，且流出土地的面积为 A，单位土地面积的租金设为 R，农户不需要从事农业经营，其从事非农行业的收入由 M_1 变为 M_2，并且 $M_2 \geq M_1$，则得出：

$$U_2 = RA + M_2 \qquad (5-17)$$

---

① 陈晓红：《经济发达地区农户兼业及其因素分析——来自苏州农村的实证调查》，载于《经济与管理研究》2006 年第 10 期，第 90~94 页。

此时，必然有 $U_1 > U_2$，也就是存在：

$$RA > P \times f(A) + M_1 - M_2 \qquad (5-18)$$

换句话讲，农户获得的租金收入要比从事农业的收入减去农户从事农业劳动下的机会成本大。对式（5-18）进行转换，可得到：

$$Y = RA - P \times f(A) - M_1 + M_2 \qquad (5-19)$$

Y 表示租金剩余，即租金超过转出土地农户的机会成本的部分，Y 越大，表示出租方的土地流转意愿越强，即越愿意将自己的土地转出。

对于兼业农户来讲，当农户获得的租金收入较大时，即大于从事农业的收入减去农户从事农业劳动下的机会成本时，农户才会选择出租土地。

（三）非农农户的土地转出行为

依照统计部门的分类方法，非农农户是指家庭从业人员的主要行业均为非农行业，或家庭成员中有从事少量农业活动，其取得农业收入不超过家庭总收入的。

对于非农农户而言，由于家庭劳动力基本上都外出从事非农活动，因此，在土地流转前其家庭收入可表示为：

$$U_1 = M \qquad (5-20)$$

流转后，其家庭收入可表示为：

$$U_2 = RA + M \qquad (5-21)$$

因为租金 $R \geq 0$，必然存在 $U_2 > U_1$。因此，此时租金不是农户作出是否将土地流转出去的决定性因素。

二、土地流转中需求的影响因素分析

对于土地需求方来讲，土地的收入功能是其唯一功能。换而言之，土地需求方是以其土地经营收入来衡量土地效用。土地经营收入虽然与土地的价值、转入方的农业经营能力以及地区农业基础设施有关，但最终还是由土地的投资收益率决定。土地的收益率越高，说明土地需求方能够接受的土地流转租金水平就越高[①]。可见，土地流转的需求形成有两个最基本的条件：一是需求者具有需求意愿；二是需求者具有支付能力。仅仅具有第一个条件，只能被看作是欲望或需要，而不是需求，需要只是人的本

① 贺振华：《农地流转中土地租金及其影响因素分析》，载于《社会科学》2003 年第 7 期，第 22～27 页。

能，是人们的心理欲望，而需求则是一种有支付能力的需要。根据本文的研究目的，土地需求方可以划分为一般农户、种粮大户和农业龙头企业三类。

不同类型的需求者转入土地的动机是不同的，其能否成功转入土地，也受到多方面因素的制约。一般农户转入土地是为了实现家庭劳动力的充分就业，并进行适度的规模经营，以此提高家庭的收入水平；对于种粮大户和农业龙头企业，其流转土地的目的是通过对土地进行规模经营，并围绕农业相关产业进行多种经营，实现其利润最大化的目标。

（一）一般农户转入土地的行为分析

一般农户参与土地流转，转入一定数量的土地主要是为了实现其家庭成年劳动力的充分就业，使其家庭收入水平得到提高。所以，一般农户对土地流转的流转期限、流转合同等方面都没有一定的要求。但是，本地的一般农户转入一定数量的土地后，通常仅仅是扩大了种植规模，实现规模种植，很少改变种植结构。由于种植结构没有得到改善，本地一般农户的种植收益不能得到显著的提高，租金的支付能力也受到限制，进而很难形成具有一定支付能力的需求。

对于农户而言，由于其非农收入占总收入的比重非常小。因此，假定其转入土地之前的土地数量为 A_1，其转入土地之前的收入情况如下：

$$U_1 = P \times f(A_1) \tag{5-22}$$

其转入土地的数量为 A，单位土地面积的租金为 R，则有：

$$U_2 = P \times f(A_1 + A) + RA \tag{5-23}$$

则必然有 $U_2 > U_1$，也就是存在：

$$R \times A < P \times f(A_1 + A) - p \times f(A_1) \tag{5-24}$$

令

$$Y = P \times f(A_1 + A) - P \times f(A_1) - RA \tag{5-25}$$

对 A 求偏导，则有：

$$\frac{\partial Y}{\partial A} = P \times f'(A_1 + A) - R \tag{5-26}$$

也就是说农户每转入单位土地所支付的租金要小于其租入土地后所获得收益，否则他宁愿维持现状。

对于兼业农户而言，由于其家庭劳动力在农业和非农业两个部门进行配置，在没有发生土地流转前，其拥有的土地为 A_1，所以其初始家庭收入可以表述为：

$$U_1 = p \times f(A_1) + M_1 \qquad (5-27)$$

转入 A 面积的土地之后，兼业农户则将所有的时间都投入农业生产上，没有非农收入，则有：

$$U_2 = P \times f(A_1 + A) - RA_1 \qquad (5-28)$$

则必然有 $U_2 > U_1$，也就是存在：

$$P \times f(A_1 + A) - RA_1 - P \times f(A_1) - M_1 > 0 \qquad (5-29)$$

令

$$Y = P \times f(A_1 + A) - RA_1 - P \times f(A_1) - M_1 \qquad (5-30)$$

也就是增加一定的土地所获得的收入要大于兼业农户从事非农的收入，则兼业农户愿意流入土地。

（二）对于种粮大户和农业企业转入土地的行为分析

相对一般农户而言，种粮大户和农业龙头企业具有一定的创新意识和较强的创新能力，在资本上和农业经营管理上都具有优势，能够凭借其优势实现农业产业化的经营，同时履行农业企业家的职能。种粮大户和农业龙头企业对于温饱和稳定的生活已不再满足，利润的最大化是其追求的目标。所以，种粮大户和农业龙头企业从事农业生产的收益应大于等于其从事其他产业的平均收益，换句话说，其从事农业经营的收益要大于其机会成本。种粮大户和农业龙头企业在转入土地之后，一般要对土地进行大量的投资，整理现有土地，对现有土地的布局进行规划。在对土地进行改造之后，使得土地的资产专用性得到增强。但是，鉴于农业的特殊性质，属于弱势产业，农业生产投资大，见效慢，收回投资需要的周期长。所以，种粮大户和农业龙头企业希望土地流转的流转期限相对长一些。

假设其从事农业生产的总收益为 U_1，农产品价格为 P，农产品产量为劳动力 L，土地数量 A 和资本 K 的函数，则有：

$$U_1 = P \times f(L, K, A) \qquad (5-31)$$

资本的边际收益为：

$$MU_1 = \frac{\partial TU}{\partial K} = P \times f_K \qquad (5-32)$$

如果其选择从事非农产业，其家庭总收益可表示为 U_2，从事非农产业的平均利润为 r，则有：

$$U_2 = K \times r \qquad (5-33)$$

资本的边际收益为：

$$MU_2 = \frac{\partial TU}{\partial K} = r \qquad (5-34)$$

因此，只有当 $MU_1 > MU_2$ 时，也就是当 $r < P \times f(K)$ 时，农业企业和种粮大户才选择投资农业而不是非农业。

三、土地流转均衡租金价格的形成及其影响因素

有需求就能产生为满足需求的供给，这种需求的满足是通过土地流转市场来实现的，农地的供给和需求表现为一种交换关系，调节这种交换的市场信号就是土地流转价格，即租金。

已有的研究表明，要使流转能够正常运转，必须保证租入土地的农民有利可图，租出土地农民有基本生活保障或者补偿（初玉岗，2001）。索维利（Villy Sogard，1993）对 1964~1990 年丹麦的农村土地市场进行调查，发现农村的土地价格对农村土地市场具有引导作用，具体表现为三个方面：一是由于农户对未来土地价格的期望值很高，致使农户一直持有土地，导致土地的供给减少；二是在市场竞争下，当土地价格达到大多数农户的愿意交易的土地价格水平时，农户的趋同性导致土地的供给大量增加，逐渐使土地市场趋于供需平衡；三是伴随农户对土地价格期望值的下跌，这种供需平衡状态将不会保持，导致土地的市场价格不断下降，但农户为了减少损失，或由于市场价格过低，农户就会选择继续持有土地。此时，土地市场的供给量减少，土地市场价格也逐渐趋于稳定。

根据市场经济理论，价格机制是市场机制的核心。市场竞争下，土地流转租金的形成受土地供求关系的影响，供不应求时，土地流转价格上涨，供过于求时，土地流转价格下降。因此，土地流转价格在农户土地流转决策中起着非常重要的作用。

参与土地流转的主体众多，根据宁夏银北地区土地流转的现状和特点，我们发现以下主体在土地流转活动中比较活跃：一是拥有承包经营权的农户；二是农业企业；三是种粮大户。不同对象之间的交易，在土地流转的期限、价格、是否签订流转合同和土地流转发生后是否发生纠纷等均存在很大的差异。

价格机制作为市场机制的核心，在土地流转中发挥了重要的作用，尤其在大规模长期限租赁土地的活动中起到了至关重要的作用。由于土地流转中只涉及农地使用权的流转，农地用途不发生改变。因此，土地流转的价格实质上就是一定年限内农地使用权的收益价格。在市场经济条件下，土地流转价格是实现土地资源优化配置的调节工具。影响土地流转价格

的因素可以划分为自然因素、经济社会因素和制度政策因素三大类，如图 5 - 5 所示。

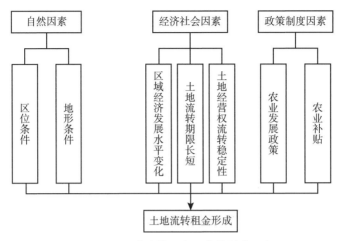

图 5 - 5 土地流转租金形成的影响因素

（一）自然因素

影响农村土地生产能力的各种自然因素，包括区位条件和地形条件。

1. 区位条件

农业的区位选择必须考虑多种因素，其中包括：自然资源、地理位置，以及劳动力数量与质量、科技、政策等方面。所谓区位优势，是一个综合性概念，单项优势通常不能形成区位优势。一个地区的区位优势主要就是由自然资源、劳动力、地理位置、交通运输等决定。在一定条件不变的情况下，一个地区越接近中心城市，交通干线越发达，人口密度越大，土地流转租金越高；反之则越低。

2. 地形条件

影响土地生产力的直接自然因素主要包括气候、水源、土壤、地形等。其中，光热条件与农作物的分布、复种制度和产量关系最为密切。水源，年降水量少于 250 毫米的干旱地区，灌溉水源是决定性因素；湿润半湿润地区是农作物稳产高产的保证。光、热、温等气候条件直接影响土地的产值，进而影响了土地等级。土地等级不同，其经营收益不同，使土地价格存在差异性。土壤因素包含土壤质地、土层厚度、有机质含量、盐渍化程度等是影响土地质量的一个重要因素，土壤作物生长的物质基础，直接影响土地价格的评估。坡向、坡度、高度影响地形，不同的地形区，适宜发展不同类型的农业；不同的地形区有不同的种植方式。同等条件下坡向、坡度、高度等地形条件好的土地，流转租金也就相对高一些。

（二）经济、社会因素

1. 区域经济发展水平的变化对租金的影响

一般来说，区域经济发展水平越高的地区，人的生活水平越高，通常对土地产品需求的种类就多，对土地的需求量较大，土地流转租金会较高；区域经济发展水平越低的地区，人的生活水平越低，通常对土地产品需求种类单一，而以"温饱"为主，对土地的需求量较少，土地流转租金会较低[①]。因此，经济发达地区比经济落后地区土地流转租金水平要高很多。如图5-6所示，假定在生活水平比较低下的情况下，对土地的需求曲线为D_1，供给曲线为S，均衡数量为Q_1，均衡价格为P_1。随着经济的发展和人们生活水平的提高，需求曲线则从D_1右移到D_2，均衡价格从P_1上升为P_2，均衡数量从Q_1上升为Q_2。

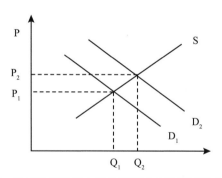

图5-6　区域经济发展水平的变化对土地流转租金的影响

2. 流转期限的长短对租金的影响

由于农业具有靠天吃饭的属性，从事农业的风险较高，见效慢，拥有长期的土地使用权是收回投资的必要保障。土地流转期限越长，表明转入者对土地未来收益的预期越高，也就是说未来转入土地的收益要大于转入土地所支付的成本。土地流转期限越长，土地租金越高，流转期限长短之

---

① 刘书楷：《土地经济学》，中国农业出版社2000年版。

间的价格差可以看成是一种"风险贴水"①。也就是说，由于流转期限越长，对未来的不确定性就越高。

　　目前，在我国农村社会保障体系还没有完全建立起来的情况下，农民一旦非农就业不畅，耕种自家的承包地是其最后的保障。而一旦订立了长期而有效的合同，土地资源就不再对价格信号有任何反应。这就限制了签约各方对未来事件的变动作出反应。比如，如果将来价格、数量等有所变动。当租期为 1 期时，供给方对租金的要求即等于当期农户来自土地的收入，当租期为 n 期时，来自土地的收入加上 n－1 年间失去其他收入来源的风险补偿金即为供给方的租金要求。因此，流转期限越长，供给者就越少，也就是供给曲线向左移。如图 5－7 所示，假设初始流转年限很短，对土地的需求曲线为 D，供给曲线为 S_1，均衡价格为 P_1，均衡数量为 Q_1。一旦转入者希望提高转入年限，则供给曲线向左移动至 S_2，均衡价格从 P_1 上升为 P_2，均衡数量从 Q_1 减少为 Q_2。

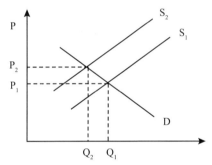

图 5－7　流转的期限长短对土地流转租金的影响

3. 土地经营权流转的稳定性对租金的影响

　　在农村家庭联产承包责任制下，众多学者对土地经营权的稳定性与土地使用者的投资积极性进行了研究，大多认为土地经营权流转的不稳定对于土地使用者的投资激励存在一定负面影响。阿尔奇安和丹塞茨（Alchian and Deinsetz，1973）的研究认为土地使用者对土地进行长期投资的关键是要保证其土地承包经营权的稳定性。龚和刘（Kung and Liu，1996）从农户的制度偏好展开研究，认为之前已经发生的土地调整和今后土地发生调整的可能性共同决定了土地承包经营权的稳定性。土地承包经营权受到的

---

① 贺振华：《农村土地流转的效率分析》，载于《改革》2003 年第 4 期，第 87～92 页。

限制越多，使土地使用人对土地的投资激励减弱，相应地降低了土地承包经营权流转的稳定性[①]。土地承包经营权流转的稳定性只影响对土地的中、长期投入，即超多一年以上对土地的投入，如土地使用者为改善生产条件，提高土地的生产力而对土地的灌溉、排水、平整等进行投资改善。

土地承包经营权的稳定性影响土地流转的需求数量，间接对租金产生影响。土地流转合同，是维护土地流入方经营权稳定性的一个重要保障。对于土地的流入方而言，如果其拥有的土地使用权能保证其流转的稳定性，他们为获取土地更高的使用价值，就能够增加其对土地的经营投资，积极地去改善土地。同时，土地方流入方为得到稳定的土地使用权，也会相应地增加土地的需求。如图 5 - 8 所示，假定尚未签订土地流转合同前，对土地的需求曲线为 D_1，土地的供给曲线为 S，形成的均衡数量为 Q，均衡价格为 P_1。一旦流转双方都愿意签订书面流转合同后，需求曲线则从 D_1 右移到 D_2，此时，均衡价格也从 P_1 上升为 P_2，均衡数量从 Q_1 上升为 Q_2。

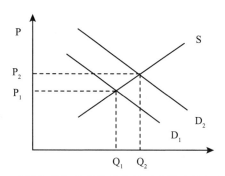

图 5 - 8　土地经营权流转的稳定性对土地流转租金的影响

（三）制度、政策因素

1996 ~ 2003 年，粮食零售价格指数持续走低，农产品价格整体下降，而农业税费负担很重，从事农业生产的利润很低，农地抛荒现象严重。在这种情况下，土地流转价格很低，甚至存在"负价格"的现象。但是2004 年后，国家逐步取消了农业税费，并且对种植粮食给予补贴。随着国家宏观政策的调整，农民负担减轻，粮食价格回升。此时，部分已经转出

①　Alchian A A, Demsetz H. The property right paradigm. The journal of economic history, 1973, 33（01）：16 - 27.

土地的农户要求收回自家的承包地，而另外一部分农户则要求租金上涨，并以"退租"作为威胁的手段。因此，土地流转的供给将会减少。另外，从 2004~2014 年，中共中央、国务院就"三农"问题连发 11 个"一号文件"，鼓励发展土地的适度规模经营，逐步加大农业补贴。如图 5-9 所示，假定在国家宏观政策调整之前，土地流转的供给曲线为 S_1，需求曲线为 D，土地流转的均衡价格为 P_1，均衡数量为 Q_1；国家宏观政策进行调整后，农地的供给曲线从 S_2 向左移动到 S_1，均衡价格则从 P_1 上升到了 P_2，均衡数量则从 Q_1 减少到 Q_2。

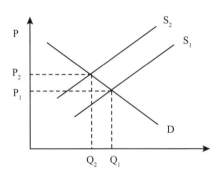

图 5-9　国家宏观政策调整对土地流转租金的影响

四、土地流转中租金增长分析

在市场经济条件下，农村土地流转的租金主要由市场决定。但是，根据土地流转的实际情况发现：当前土地流转的流转期限一般 3~5 年，甚至更长，有的到国家二轮土地承包结束（2027 年）。而土地流转中约定的租金则是以签订合同当年的市场价格和物价水平制定的，所以由于物价水平的波动，通货膨胀率对货币租金量会产生影响，土地流转租金应设置一定的增长空间。也就是说土地流转中的出租方将会根据通货膨胀率适时调整货币租金量。

对租金增长水平的测算方法主要包括：按照事物折价的方法测算、按照物价增长水平测算及利用混合时间序列模型进行预测。在这三种测算方法中，实物折价的方法最具有适用性，因为土地最基本的功能是粮食生产。实物折价法下，流转的租金等同于能够买到相对数量的粮食。同时，为了避免风险，在确定土地流转租金时，应锁定当地主要粮食作物的产量，而且粮食亩产量每年应该有所不同，在正常情况下，随着科技水平的提高和农业的发展，单位粮食亩产量应该不断增长。同时应把粮食价格的变化考虑进去，按照实物折价的方式计算土地流转的租金，使农户分享土地规模化经营带来的收入增长。同时，在粮食上涨的情况下，分享农业收入的增长，降低出租土地农户的生活成本。按照物价增长水平的测算方法，要调查近五年的农业生产价格、粮食价格及相关价格指数，计算起来较为复杂。利用混合时间序列模型进行测算是构建租金增长关于时间的函数与粮食产量、粮食价格相关影响因素约束条件下的混合序列模型。

土地流转租金的增长问题作为租金形成中的重要部分，需要更加深入的研究，而本书的研究不侧重这部分的研究，同时由于笔者的研究水平和研究周期问题，对这部分内容只在此提出，以保证研究内容的完整，这部分的研究留待接下来进行专门深入研究。

价格机制作为市场机制的核心，在土地流转中发挥了重要的作用，尤其在大规模长期限租赁土地的活动中起到了至关重要的作用。土地流转租金的形成是市场化行为，农户和种粮大户根据自身的效用决定土地的转入转出行为。在市场经济条件下，租金是实现土地资源优化配置的调节工具。自然因素、经济社会因素和制度政策因素分别影响着租金的形成，其中区域经济发展水平的变化、土地流转期限的长短、农地承包经营权流转的稳定性、农业补贴政策均影响土地流转的供给与需求，进而影响均衡价格的确定。

第五节　政府干预下的租金补偿分析

政府出台有关土地流转政策的目标主要在于：一是促进土地规模化经营；二是在土地流转中保障农民权益，使农民在规模经济的收益中能实现收入的增长；三是在土地流转过程中，鼓励粮食生产、保障国家的粮食安全。在市场化条件下，若出租农户和承租种粮大户从自身成本收益角度和供需状况出发，形成的市场化租金水平不能保证实现上述目标时，政府就会参与到土地流转租金的形成过程中。

一、租金补偿过程中的行为主体

在租金补偿过程中，参与主体从自身效用最大化的角度出发，寻求最有利于自身的行动策略。本书中行为主体包括政府、出租农户和承租种粮大户。三方在土地流转过程中，通过租金水平实现各自利益的最大化水平。

(一) 出租农户

农户是土地流转中的土地经营权的供给方，土地流转租金是农户的收益。农户在土地流转过程中占据着非常重要的地位。土地是农民赖以生存的基础，以家庭联产承包责任制为基础，我国农村土地归集体所有，农民享有承包地的承包权、经营权。土地流转过程中，农户出租土地承包经营权，获得租金收益。农户之所以愿意出租土地承包经营权，是因为以下两个方面的原因：

第一，伴随农业生产成本的不断提高，农业收益却在不断下降。我国农业以家庭为单位进行生产，导致农业基础设施落后，生产效率低下，农户从农业生产中获得的收益越来越低，更多的农民愿意放弃土地种植，转向收益较高的其他行业。

第二，农户自身素质的提高，使其倾向选择一些专业技能要求较低的技术岗位。由于农民知识水平的普遍提高，大多数农民都能够从事简单的非农生产行业，而获得较高的收益水平。农户从自身利益最大化角度出发，会逐渐脱离农业生产。

但是，在土地流转过程中，大多数农户是土地经营权的供给方，但是也会有一小部分农户成为土地经营权的需求方，是本书在研究租金补偿机制中的第二个行为主体，即承租种粮大户。

(二) 承租种粮大户

承租种粮大户是土地流转过程中的土地流入方，是土地经营权的需求方。承租种粮大户通过土地流转，实现种植的规模化，取得规模化经营效益。承租种粮大户作为"经济人"，他的目的也是为了实现自身收益的最大化，这就使得他的生产行为发生以下变化：

第一，由于种植粮食作物的投入成本高，但是收益率较低，与种植粮食作物相比，承租种粮大户会倾向选择种植收益率较高的非粮作物，以获得更多的收益。例如，在宁夏银北地区土地流转的县中，更多的承租种粮大户流转到土地后开始种植西红柿、芹菜等经济效益更高的作物，这一"非粮化"生产行为严重影响我国的粮食安全。

第二，由于农业生产的自然风险和市场风险，承租种粮大户在经营过程中，收益风险较高，而种粮收益又较低，从规避风险的角度，承租种粮大户不会选择种粮。所谓自然风险是由于发生自然灾害造成产量大幅度减产甚至绝收的风险；所谓市场风险是由于价格变动，导致产量稳定时出现的收益降低风险。

基于以上两个方面的考虑，承租种粮大户在选择流转土地时，为了更多的收益，考虑风险的情况下，他们更倾向不种植粮食，为了稳定粮食生产，降低承租种粮大户的成本，就需要政府介入土地流转租金的形成过程中，从保障国家粮食安全的基本点出发，保障出租农户和承租种粮大户的双重利益。

（三）政府

政府作为土地流转政策的制定者，在土地流转过程中，政府出台有关土地流转政策的目标主要在于：一是促进农地规模化经营；二是在土地流转中保障农民权益，使农民在规模经济的收益中能实现收入的增长；三是在土地流转过程中，鼓励粮食生产、保障国家的粮食安全。此处假定中央政府与地方政府的土地流转目标是一致的。基于上述政府的三个目标，政府在土地流转过程中需要解决好以下三个问题：

第一，当粮食价格上涨时，则承租种粮大户支付给农户的货币租金实际贬值，就会损害农民的租金收益；这时需要政府对农户进行收益补贴。

第二，当粮食价格下降时以及因为自然灾害造成粮食减产等情况时，承租种粮大户亏损，影响承租种粮大户的种粮积极性，甚至会出现退回已承租的土地，这时需要政府对承租种粮大户进行亏损补贴。

第三，为了鼓励承租种粮大户实行规模化经营，需要对承租种粮大户进行规模化补贴。

二、租金补偿过程的模型设定

（一）前提条件

为了研究在政府参与下的土地流转租金的补偿过程，以满足研究的需要，本书在进行博弈分析前，进行了如下假设：

第一，假设转出与转入双方都是"理性经济人"，其参与土地流转的目的是最大化各自效用；

第二，政府作为土地流转政策的制定者，充分尊重出租农户和承租种粮大户的各自意愿；

第三，政府作为理性人，并不干预市场形成机制；

第四，承租种粮大户的种粮收益为 U_1，种植非粮经济作物的收益为 U_2，且 $U_2 > U_1$；

第五，假设出租农户和承租种粮大户已经达成了租赁协议；本部分只研究在此基础上如何实现三方的利益最大化；

第六，政府现有补贴根据"谁种粮谁收益"原则，将现有国家补贴计算到承租种粮大户的收益当中，并根据此收益计算了自己的租金成本。

（二）模型设定

第一，参与人。在此博弈模型中，设定土地流转出租农户、承租种粮大户和政府为参与人。

第二，行动。出租农户，作为转出方的出租农户有两种行动可供选择，即 A_1（出租，不出租）；承租种粮大户，作为转入方的承租种粮大户有两种行动可供选择，即 A_2（租入，不租入），在选择租入时，承租种粮大户仍然会有两种选择，即 A_{22}（种粮，种植非粮作物）；对于政府来说，有三种行动 A_3（补贴出租农户、补贴承租种粮大户，不补贴）。

第三，战略。在静态博弈下，出租农户和承租种粮大户同时行动，没有任何人能获得他人行动的信息，从而战略选择便成为简单的行动选择。对于政府来说，政府的补贴是滞后的行为。在本书中，出租农户、承租种粮大户和政府三方自主进行选择自己利益最大化的行动。

第四，效用。出租农户、承租种粮大户各自的效用是由在土地流转过程中的收益和各项成本支出所决定的，而国家的效用则是为了在保证出租农户收入稳定增长的同时，激励承租种粮大户的种粮积极性，保障国家粮食安全。具体地，三方的效用为：

出租农户的效用：在流转过程中，出租农户获得的收益由两方面构成：一个是土地流转租金收入 R_{11}，另一个是他从事其他行业的收入为 R_{12}，他的总收益 $TR_1 = R_{11} + R_{12}$。他的总收益 $TR_1 \geq y^*$ 时（y^* 是出租农户自己种植粮食时的纯收益），出租农户才会选择出租土地。当粮食价格上涨时，出租农户实际得到的租金水平为 r_1，$r_1 < R_{12}$，则出租农户的总收益变成：

$$TR_1 = R_{11} + r_1$$

而在此时，会出现如下收益关系：

$$TR_1 > Tr_1 > y^*$$

在这种情况下，出租农户的收益会受损，不利于农民的收入稳定增长，需要政府补偿农民的租金收入。

承租种粮大户的效用：承租种粮大户的效益有两种：一种是种植粮食作物时的收益 $U_1 = TR_2$，另一种是种植非粮经济作物的收益为 U_2。

（1）当承租种粮大户租入土地种植粮食时，承租种粮大户获得的收益为种植粮食的收益 R_{21} 和国家的种粮补贴 R_{22}，其中：

$$R_{21} = np \times Q - n \times \sum_{i=1}^{9} C_i - nR$$

$$R_{22} = ns$$

则承租种粮大户此时的总收益为 $TR_2 = R_{21} + R_{22}$。他的总收益 $TR_2 \geqslant C$ 时（C 为承租种粮大户种粮的各种成本之和时），他才会种植粮食。当粮食价格下跌和自然灾害时，承租种粮大户获得的种植粮食的收益变成 r_2，此时承租种粮大户的总收益变成 $Tr_2 = r_2 + R_{22}$。

则：$C < Tr_2 < TR_2$；

此时承租种粮大户的利益受到损害，需要政府对承租种粮大户进行风险补贴，刺激承租种粮大户的种粮积极性，保障国家粮食安全。

（2）承租种粮大户租入土地种植非粮作物时：种植非粮经济作物的收益为 U_2。

当 $U_2 \geqslant TR_2$ 时，承租种粮大户会选择种植非粮作物，此时 $U_2 = TR_2 + r_3$。r_3 是种非粮作物与种植粮食作物的收益差。在这种情况下会影响国家粮食安全，需要政府对承租种粮大户进行规模化经营补贴，保障国家粮食安全。

政府的效用：政府的效用由三个方面构成：一是保障农民权益 R_{31}，二是促进农地规模化经营 R_{32}，三是保障国家粮食安全 R_{33}。若政府的总效用为 TR_3，则政府的总收益为 $TR_3 = R_{31} + R_{32} + R_{33}$。政府为了实现上述三个目标，会倾向选择与出租农户联合，或倾向选择与承租种粮大户联合。

三、博弈过程

（一）政府对出租农户的租金补偿分析

当粮食价格上涨，出租农户所得到的货币租金实际贬值；在发生这种情况时出租农户亏损，政府为了实现保障农民权益 R_{31} 和促进农地规模化经营 R_{32} 的目标，政府会选择与出租农户联合，会对出租农户进行价格补贴，鼓励农民出租土地，补贴金额为 P_1。此时，根据前提假设，出租农户的行动为出租，承租种粮大户的行动为租入，而政府的行动可以采取补贴或不补贴两种，具体如图 5-10 所示。

<table>
<tr><td rowspan="3"></td><td rowspan="3"></td><td colspan="4">承租种粮大户</td></tr>
<tr><td colspan="2">政府补贴出租农户</td><td colspan="2">政府不补贴出租农户</td></tr>
</table>

		承租种粮大户			
		政府补贴出租农户		政府不补贴出租农户	
出租农户	政府补贴出租农户	TR_1	TR_2+0	TR_1	TR_2
	政府不补贴出租农户	Tr_1	TR_2+0	Tr_1	TR_2

图 5-10　政府对出租农户租金补偿的博弈

从博弈模型分析，若政府不对出租农户进行补贴，则出租农户效益为 Tr_1，承租种粮大户的效益为 TR_2，政府的效益为 R_{33}。此时，出租农户的总收益小于出租农户应该得到的实际收益，而此时的政府也没有实现利益最大化。三方的总收益则为：

$$TR_N = Tr_1 + TR_2 + R_{33}$$

若政府对出租农户进行补贴时，出租农户的效益为 TR_1，承租种粮大户的效益为 TR_2，政府通过补贴能够实现自己的最大效益即 TR_3，此时，三方的总收益为：

$$TR_N^* = TR_1 + TR_2 + TR_3$$

则 $TR_N^* > TR_N$。

由 $TR_N^* > TR_N$ 可知，政府对出租农户进行补贴的总效益大于不补贴，当政府进行补贴时，三方的利益能够实现最大化。

为了能够实现三方效用最大化，政府对出租农户补贴。补贴的标准就是要使出租农户在粮食价格上涨的时候得到的实际收益与之前的收益相等，即：

$$TR_1 = Tr_1 + P_1$$

其中，P_1 为政府对出租农户的补贴金额。

在此时，通过政府补贴，会实现出租农户的收益达到 TR_1，种粮大户的效益 TR_2，政府的最大效益即 TR_3，而对于 P_1 的标准测算，可以通过当地的物价指数进行计算。

（二）政府对承租种粮大户的风险补偿分析

当市场价格下降时或者由于自然灾害造成减产时，承租种粮大户亏损，此时政府与承租种粮大户联合。为了促进农地规模化经营 R_{32} 和保障国家粮食安全 R_{33} 的目标会对承租种粮大户进行补贴，鼓励承租种粮大户进行粮食生产，保障国家粮食安全。根据假设，出租农户的行为是出租，承租种粮大户的行为是租种土地，而政府的行为分为补贴承租种粮大户和不补贴承租种粮大户。具体如图 5-11 所示。

		承租种粮大户	
		政府补贴 承租种粮大户	政府不补贴 承租种粮大户
出租农户	政府补贴承租种粮大户	TR_1+0 $\quad$ TR_2	TR_1+0 $\quad$ Tr_2
	政府不补贴承租种粮大户	TR_1 $\quad$ TR_2	TR_1 $\quad$ Tr_2

图 5-11 政府对承租种粮大户风险补偿博弈

从博弈模型来看，若政府不对承租种粮大户进行风险补贴的时候，出租农户的收益为 TR_1，承租种粮大户的收益为 Tr_2，政府的效益为 R_{31}。此时承租种粮大户的收益小于应该得到的实际收益，而此时政府也没有实现利益的最大化，三方的总收益为：

$$TR_Z = TR_1 + Tr_2 + R_{31}$$

若政府对承租种粮大户进行风险补贴的时候，出租农户的收益为 TR_1，承租种粮大户的收益为 TR_2，政府的效益为 TR_3；此时三方的总收益为：

$$TR_Z^* = TR_1 + TR_2 + TR_3$$

则 $TR_Z^* > TR_Z$。

由 $TR_Z^* > TR_Z$ 可知，政府对承租种粮大户进行补贴的总效益大于不补贴，当政府进行补贴时，三方的利益能够实现最大化。

为了能够实现三方效用最大化，政府对承租种粮大户进行补贴。补贴的标准就是承租种粮大户在粮食价格下跌和出现自然灾害减产的时候得到的实际收益与之前的收益相等，即：

$$TR_2 = Tr_2 + P_2$$

其中，P_2 为政府对承租种粮大户的补贴金额。

在此时，通过政府补贴，会实现出租农户的收益达到 TR_1，种粮大户

的效益 TR_2，政府的最大效益即 TR_3，而对于 P_2 的标准测算，可以参考以下标准：一是，以承租种粮大户的保租点（或称保本点）为标准，以承租种粮大户的成本测算为依据，测算亏损补贴。二是，根据以前年度平均收益为标准，计算风险补贴。可以用近三年的年度平均收益，以主要粮食作物水稻和小麦的平均亩产收益，同时考虑物价变动情况作为标准。三是，以农业种植平均利润为标准，计算风险补贴标准。农业种植平均利润以当年宁夏引黄灌区主要粮食作物水稻和小麦的平均亩产利润为标准。

同时，我们分析发现，当政府因为风险对出租农户和承租种粮大户进行补贴时，三方都能达到效益的最大化水平，而且进行补贴时的总效益是相等的。即：

$$TR_N^* = TR_Z^* = TR_1 + TR_2 + TR_3$$

（三）政府对承租种粮大户的规模化经营补贴分析

当承租种粮大户为了追求更高利益，种植非粮经济作物时，政府为了保障国家粮食安全（R_{33}），会与承租种粮大户联合。根据假设条件，出租农户的行动只有出租，承租种粮大户的行动在租种土地的前提下有两种行动（种植粮食、种植非粮经济作物），政府的行动有（补贴，不补贴），P_3 为政府补贴金额，具体如图 5 – 12 所示。

		承租种粮大户			
		种粮		种植非粮经济作物	
政府	补贴承租种粮大户	TR_3	TR_2+P_3	(R_{31},R_{32})	R_2+P_3
	不补贴承租种粮大户	(R_{31},R_{32})	TR_2	(R_{31},R_{32})	U_2

图 5 – 12 政府对承租种粮大户规模化经营补贴博弈图

从博弈模型来看，若政府不对承租种粮大户进行规模化经营补贴，承租种粮大户会种植非粮经济作物。此时出租农户的收益为 TR_1，承租种粮大户的收益为 U_2，政府的收益为 $R_{31} + R_{32}$，政府不能实现保障国家粮食安全的目的（R_{33}），此时三方收益为：

$$TR_G = TR_1 + U_2 + R_{31} + R_{32}$$

政府为了保障国家粮食安全，必然会对承租种粮大户进行规模化经营补贴，使自己的收益达到 TR_3；此时出租农户的收益为 TR_1，承租种粮大户的收益为 $TR_2 + P_3$，三方收益为：

$$TR_G^* = TR_1 + TR_2 + TR_3 + P_3$$

为了实现 $TR_G^* \geq TR_G$，并且政府能够实现收益达到 TR_3，政府需要对承租种粮大户进行规模化经营补贴。补贴金额 P_3 应该满足下列条件：

$$TR_2 + P_3 \geq U_2$$

若政府的补贴标准达不到以上条件，承租种粮大户在得到 P_3 的补贴金额后，仍然会种植非粮经济作物，不能够实现政府保障国家粮食安全的目的。

经过以上分析，为了实现利益最大化目标，政府必须对承租种粮大户进行规模化经营补贴，实现 $TR_2 + P_3 \geq U_2$，此时才能实现政府效益达到 TR_3，而此时的承租种粮大户效益为 $TR_2 + P_3$，高于了承租种粮大户种植非粮经济作物的收益 U_2。

而对于 P_3 测算，可以根据当地种植经济作物的平均收益和种植粮食时的平均收益之差测算补贴标准。

在市场化形成的租金水平之上，当出现粮食价格上涨造成出租农户利益受损、粮食价格下跌和自然风险造成的减产以及出现非粮化现象时，政府的补贴机制需要发挥作用，形成对市场化流转租金形成机制的补偿机制。

第一，当粮食价格上涨时，出租农户实际得到的租金水平低于应该得到的租金水平，政府需要对出租农户进行补贴，使得 $TR_1 = Tr_1 + P_1$。

第二，当粮食价格上涨或者出现生产风险时，承租种粮大户亏损，政府需要对承租种粮大户进行补贴，达到 $TR_2 = Tr_2 + P_2$。

第三，为了鼓励粮食种植，减少非农化，政府对承租种粮大户的补贴 $TR_2 + P_3 \geq U_3$。

第六节　结论及建议

伴随着农业经济发展和产业结构升级，适度规模化经营必将取代家庭联产承包责任制，而农村土地经营权流转是实现农业规模化经营的主要途径。本章本着实现促进土地规模化经营、保障农民收入增长、鼓励粮食生产、保证国家粮食安全等政策的目标，以宁夏这一商品粮基地为研究区域，以土地流转后粮食种植为研究对象，以土地流转中出租农户、承租种粮大户以及政府为利益相关体，探索土地流转中科学合理的租金形成机制。具体研究目标如下：

一是保护耕地，杜绝土地流转后的"非粮化"现象。在土地承包经营权流转过程中，必须以保证国家粮食安全为目标，才能确保耕地用途不发生转变，安心种植粮食作物。

二是采取多种政策，形成合力，提高并稳定农业收益。从国家层面上看，要保证社会稳定、国家粮食安全，就要让农民或者土地流入方获得最大的利益，且国家应该逐年提高粮食收购价格和粮食保护价水平，增加惠农补贴。

三是以土地流转市场为载体，构建土地流转价格体系。要实现流转土地按价值规律合理流转，必须以土地流转市场为载体，构建合理、高效的土地流转价格体系。按照价值规律，考虑市场相关波动因素，确定合理的土地承包经营权流转价格，使土地流转市场朝着健康、持续、有序的方向发展。

根据上述研究目标，本章的研究内容表现为以下几个方面：

第一，农村土地流转租金是土地经营权的价格，是其凭借土地经营权获取土地收益的表现形式。在土地流转租金体系中，按照租金的评估目的，可分为市场化租金和政策性租金；按照流转模式来分，土地转包租金、土地出租租金、土地入股租金共同构成了土地流转租金体系。对于土地流转过程中的租金实现形式，根据目前的土地流转实践情况，划分为现金形式、实物形式、股权形式及其他形式，同时将土地流转的租金模式划分为固定租金模式和浮动租金模式。其中，固定租金模式不能规避农产品的价格风险，不利于保护流转双方的利益；浮动租金模式在粮食价格上涨的情况下，出租土地的农户既可以分享农业收入的增长，又可以降低出租土地农户的生活成本，保护了农户的收益。

第二，价格机制作为市场机制的核心，在土地流转中发挥了重要的作用，尤其在大规模长期限的租赁土地的活动中起到了至关重要的作用。土地流转租金的形成是市场化行为，在市场竞争条件下，出租农户与承租农户根据自身的土地经营成本—收益测算种粮收益，形成土地流转租金的基准水平，具体结论见第三章。

另外，在市场经济条件下，租金是实现土地资源优化配置的调节工具。成本—收益方法测算的是土地流转的基准租金。但是，实践中自然因素、经济社会因素和制度政策因素分别影响着租金的形成，其中区域经济发展水平的变化、土地流转期限的长短、土地承包经营权流转的稳定性、农业补贴政策均影响土地流转的供给与需求，进而影响均衡价格的确定。

具体表现为：一是在一定条件不变的情况下，一个地区地形条件越好，越接近中心城市，交通干线越发达，人口密度越大，土地流转租金越高，反之则越低；二是在一定条件不变的情况下，区域经济发展水平越高、土地承包经营权越稳定的地区，土地的需求量越大，土地流转的租金越高，反之则越低；三是在一定条件不变的情况下，土地流转的期限越长、惠农政策调整频率越高，土地的供给量越少，土地流转的租金越高，反之则越低。

第三，在市场化形成的租金水平之上，当出现粮食价格上涨造成出租农户利益受损、粮食价格下跌和自然风险造成的减产以及出现非粮化现象时，政府的补贴机制需要发挥作用，形成对市场化流转租金形成机制的补偿机制。具体表现为三个方面：一是当粮食价格上涨时，出租农户实际得到的租金水平低于应该得到的租金水平，政府需要对出租农户进行补贴，使得 $TR_1 = Tr_1 + P_1$；二是当粮食价格上涨或者出现生产风险时，承租种粮大户亏损，政府需要对承租种粮大户进行补贴，达到 $TR_2 = Tr_2 + P_2$；三是为了鼓励粮食种植，减少非农化，政府对承租种粮大户补贴，使 $TR_2 + P_3 \geq U_3$。

基于上述研究角度与研究内容，本章在分析市场化条件下由成本—收益和供需影响的租金水平基础上，对土地流转租金的补偿机制进行了分析，分析了政府为实现既定目标，形成了以市场化为主导，政府参与的租金形成机制。土地流转租金形成机制包括两部分：一是土地流转租金的市场化形成机制，二是政府对租金的补偿机制。因此，本书构建的土地流转租金形成机制包括租金的市场化决定和政府干预两部分，形成过程主要分为以下三步，如图 5 – 13 所示。

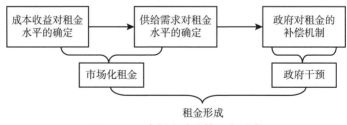

图 5 – 13　农村土地流转租金形成

第一步：农户和承租种粮大户根据自身的成本—收益测算基准租金水平。实现初步能够达成租赁协议的租金水平；

第二步：在第一步的基础上，农户和承租种粮大户根据自身的供需状况对成本—收益形成的基准租金水平进行调整，得到最终市场化影响下的租金水平；

第三步：当市场化形成的租金水平在出现价格风险不能保障各方利益时，政府对各方损失进行补贴。政府的补贴包括对农户的补贴，对承租种粮大户的风险补贴和对承租种粮大户的规模化经营补贴。

具体来讲，租金形成机制包括以下内容：

第一，市场主导土地流转租金的形成过程。土地流转租金形成的基础是市场化行为，农户和承租种粮大户根据自身的成本收益和供需因素，形成了能够实现土地租赁的市场化租金水平。这个过程中，农户和承租种粮大户作为理性经济人，在追求利益最大化的过程中，会出现不能够实现整个社会效用最大化的决策，这时需要政府干预。

第二，政府对租金的补偿机制是土地流转租金的补充部分。政府不能够决定土地流转租金水平，政府对土地流转租金的补偿建立在尊重市场的基础上，以保障农户和承租种粮大户的利益，保证国家粮食安全为目的的租金形成的补充部分。政府需要通过本地区的物价水平、农业种植平均收益、非粮经济作物平均收益、粮食种植平均收益等指标，测算农户、承租种粮大户的亏损情况，以及能够达到激励承租种粮大户规模化种植粮食积极性的补贴标准。这就需要建立一个第三方专业的中介组织，来评估本地区的各项指标体系。

第三，组建一个能够实时发布土地流转情况、农产品及农资价格、地区粮食产量、地区物价指数及各种农业种植收益等相关数据的第三方平台，是土地流转租金形成的关键。一方面，市场化情况下农户和承租种粮大户的信息不对称，租金水平可能不能够完全反映土地流转的供需状况；另一方面，政府对租金的补偿机制，需要建立在一整套完整的数据之上，而测算工作需要一个专业化的与土地流转租金形成的各方利益体的组成的第三方评估机构来进行。

第六章

土地流转对农户家庭收入的影响

第一节 农村土地信用合作社对农户家庭收入的影响分析

本节主要包括三部分：第一部分简单分析了土地流转与农户收入的关系；第二部分通过数据描述参与土地信用合作社农户和未参与土地信用合作社农户的收入差异；第三部分建立模型分析土地信用合作社对农户的收入效应。

一、土地流转与农户收入的关系

我国农地流转发展迅速，形式多样，逐渐成为农民创收的重要途径之一。特别是以土地集中为特征的流转方式，与之伴随的是农业机械化和农业产业化，这明显提高了集中农地的产出效率，增加了粮食供给，进而增加了农民的收入。然而，这样的逻辑离不开粮食价格偏低和农户非农就业率较高的前提假设。在粮食价格偏低的情况下，农户种植粮食的机会成本变高，他会选择其他非农的就业方式，比如外出务工，或是自营工商业等，这样将土地流转出去，既保证了土地的地租收入，又增加了非农就业的收入；然而在粮食价格回升，农户非农就业难度加大的情况下，农户是否转出或是转入土地，则取决于农户的要素禀赋状况；而土地流转能否增加农户的收入，则需要我们做进一步的分析。

在土地流转与农户增收问题关系的研究方面，蒋文华（2001）认为，农村土地使用权的流转有利于农村的剩余劳动力向第二、第三产业转移，进而增加农民的收入。相反，彭代彦与吴扬杰于 2005 年利用全国的调查数据分析得出，中国现阶段的农地集中不是在农村劳动力充分发挥了比较优势的基础上进行的，因而农地集中对农民增收具有显著的负面效应，降低了农民的收入。同样，李功奎（2006）也认为，农地的细碎化有利于农户实行种植业的多元化经营，合理配置并充分利用农村劳动力，以维持或增加农户的种植业净收入。

其他学者对宁夏平罗县农村土地信用合作社的研究，则主要集中在理论层面的分析。邵传林（2008）从机会成本的角度出发得出农户参与土地信用社收入会得到明显增加的结论；同样，程志强（2008）从帕累托效率改进的角度分析得出土地信用合作社有利于农地流转交易市场的形成，进而促进农户禀赋要素的有效流转，增加农户收入。

而参与农村土地信用合作社是否增加了农户的收入？农户收入增长是否存在其内生机制？在农户收入内生机制存在的情况下，土地信用社对农户增收的贡献率如何？本书利用课题组于 2010 年 7 月在宁夏平罗县随机抽得的数据，对上述问题做相关的实证分析与解答。

二、数据来源与描述

（一）数据来源

本书研究的数据来自课题组 2010 年 7 月组织的调查。本次调查以问卷调查和访谈为主，对调查对象的选取，我们先通过随机抽样方法，在平罗县随机抽取了 7 个村，在 7 个村中又随机抽取了 225 户农户，当中有 97 户参与了农村土地信用社，其他的 128 户没有参与土地信用社。我们将这 97 户参与土地信用合作社的农户作为处理组（当中既有土地流入农户也有土地流出农户）；而在剩下的 128 户农户中，我们按照地理特征相近（首先选择同一个村组的农户，不足的则选择相邻村组的农户）的原则随机抽取了 97 户未参与农村土地信用合作社的农户，将其作为控制组。问卷中，对于农户的收入相关方面的数据，我们详细询问了 2005 年（平罗县 2006 年开始实行农村土地信用合作社，在这我们选择前一个年份）和 2009 年的信息，构成了一个无偏的两时期面板数据。同样，问卷中还涉及了农户的耕地面积、村庄区位因素、农业资产总值、户主受教育年限等截面数据。这些信息较为全面地反映了农户自 2005 年到 2009 年收入及相关方面变化的信息。

（二）数据描述

本章中我们主要分析参与土地信用社对农户收入的影响，这里的"农户收入"不是统计年鉴上的"家庭人均纯收入"，需要做两点说明：第一，农户是以户为单位参与土地信用社，因而，这里我们没有取人均值，只观测农户作为一个整体收入的变化；第二，我们假定农户的消费和生产性支出在该时期是既定的，这样只观察农户的总收入变化是有意义的。首先，我们比较一下两时期的收入，观察处理组与控制组增长情况。在这里，我们先按照两年的农村消费品价格指数（CPI）将数据进行处理，消除货币因素的影响，分别得到处理组 2005 年农户的平均收入为 23049.8元，2009 年农户的平均收入为 30332.5 元；控制组 2005 年农户的平均收入为 23026.9 元；2009 年农户的平均收入为 28679.9 元。我们可以建立如图 6 – 1 所示关系图。

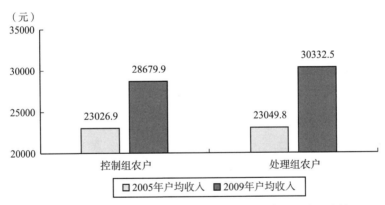

图 6 – 1　2005 年、2009 年控制组与处理组农户平均收入比较

资料来源：笔者调查所得，2010 年。

从图 6 – 1 中，我们可以看到，无论是处理组农户还是控制组农户，从 2005 年到 2009 年收入明显增加，农户收入提高的原因可能是政府减免农业税和粮食直接补贴等惠农措施，以及粮食价格上涨等因素造成的（詹和平，2008）。同样，参见图 4 – 1 我们会发现，在土地信用合作社出现之前（2005 年），控制组农户与处理组农户平均收入的差值为 22.9 元，而土地信用合作社出现之后，控制组与处理组农户平均收入的差值拉大为

1652.6 元。从数据上我们可以看出，相对于未参与土地信用社的农户而言，参与土地信用社的农户收入有着较大的提高。然而导致这种收入差异的原因是什么？为什么会有这么大的变化，我们将在下面做进一步的分析。

比较图 6-2 和图 6-3，我们不难发现，在同样的刻度下，2005 年处理组农户与控制组农户的收入相对集中在 50000 元基准线以下，而 2009 年的收入则相对分散在 50000 元基准线的两侧。这说明，4 年来无论是否参与土地信用合作社，农户的收入都发生了明显的变化。农户收入的变化受很多不确定因素的影响，比如政府政策的改变和粮食价格的上涨，我们在前面已经阐述过，如果我们能够消除掉农户收入增长的共同因素，从而能较为明显地看出收入的差异值。我们采用两时期面板数据常用的一阶差分法，做如下变换：

$$\Delta Y_{处理组} = Y_{2009年处理组农户收入} - Y_{2005年处理组农户收入}$$

$$\Delta Y_{控制组} = Y_{2009年控制组农户收入} - Y_{2005年控制组农户收入}$$

从图 6-2 与图 6-3 中，我们看到的只是收入数据的变化趋势，不能够准确地反映出处理组与控制组收入变化的大小。这时，我们引入两组收入数据的两时期差分值，再取两者所有样本农户收入差分值的算术平均数，我们便可以得到图 6-4。

从图 6-4 中，我们可以清楚地看出，处理组农户的收入差分平均值为 24476.6 元，控制组农户的收入差分平均值为 19656.9 元，依然有很大的差距。通过表 6-1，我们进一步观察控制组农户和处理组农户的各种收入之间的变化情况。

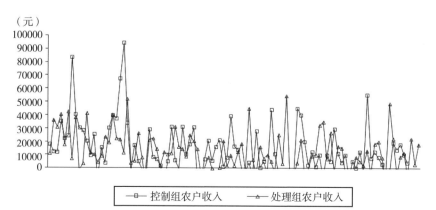

图 6-2　2005 年处理组农户与控制组农户收入的分布比较

资料来源：笔者调查所得，2010 年。

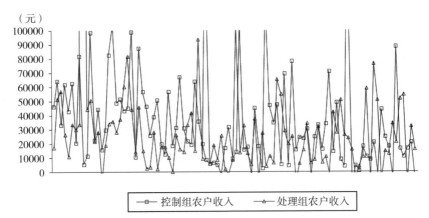

图 6 – 3   2009 年处理组农户与控制组农户收入的分布比较

资料来源：笔者调查所得，2010 年。

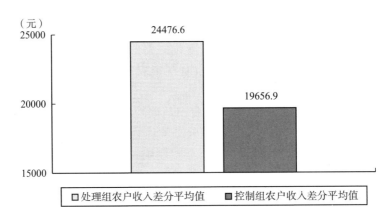

图 6 – 4   处理组农户与控制组农户收入差分平均值比较

资料来源：笔者调查所得，2010 年。

表 6 – 1   2005 年和 2009 年控制组农户和处理组农户收入比较情况　　　单位：元

项目	控制组农户		处理组农户	
	2005 年	2009 年	2005 年	2009 年
家庭总收入	22681.22	54741.45	22898.30	56324.91
	13670.26	44506.93	25967.97	117912.05
种植业收入	12060.33	18806.61	12444.62	16259.42
	7747.10	15886.98	11062.06	118667.13

项目	控制组农户		处理组农户	
	2005 年	2009 年	2005 年	2009 年
畜牧业收入	2561.16	5396.69	2553.46	4094.71
	5895.00	16574.75	7074.70	9747.30
外出务工收入	4641.17	8888.15	4354.69	9941.18
	9465.66	12936.30	10561.97	17047.28
转移性收入	290.60	3134.85	277.14	3321.93
	271.04	16912.52	214.15	1275.08

注：每一组数据上方的值是平均数；下方的值是标准差。
资料来源：笔者调查所得，2010 年。

与前面一样，从数据上我们可以很容易地判断出参与土地信用社会给农户带来收入的增加，但同样，我们也排除不了其他因素对农户收入增加的影响。因而，我们需要引入相应的计量模型，来进一步分析参与土地信用社与农户增收之间的关系。

三、变量说明与模型设定

（一）变量说明

通过前面初步的数据分析，我们可以发现农户参与土地信用社对家庭收入的增长有一定影响。但是现有研究也表明，影响农户收入的因素还有以下几类：

（1）农户基本情况，它包括户主的年龄、受教育水平和非农就业经验等信息；（2）农户经济特征，包括农户家庭的资产价值和农户非农收入的比重；（3）农户土地禀赋，包括人均土地面积和土地肥沃程度等信息。

这几类信息从不同程度上影响着农户的收入，因而需要我们做多元回归分析以控制这些自变量对农户家庭收入的影响：

$$Y_{农户收入} = f(X_i)$$
$$= f(农户基本情况，农户经济特征，农户土地禀赋，其他因素)$$

$$(6-1)$$

X_i 各因素的基本情况详情如表 6-2 所示。

表6-2   处理组与控制组农户家庭的基本情况

项目	变量	处理组农户				控制组农户			
		2005 年		2009 年		2005 年		2009 年	
		均值	方差	均值	方差	均值	方差	均值	方差
农户基本情况	户主年龄	48.40	12.16	48.98	12.24	48.56	11.17	49.13	11.26
	户主受教育程度	6.16	3.88	6.16	3.88	6.79	3.62	6.79	3.62
	是否有非农就业经验	0.78	0.41	0.82	0.32	0.55	0.50	0.86	0.31
	是否有人接受高等教育	0.11	0.32	0.14	0.23	0.09	0.29	0.12	0.35
	是否参与土地流转	0.99	0.10	0.99	0.10	0.27	0.45	0.27	0.45
	是否有自营工商业	0.07	0.26	0.12	0.24	0.09	0.29	0.09	0.29
	家庭人口总数	3.60	1.26	3.80	1.64	3.62	1.14	3.91	1.23
经济特征	家庭资产价值	69056	70500	75458	43784	56034	34695	61350	41440
	非农收入所占比重	0.31	0.35	0.56	0.24	0.27	0.30	0.28	0.31
土地禀赋	人均土地面积	0.09	0.29	0.09	0.29	5.08	3.00	5.08	3.00
	离灌溉水源平均距离	205.66	438.38	205.66	438.38	155.26	299.58	155.26	299.58

资料来源：笔者调查所得，2010 年。

（二）模型设定

通过数据描述我们已经初步得出农户参与土地信用合作社对农户增收有着明显的促进效应。但是我们无法准确量化这一数据，也无法排除收入增长的内生性问题，因而需要引入计量经济模型工具来做进一步的解释。

首先，我们来分析一下课题组所调查数据的特点。课题组得到的数据主要分为两类：处理组农户，即参与土地信用合作社的农户，97 户；控制组农户，即未参与土地信用合作社的农户，128 户。而所有农户收入方面相关的信息，则分为 2005 年和 2009 年的数据，构成一组完整的两时期面板数据。对于两时期面板数据的处理，我们采用倍差分析法，即差分掉数据之间不随时间变化的固定效应，进而通过控制变量的方法来分析带动农户收入增加的随机效应。固定效应也称为非观测效应，是指影响农户收入变化但不随时间变化的所有无法观测到的因素；随机效应又称异质效应，它是指影响农户收入变化但同时又随时间变化的所有无法观测到的因素。估计这种非观测效应面板数据模型有两种方法：一种方法是固定效应模型；另一种方法是一阶差分模型。然而，对于两期面板数据模型，固定效应估计与一阶差分估计的估计参数和效率是完全一样的（Wooldridge，

2002）。本书拟采用一阶差分模型对两时期面板数据进行估计。

假设有一个随机农户样本，Y_{it} 是 t 时期第 i 个农户的种植业收入、畜牧业收入、外出务工收入和年总收入等变量。T = 0，即在 2005 年，所有农户均未参加农村土地信用社；而 T = 1，即在 2009 年时，控制组农户依然没有参加农村土地信用社，而干预组农户则参与了农村土地信用社；同时假设 N_i 表示第 i 个农户是否参与土地信用社的 0 ~ 1 变量。研究采用的非观测效应综列数据模型如下：

$$Y_{it} = \beta_0 + \beta_1 T_t + \delta A_i + \beta_2 T_t A_i + \beta_3 X_{it} + \mu_{it} \qquad (6-2)$$

其中，i 表示第 i 个农户，T_t 是一个二值变量，1 表示土地流转前，0 表示土地流转后；A_i 也是一个二值变量，1 表示处理组农户，0 表示控制组农户；X_{it} 则表示影响农户收入的一系列的控制变量，如户主年龄、受教育年限等；μ_{it} 是随机扰动项，代表农户因时而变且影响 Y_{it} 的那些非观测扰动因素；β_i 和 δ 是待估参数，其中 δ 是本书最为关注的参数，用来衡量土地信用合作社对因变量 Y_{it} 的影响。接下来，我们将分析如何选取影响农户收入变化的控制变量。我们对式（6-1）的两时期数据进行一阶差分，从而得到一阶差分模型。由于 X_{it} 中农户的家庭特征等变量随时间同等变化，而性别等因素则不随时间的变化而改变，因此，在一阶差分模型中，这些不随时间的变化变量将被消除掉。进而，模型中只剩下那些因时而变的控制变量的一阶差分（$Z_{i1} - Z_{i0}$），如土地的变更情况等。修正后的模型可表示为：

$$Y_{i1} - Y_{i0} = \beta_1 + \beta_2 (Z_{i1} - Z_{i0}) + \delta A_i + (\mu_{i1} - \mu_{i0}) \qquad (6-3)$$

（三）模型估计结果

我们利用课题组调研所得的数据，分别将处理组和控制组农户的信息代入式（6-3）中，运用 Stata 软件包对模型进行回归，得到回归结果如表 6-3 所示。

表 6-3　　农村土地信用合作社对农户收入效应的一阶差分模型估计结果

因变量	常数项	参与土地信用合作社收入效应	户均人口变化	是否拥有自营工行业	户均土地变化
家庭总收入	17552.99	3416.37	-7.649	-915.70	-894.56
	4.05 ***	1.98 ***	0.19	-1.00	4.05 ***

续表

因变量	常数项	参与土地信用合作社收入效应	户均人口变化	是否拥有自营工行业	户均土地变化
种植业收入	7821.17	− 3299.15	− 2289.35	− 1102	− 193.73
	2.47 ***	− 2.08 ***	− 0.82	− 1.66 *	− 0.94
畜牧业收入	1011.27	− 291.90	− 314.16	20.54	− 79.65
	1.96 **	− 1.75 *	− 0.34	0.09	− 1.71 *
务工收入	633.14	2209.56	1281.64	172.85	− 51.47
	1.82 *	2.54 ***	1.9 **	1.70 *	− 1.03
转移性收入	338.76	− 102.53	19.57	20.86	− 21.22
	3.7 ***	− 2.24 ***	0.24	1.08	− 3.57 ***

注：＊为10%显著水平；＊＊为5%显著水平；＊＊＊为1%显著水平。

从表6-3可以看出，参与土地信用合作社对农户家庭总收入有着显著的正面影响。同样，"户均土地变化"这一因素在模型中作用也很显著，这说明农户之间的土地流转能够增加农户的家庭收入，这一结论与彭代彦等（2009）的实证结果是相反的。"家庭是否有自营工商业"这一变量也通过了模型的显著性检验，但在家庭总收入的模型中取值为负，表明农户个体经营对家庭收入有着负作用，这从一定程度上说明了样本农户个体经营的盈利能力较差，甚至出现了亏本的现象。模型中，"户均人口变化"这两个变量对家庭收入的影响也是很显著的。家庭人口数是农户的劳动力禀赋，它是收入增加的主要推动因素，现实中也确实如此，由于农业机械化程度较低，土地对边际劳动力的依赖性较大，往往农户家庭劳动力越多，其收入也就越多。

模型的估计结果显示，尽管农户家庭收入变化有一定的内生性，如受家庭人口数、家庭拥有土地面积和自营工商业等其他因素影响，但是在模型中我们将这些因素控制住后，仍然可以看出参与土地信用社这一因素对农户收入的推动作用是十分显著的。

本节采用差分法，通过控制影响农户家庭收入的相关变量，分析是否参与土地信用社对农户家庭收入的影响。通过分析我们发现，参与农村土地信用合作社对农户收入变化有着显著的正面影响，这说明平罗县政府的这一制度创新对增加农民收入的作用较大。同时，农户是否拥有自营工商业、户均人口变化和土地变化，也影响着家庭收入的变化。因而我们可以认为，在这三个因素既定的前提下，农户参与农村土地信用社能够显著增加农户的家庭收入，增长额约为 3416 元。

基于研究结果，文章建议在土地流转市场形成的过程中，政府应明确定位，发挥其信息资源优势，起到农地流转的信息中介服务功能，以实现农民收入的增加。

第二节　再论土地流转对农户家庭收入的影响

本书以宁夏银北地区为例，通过实地调研，采用 DID 模型对欠发达农村地区参与土地流转和未参与土地流转农户的收益进行评价，试图发现农民收入的变化及其影响因素。同时对比笔者 2010 年在银北平罗县的关于参与农村土地信用合作社对农民收入的研究结果，试图发现不同时期，不同土地流转模式对农民收入的影响。

一、模型设定与数据来源

在平罗县土地流转开始后，笔者 2010 年就农户是否加入宁夏平罗县土地信用合作社，以问卷调查和访谈为主进行实地调研，采用随机抽样方法，在平罗县随机抽取 7 个村，又从 7 个村里随机抽取了 225 户农户，其中 97 户参与了土地信用社，128 户未参与土地信用社。所得的 225 户农户在 2005 年及 2009 年关于收入的信息构成无偏的两时期面板数据，采用双重差分模型，实证分析出参与农村土地信用合作社对农户收入具有正向影响。随着时间的推移，土地流转在宁夏银北地区发展迅速，但是土地信用合作社这种流转模式却逐渐被其他模式所取代，仅存平罗县小店子村的一家，取而代之的是各种形式的流转经营模式。在此背景下，课题组进一步进行研究，于 2014 年 7 月入户调查了宁夏银北地区 3 个县（区）的农户，纳入以各种形式参与土地流转的农户，试图发现在多元化土地流转的情况下农户收入的变化及其影响因素。

（一）模型的设定

本书对土地流转的收入效应进行实证分析，为准确评估土地流转对农户收益的影响，采用的是作为自然实验评估方法综列数据（difference – in – difference，DID）模型[①]，基本思路是将调查样本分为两组：一组是受土地流转影响的"处理组"，另一组是土地流转影响的"对照组"。根据处理组和对照组在土地流转前后相关信息，计算处理组和对照组在土地流转前后某个指标（如收入）的变化量，然后计算这两个变化量的差值（即双重差分估计量，也叫 DID 估计量）。模型设定如下：

$$Y_{it} = a_0 + a_1 T_{it} + a_2 A_{it} + a_3 T_{it} A_{it} + a_4 X_{it} + \mu_{it} \qquad (6-4)$$

Y_{it} 为被解释变量，代表的是 t 时期第 i 组农户的家庭收入、农业收入、外出务工收入、土地租金收入、经营性收入和转移性收入。t = 0 和 t = 1 分别表示基期（2010 年）和评估期（2013 年）；i = 0 和 i = 1 分别代表控制组和处理组，例如 Y_{10} 就表示处理组在 2010 年的收入水平。T 和 A 分别表示流转前后和分组情况。T 代表的是时间的虚拟变量，如果 T = 0 也就是 2010 年，控制组和处理组都未参加土地流转；如果 T = 1 则表示 2010 年，控制组没有参加土地流转，而处理组参加了土地流转。A 表示的是分组的虚拟变量，A = 0 时表示的是控制组，也就是没有参加土地流转的一组；A = 1 时表示的是处理组，也就是参加了土地流转的一组。X_{it} 是可观测的能够影响 Y 的一系列控制变量，包括户主年龄、受教育程度、家庭人口、劳动力人数、土地数量等；u_{it} 代表了随时间变化能够影响 Y 的因素，它是随机扰动项。a_i 是待估参数，其中本书重点关注 a_3。接下来本书对式（6-4）进行一阶差分，得到：

$$Y_{it(1)} - Y_{it(0)} = a_1 \Delta T + a_3 \Delta TA_{it} + \Delta X_{it} + \Delta u_{it} \qquad (6-5)$$

由于在进行一阶差分的过程中，X_{it} 中不随时间变化的变量被差分掉，模型中变量 ΔX_{it} 只剩下随时间变化的变量，可以记作 ΔZ_{it}；同时 ΔT 是固定不变的，因此式（6-5）可以变形为：

$$Y_{it(1)} - Y_{it(0)} = a_1 + a_3 A_{it} + \Delta Z_{it} + \Delta u_{it} \qquad (6-6)$$

（二）数据来源

本书研究的数据分别来自 2014 年 7 月和 2010 年 7 月课题组组织的农户调查，数据全部由调查员入户调查取得。2014 年 7 月的调查一共涉及宁夏银北地区的 3 个县（区），由南到北依次是贺兰县、平罗县和惠农区。

---

① 叶芳、王燕：《双重差分模型介绍及其应用》，载于《中国卫生统计》2013 年第 1 期；张会萍等：《农村土地信用合作社对农户家庭收入的影响分析——基于宁夏平罗县 225 个农户的实证调查》，载于《农业技术经济》2011 年第 12 期。

按照 3 个县（区）的农村人口数量，确定每个县（区）的样本量。然后按照随机抽样的原则选择样本村和样本农户。此次农户调查一共随机抽取了 484 户农户，其中有 267 户参加了土地流转，217 户没有参加土地流转。为了消除农户由于各自的土地禀赋等原因造成的收入差距，本书在某一个村随机选择一定数量的流转（不流转）的农户作为处理组（控制组）后，会在邻村随机选择与相近数量的不流转（流转）的农户作为控制组（处理组），以消除由于自然资源禀赋差异造成的收入差距。对于样本农户的收入数据的收集，调查员详细调查了 2010 年和 2013 年的农户各项收入，确保能够反映农户 2010 年和 2013 年的收入变化情况。之所以选择 2010 年和 2013 年，是因为除平罗土地流转开始较早之外，惠农和贺兰的农户一般从 2011 年开始流转，而 2013 年是课题调研最近的完整年份。

二、模型估计结果及分析

（一）土地流转前后影响农民收入的因素分析

本书主要研究的是是否参与土地流转对农户家庭收入的影响。关于农户家庭收入，需要进行以下四个方面的解释：第一，由于土地流转是以整个家庭为单位参与的，取得收入为家庭共同所有，因此本书的农户家庭收入不研究家庭人均收入；第二，农户家庭收入并没有扣除家庭生活支出（本书扣除了种植成本支出）；第三，为了消除工资和农产品价格上涨造成的两时期的农户家庭收入上涨因素，本书以 2010 年为基期，消除价格上涨因素，得到 2013 年的农户收入；第四，家庭收入构成中的种植业收入被扣除了种植成本。这是因为在土地流转后（2013 年）处理组来自土地方面的收入由土地租金收入和种地收入构成，控制组来自土地的收入仍然只有种植业收入。由于土地租金收入是农户从土地上取得的纯收入，而种地收入是农户没有扣除种植成本的毛收入，因此家庭总收入在两个时期没有可比性。因此本书对种植业收入扣除了种植成本进行计算。

比较两时期的收入水平。在消除价格上涨因素后，我们得到控制组农户 2010 年户均收入为 27728.59 元，2013 年户均收入为 36774.47 元；处理组农户 2010 年户均收入为 28582.22 元，2013 年户均收入为 40387.44 元（如图 6-5 所示）。可以看出，参与土地流转的农户（处理组农户）在 2013 年的户均收入比没有参与土地流转的农户（控制组农户）的户均收入高 3612.97 元。在参与土地流转前，处理组和控制组的农户户均收入差距为 853.63 元，而参与土地流转后的差距为 3612.97 元。从数据上看，参与土地流转的农户户均收入比未参与土地流转的农户户均收入有着大幅度的提高。但是这并不能说明是因为参与土地流转而让农户家庭收入增加，也有可能是其他因素引起的收入增加。

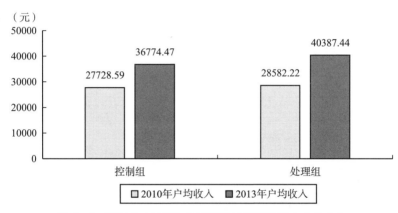

图 6-5 2010 年与 2013 年控制组与处理组农户户均收入

同时我们分析得出，两组农户户均收入都在增加，这种收入的增加是多方面原因造成的，如果能够消除导致两组农户收入增长的共同原因，例如社会当地经济发展的外部性因素，就能较为明显地看出两组农户的收入差距。本书采用控制组和处理组的两时期的面板数据，进行一阶差分法进行处理：

$$\Delta Y_{控制组农户户均收入} = Y_{2013年控制组农户户均收入} - Y_{2010年控制组农户户均收入}$$
$$\Delta Y_{处理组农户户均收入} = Y_{2013年处理组农户户均收入} - Y_{2010年处理组农户户均收入}$$

经过一阶差分处理，得到 $\Delta Y_{控制组农户户均收入}$ 为 9045.88 元，$\Delta Y_{处理组农户户均收入}$ 为 11805.22 元。处理组农户户均收入比控制组农户户均收入高出 2759.34 元。因此从数据上我们能够很容易判断出参与土地流转能够带来农户收入的增加。

表 6-4 是土地流转前后控制组农户和处理组农户的各项收入变化情况。发现随着时间的推移，控制组农户和处理组农户的各项收入都有不同程度的增加。

（1）对于控制组而言，与 2010 年相比，2013 年外出务工收入和转移性收入分别增加了 51.04% 和 154.95%，经营性收入增加了 24.08%，农业收入只增加了 0.52%，增长幅度非常小。

（2）对于处理组而言，相比较 2010 年的收入，2013 年经营性收入和转移性收入增加的幅度最大，分别是 253.29% 和 117.63%；外出务工收入增加了 54.93%，而农业收入则降低了 59.55%。

（3）从收入结构来分析。第一，对于控制组农户，2010 年和 2013 年农户的主要收入来源都是外出打工和农业收入；在 2010 年农业收入占总收入比重高于外出务工收入，到了 2013 年外出务工收入占总收入比重高于农业收入，农业收入对家庭收入的贡献下降。第二，对于处理组，土地流转后农业收入对家庭总收入的贡献大幅度下降，外出务工收入、土地租金收入和家庭经营收入对家庭收入的贡献上升幅度较大。

（4）值得注意的是，在土地流转后处理组农户外出务工收入占家庭总收入的比重比控制组只高出约 5%，而土地租金收入、家庭经营收入占家庭总收入的比重比控制组的比重高出很多，土地流转后，农户的家庭收入呈现多样化。

表 6 - 4　　2010 年和 2013 年控制组农户和处理组农户各项收入比较

项目	控制组农户		处理组农户	
	2010 年	2013 年	2010 年	2013 年
户均总收入	27728.59 (31157.70)	36774.47 (40154.75)	28582.22 (38442.87)	40387.44 (59512.89)
户均农业收入	12117.57 (17735.86)	12180.94 (17215.16)	12906.75 (30057.70)	5220.91 (12792.52)
户均外出务工收入	10444.53 (16461.52)	15775.17 (23775.99)	12310.49 (25189.12)	19072.49 (22239.56)
户均土地租金收入	0 (0)	0 (0)	0 (0)	6609.05 (7178.28)
户均经营性收入	2299.60 (18197.06)	2853.43 (2386.50)	1490.64 (7608.57)	5266.22 (54434.04)
户均转移性收入	1983.57 (3591.16)	5057.02 (14579.74)	1788.65 (3724.79)	3892.67 (6133.67)

注：括号中的数值是标准差。

（二）计量结果分析

利用调查得到的相关数据，用 Stata 软件对式（6-6）进行回归，得到的回归结果如表6-5所示。

表6-5 土地流转对农户家庭收入的一阶差分模型估计结果

项目	常数项	参与土地流转的收入效应	耕地面积变化	是否有家庭自营工商业	家庭生活结构变化
家庭总收入	37942.8	0.84	-4902.93	10830.98	-29833.95
	4.49 ***	2.56 **	-1.21	0.77	-3.50 ***
农业收入	-516.68	-0.72	-760.10	-1976.02	-568.73
	-0.15	-5.42 ***	-0.46	-0.35	-0.16
外出务工收入	6434.74	0.26	1006.68	24536.27	-2462.16
	1.94	2.05 *	0.64	4.47 ***	-0.74
家庭经营性收入	30856.44	0.35	-4630.31	-9470.45	-28963.28
	4.25 ***	1.23	-1.33	-0.79	-3.96 ***
转移性收入	5022.78	-0.5	-1305.56	-1220.39	-1678.37
	2.56 *	0.06	-1.39	-0.38	-0.85

注：*、** 和 *** 分别表示在10%、5%和1%水平上显著。

从回归结果来看，参与土地流转对农户家庭收入有着显著的正影响，这一结论与课题组于2010年研究以土地信用合作社模式进行土地流转时得到参与土地信用社对家庭收入的正影响的结果相同（见表6-5）。本书同时发现土地流转对农户的农业收入是负影响，即参与土地流转的农户农业收入下降，该结果显然符合现实情况，农户减少耕种面积后，种植业收入下降。

但遗憾的是土地变化这一因素并没有在两次研究中得到相同的结论：本次研究显示，耕地面积的变化对农户收入的影响并不影响，而前期研究则表明耕地面积的变化在1%的置信度水平上显著影响农户家庭总收入（见表6-6）。可能的解释是由于宁夏银北地处于欠发达地区，刚开始流转时农户收入来源仍以种植收入为主，所以土地拥有量对农户收入有着显著影响；随着经济的发展和土地流转的扩大，农户收入来源多样化，同时种植业收入在农户总收入中占比不断下降，耕地面积的变化并不显著影响家庭总收入。

同时此次研究显示家庭自营工商业这一变化对家庭的外出务工收入是正影响，这一现象出现的原因是部分家庭土地流转后，男性劳动力外出打工，而女性劳动者则在家里经营小工商业，照顾老人和孩子，家庭有了个体经营收入来源后男性劳动力可以无后顾之忧去外出务工。

家庭结构的变动和家庭收入呈现的负相关关系，是因为在土地流转后，子女外出打工，老年人和子女分开生活，老年人收入来源减少造成这一现象；在土地流转后，青壮年劳动力外出务工，留守老年人的生计问题是需要学者更多的关注。

表6-6　　　农村土地信用合作社对农户收入效应的一阶差分模型估计结果

因变量	常数项	参与土地信用合作社收入效应	户均人口变化	是否拥有自营工行业	户均土地变化
家庭总收入	17552.99	3416.37	-7.649	-915.70	-894.56
	4.05 ***	1.98 ***	0.19	-1.00	4.05 ***
种植业收入	7821.17	-3299.15	-2289.35	-1102	-193.73
	2.47 ***	-2.08 ***	-0.82	-1.66 *	-0.94
畜牧业收入	1011.27	-291.90	-314.16	20.54	-79.65
	1.96 **	-1.75 *	-0.34	0.09	-1.71 *
务工收入	633.14	2209.56	1281.64	172.85	-51.47
	1.82 *	2.54 ***	1.9 **	1.70 *	-1.03
转移性收入	338.76	-102.53	19.57	20.86	-21.22
	3.7 ***	-2.24 ***	0.24	1.08	-3.57 ***

注：* 为10%显著水平；** 为5%显著水平；*** 为1%显著水平。
资料来源：笔者调查后整理，2010年。

尽管农户家庭收入受诸如家庭拥有土地面积和自营工商业等多种因素的影响，且这些因素在不同时期对农户家庭收入的影响方向和程度都不同，但是在模型中将这些变量控制住后，可以看出不管是政府主导，还是民间自发进行土地流转；不管是通过参与土地信用社来进行土地流转，还是采用多同形式（村委会中介或土地流入者中介）参与土地流转；不管是在土地流转发展伊始，还是在发展的后期，参与土地流转对农户收入增长的影响十分显著。这说明，不论以何种形式参与土地流转，都有助于农户收入的提高。

三、结论及政策建议

通过 DID 分析宁夏银北地区农户通过各种方式参与和未参与土地流转预期收入的变化，同时对比笔者于 2010 年关于参与土地信用合作社对农户收入影响的研究，最后得出结论：不管是政府主导，还是民间自发进行土地流转；不管是通过参与土地信用社来进行土地流转，还是采用多种形式（村委会中介或土地流入者中介）参与土地流转；不管是在土地流转发展伊始，还是在发展的后期，参与土地流转都能带来农户收入的增加。同时，我们发现参与土地流转对农户外出务工收入具有正影响，但对农户农业收入具有负影响，参与土地流转对农户家庭总收入有着显著正影响。此外，家庭自营工商业与农户外出务工收入呈正相关关系，家庭生活结构的变化与农户总收入和家庭经营性收入显著负相关。

以上结论对土地流转的启示是：

第一，土地流转有助于农户收入的增加，在土地流转中，尤其是在政府主导型的土地流转中，要切实保障农户的利益主体地位，确保每一户参与土地流转的农户都出于自愿，不愿参与流转的农户可采用换地等形式使之仍然拥有土地经营权。

第二，在经济欠发达地区的政府主导型的土地流转中农村劳动力转移空间受限，劳动力转移并不充分，农户的承包地流转之后，变成了失地无经济保障的农民，容易引发社会矛盾。因此，在此类流转过程中，政府应做好相应的劳动力就业工作，尤其是妇女和偏高龄劳动力，真正实现农村劳动力低成本转移，合理配置农村劳动力资源，实现农民增收和建设城镇的双重目标。

第三，加快统筹城乡发展，建立社会保障系统。保证农民流转土地后当非农就业领域发生收入风险时，生活有所保障，稳定社会发展；同时，保障农村流转出土地的留守老年人的生计和养老。

第七章

土地流转对农村劳动力转移的影响

第一节　问题的提出

一、研究背景及意义

（一）研究背景

土地和劳动力是财富创造的两大基本生产要素，但在我国，由于其特殊的国情，这两大创造财富的生产要素并没有得到充分的利用。一方面，土地资源稀缺，截至 2013 年底，我国耕地总数仅为 20.3 亿亩，人均耕地约为 0.101 公顷，不到世界平均水平的 1/2，我国可以利用的土地资源并不丰富①。随着形势的发展，土地统分结合的双层经营体制出现了一些新情况。从"分"的方面来讲，农民在市场的主体地位很脆弱，与发展现代农业的要求不相适应；从"统"的方面来看，集体经济大多变成"空壳"，原有的农村服务体系已经不适应，新的服务体系还没有健全，千家万户的小生产难以适应千变万化的大市场。当前，面临我国人多地少的矛盾，在推进城镇化和农业现代化建设的新形势下，土地流转制度应运而生。党的十七届三中全会通过了《中共中央关于推进农村改革发展若干重

---

① 《我国耕地数量 20.3 亿亩人均耕地不到世界人均水平一半》，中国农业新闻网，2013 年12 月 31 日，http://www.farmer.com.cn/xwpd/jjsn/201312/t20131231_929314.htm。

大问题的决定》，明确指出："按照依法自愿有偿原则，允许农民以转包、出租、互换、转让、股份合作等形式流转土地承包经营权，发展多种形式的适度规模经营"①。土地流转是在家庭联产承包责任制基础上的进一步延伸和发展，是催生农业现代化的新举措。另一方面，我国虽有着数量巨大的农业劳动力资源，但是与稀缺的土地资源一结合，结果却是产生了大量的农业剩余劳动力，即边际收益为零或负数的劳动力。据预测，2004～2020年需转移农村农业剩余劳动力11007.94万人，平均每年需转移农村剩余劳动力688万人②。而随着农业劳动生产率的提高，农业内部大量潜在的剩余劳动力会显现出来，需要寻找新的就业渠道。

从实践看，我国农村土地流转明显加快，规模经营快速发展，截至2014年6月底，全国农村承包耕地流转面积3.8亿亩，占承包耕地总面积的28.8%；农村各类专业大户达到317万户、家庭农场87万个、农民合作社124万家、农业产业化龙头企业12万家③。但是，也存在着因承包关系不明、承包地权属不清导致土地流转不畅，以及违背农民意愿强行推动，甚至下任务指标搞土地流转，"非粮化""非农化"倾向严重等两方面突出问题。因此，引导农村土地经营权有序流转、发展农业适度规模经营，是内在的要求、现实的课题。2014年11月，中共中央办公厅、国务院办公厅印发了《关于引导农村土地经营权有序流转发展农业适度规模经营的意见》（以下简称《意见》），《意见》特别强调，必须坚持依法自愿有偿，尊重农民的流转主体地位，坚决防止侵害农民土地权益，禁止在土地流转中搞强迫命令，应从我国人多地少、农村情况千差万别的实际出发，积极稳妥地推进。可以说，引导农村土地经营权有序流转、发展农业适度规模经营势在必行。纵观世界其他国家的发展历史，不同的做法会带来两种截然不同的结局：一是引导土地有序流转，以农户为主体发展适度规模经营，既促进了工业化、城镇化，也解决了农民就业增收问题，如欧美一些发达国家；二是土地向少数人集中，农业生产规模扩大了甚至公司化了，但大量失地失业农民涌入城市，形成难以解决的"贫民窟"等城市病，跌入"中等收入陷阱"，如拉美一些国家。《意见》提出，对土地经

---

① 《审议通过中共中央关于推进农村改革发展若干问题的重大决定》，中国广播网，2008年10月13日。

② 齐国友、周爱萍、曾塞星：《2004～2020年中国农村农业剩余劳动力预测及对策》，载于《东北农业大学学报》2005年第5期。

③ 《中国农村承包耕地流转面积占承包耕地总面积28.8%》，新华网，2014年12月04日，http://news.xinhuanet.com/2014-12/04/c_1113525429.htm。

营规模的务农收入相当于当地第二、三产业务工收入的，土地经营规模相当于当地户均承包土地面积 10～15 倍的，应当给予重点扶持。这主要是考虑到我国农户平均承包土地面积不足 8 亩，10～15 倍大约在 100 亩左右，按农户家庭 2 个劳动力种粮计算，务农收入可相当于外出打工收入，有利于吸引青壮年劳动力安心务农①。各地可以依据农村劳动力转移情况、农业机械化水平和农业生产条件，研究确定本地区土地规模经营的适宜标准。

2013 年以来宁夏回族自治区先后出台了《关于加快推进农业特色优势产业发展若干政策意见》和《关于加快产业转型升级促进现代农业发展的意见》，制定了土地流转"以奖代补"扶持政策，规定"专业大户、家庭农（牧、林）场流转土地 200 亩以上，连续三年每亩给予 50 元的补助"②，推动土地流转和适度规模经营进程明显加快。截至 2014 年 6 月底，宁夏全区土地流转规模经营面积达到 268.4 万亩，同比增加 35.2 万亩，增长 15.1%；占全区土地承包面积的 24.1%；流出土地承包经营权的农户达到 30.7 万户，占全区承包土地农户的 35.8%。其中，专业大户、家庭农场、农民合作社流转面积达到 63.7%，流转到农业企业的达 27.8%，流转到其他产业化组织的占 8.5%。全区形成了以转包和租赁为主，转让、互换、托管、入股等多种流转形式并存的格局③。

当前宁夏银北地区通过积极推行农村土地流转以实现土地的规模经营，推进农业产业现代化，这在提高农业生产效率，增加农民种地收入的同时也将产生更多的农村劳动力，采取有效途径转移农村剩余劳动力，不仅能提高农村劳动力这一生产要素的使用效率，还能增加农民的收入。

（二）研究意义

劳动力转移在经济增长以及其在发展过程中所起到的重要地位和作用决定了任何这方面的研究都是有意义的，尤其在以农业现代化为目标，促成土地流转规模化发展的今天更是显得尤为重要。本书研究的最终目标是

---

① 《切实把〈关于引导农村土地经营权有序流转发展农业适度规模经营的意见〉宣传好贯彻好落实好》，中华人民共和国农业部官网，2014 年 12 月 16 日，http://www.moa.gov.cn/zwllm/zwdt/201412/t20141216_4295515.htm。

② 《我区农村土地流转呈现五大特点》，宁夏农业信息网，2013 年 6 月 25 日，http://www.nxny.gov.cn/structure/fwxx/ny/xxzw_201071_1.htm。

③ 《我区土地流转呈现多种形式并存的格局》，宁夏农业信息网，2014 年 8 月 27 日，http://www.nxny.gov.cn/structure/zhxw/nyxwx/zw_281496_1.htm。

提出劳动力转移与土地流转良性互动的政策建议。

宁夏银北地区作为国家商品粮基地之一，2006 年，土地信用社模式作为一种新的土地流转模式在平罗县小店子村进行试点实行，随后在整个银北地区得到迅速发展，并且土地流转模式从信用社模式向多种模式并存的方向发展（如家庭农场、企业等模式），如今土地信用社机构逐渐被村委会所取代，由村委会全权实行其原有"存贷"地的功能。这种尝试性的探索所起到的作用不可忽视，它为我们后来多种模式的发展奠定了一定基础。宁夏银北地区的土地流转规模的快速发展势必对该地区的劳动力转移产生影响，进而影响农户的收入来源和增长。因此，本书通过问卷调查，首先，了解该地区农户的家庭基本情况（包括人口结构、固定资产情况等）；其次，分析得出该地区土地流转和劳动力转移状况；最后，同时也是最重要的部分，从家庭整体策略和基于性别的视角，分别分析了土地流转对农户家庭劳动力转移的影响和土地流转对农村已婚妇女劳动力转移的影响。除此之外，还分析了劳动力转移对农户收入的影响，进而从农户人均收入的角度评价土地流转的效应。针对以上几个方面的分析，从中了解土地流转在发展过程中存在的问题，进而为推进区域农业现代化及城乡统筹发展进程中的土地改革和劳动力有效转移提供依据。

二、概念的界定

本书的研究对象确定为劳动力转移，将用家庭是否配置劳动力转移、劳动力转移比例和外出务工的持续时间三个量度来衡量土地流转对劳动力转移的影响效果，很多研究也将产业的转移作为劳动力转移的一个量度，但是本书将这个量度不做重点研究，因为考虑到宁夏经济发展情况和近几年的就业形式，即便部分剩余劳动力想进入第二、第三产业，但是因为缺失这样的机会，所以没有实现产业的转移。如果还要用产业转移来衡量的话无疑对劳动力转移造成实际的低估，尤其是对参与土地流转的农村劳动力。在我们基线的调查中发现，参与土地流转的农户有一部分在农场、农业种植公司打工，还是没有离开第一产业，他们流转土地后相对未参与流转的农户在第一产业打工的时间较长。所以我们认为用以上三个量度可以对劳动力的转移做一准确的估计。

农村劳动力：由于研究目的、现实状况以及统计口径不同等问题，关于劳动力概念的界定也各不相同。根据经济学的相关概念，劳动力一般是指具有劳动能力的人口，也就是年龄处于适合参加劳动阶段的人口，即作为生产者统计的人口。而在人口学当中，劳动力被认为是处于 16 岁到 64 岁之间适合参加劳动的人口，世界银行对劳动力的界定为"在劳动年龄范围内（15~64 岁）有劳动能力的人口"，即已参加劳动或可能参加劳动的人，而且在我国目前的人口普查中也统计此年龄段的人口数量。本书在人口学和世界银行对劳动力界定的基础上，结合我国现阶段的实际情况与调研样本的总体特征，将农村劳动力界定为：首先是具有农业户籍，其次界定为 16~65 岁，有劳动能力且不受强制性的管制，已经就业或正在寻求就业的人口。不包括该年龄段的在校学生、军人、纯家务劳动力者。

判断劳动力是否发生了转移：杜瑞珍（2006）在其研究中专门就农村劳动力的流动和转移问题进行了区分，她指出，农村劳动力流动主要是受利益的驱动，地区或者行业之间的收入差距是造成劳动力流动的主要原因。而导致农村劳动力转移的原因，是由"排挤"所致，其具有不自觉性和被迫性，是生存问题迫使剩余劳动者不得不转移。盛来运（2008）指出据中国的现实情况和大多数的研究综合考虑，劳动力转移和迁移是同一个概念。本书基于杜瑞珍的说法，放松其他研究者对于转移时间的限定，将劳动力的转移界定为：在具体年份外出打工累计时间达到 3 个月及以上的农村劳动力。同样，赵耀辉（1997）也把转移者定义为上年外出打工至少三个月的劳动力。需要强调的是本书所指的劳动力转移是非学历型转移。在我国农村地区，存在着部分处于劳动力年龄的人口，因为考入城市地区继续接受高等教育而没有在实际意义上参加工作，虽然他们既实现了产业转移也实现了空间的转移，但是这种由于受教育而造成的转移，即"学历型转移"不属于我们研究的范畴。

土地流转是指土地使用权流转，土地使用权流转的含义是拥有土地承包经营权的农户将土地经营权（使用权）转让给其他农户或经济组织，即保留承包权，转让使用权。本书所指的土地包括耕地和荒地。

三、文献综述

目前学术界针对劳动力转移理论以及实证方面的研究较为丰富，国外对于其研究起步较早，而且理论发展较为成熟，先后形成了"推拉理论""二元经济理论""新劳动力迁移经济学"等经典理论。这为我国关于劳动力转移方面的研究提供了一定的研究基础和参考价值。随着我国经济的发展，大量农村劳动力在不同产业、不同区域间的流动逐渐引起了各界人士的关注，同时也成为众多国内学者的研究热点。在现有的研究文献中，研究土地流转对农村劳动力转移影响的研究为数不多，实证部分的研究也都较为简单和粗略，没有系统的研究。究其可能的原因：第一，多数经典的劳动力转移理论是在西方国家独特的产权制度和经济体系条件下产生的，土地流转并不被视为劳动力转移的重要影响因素；第二，在发展中国家，土地流转制度与流转方式等千差万别，无法对劳动力转移方面的影响结果进行归纳总结；第三，土地流转对劳动力转移的影响还未得到十足的重视，尤其是在我国土地流转政策和各项制度并不完善的背景下。

因此，本书将从劳动力产业间转移、空间的转移及农户角度三个方面综述土地流转对劳动力转移的影响。以此为依据，使得本书在思路、方法以及内容上更合理，更充实。

（一）劳动力产业间转移与农业发展

针对劳动力在产业间转移与农业发展关系的研究，在以刘易斯（Lewis，1954）为代表的二元经济理论中就有提到，理论中指出劳动力转移的发生是经济持续增长的结果，强调了工业和农业两部门的结构性差异。由于传统农业对于劳动力人口的需求是有限的，人口的增长伴随在有限的土地资源上，如果不发生转移势必造成人均收入的下降、剩余劳动力的产生。在工业部门，资本和劳动力是最主要的生产要素，为追求规模效益，劳动力的需求势必越多，因此农业部门的剩余劳动力可以满足这种需求。这样也实现了帕累托最优的条件。拉尼斯和费（Ranis and Fei，1961）对刘易斯的二元经济模型作出了补充，二人提出农业劳动力的剩余和技术进步对劳动力转移的影响不可忽视，他们认为农业不仅为工业的发展提供大量的廉价劳动力，而且为工业部门提供了农业剩余，若要保持经济持续的增长，必须确保两个部门发展的平衡。

对于二元经济模型中剩余劳动力的存在性，学术界一直存有争论。乔根森（Jorgenson，1961）完全否定了刘易斯、拉尼斯和费在劳动力转移模型中关于剩余劳动力，固定工资和人口增长外生变量等方面的前提假定，他认为：农业劳动力向工业部门的转移基础是农业剩余；转移过程中其工资水平并非是固定的，随着资本的积累和技术的进步，工资是变化的；人口增长是内生变量，取决于粮食的供给和死亡率，在特定社会环境和医疗条件下，若粮食供给足够，便会存在农业剩余，这样农业剩余劳动力便会离开土地进入工业部门，即劳动力发生了转移。阿玛蒂亚·森（1966）虽然对农业部门产生剩余劳动力表示认同，但对刘易斯等人提出的剩余劳动力在农业部门的边际产出低于农业工资，或为零的状况下才发生转移的说法不是很同意，他提出农业剩余的劳动力是以劳动时间的剩余而不是作为整个单位人的形式存在。这解释了农村剩余劳动力的季节性转移的原因，多数劳动力选择在农忙时节务农，农闲时节外出打工，以此达到农户收益的最大化。

舒尔茨（1964）认为剩余劳动力和土地这两者并非是导致贫困的主要因素，提高人口素质和增加劳动力以外的其他因素（如资本、技术、信息对称等）才是解决贫困的关键。二元经济结构的转变在于加强现代农业生产要素、人力资本的投入，从技能培训、社会保障、信息共享等方面进行投资，让农民有驾驭现代农业生产要素的能力，这才是农业经济持续增长的源泉。

因此，我们总结出以刘易斯为代表的二元经济理论强调了农村劳动力数量上的减少对农业生产的可能影响；阿玛蒂亚·森提出了个体劳动力时间配置的多样性；舒尔茨从人力资本的角度说明提高农业劳动力的人力资本对农业发展的重要作用。

（二）劳动力跨区域转移的经济影响

劳动力的跨区域转移是资源优化配置的过程，对经济增长及缩小城乡收入差距具有积极的作用，这在众多学者的研究中都得到了证实。泰勒和威廉姆森（Taylor and Williamson，1997）研究表明：劳动力转移是劳动生产率和实际工资收敛的重要因素。拉帕波尔（Rappaport，2005）通过国家间劳动力流动模型，假定劳动力从低收入国向高收入国转移，分析得出低收入国的劳动力流出造成了该国经济增长速度的下降，导致两国之间收入差距的增大。在我国，地区间的经济发展水平被认为是造成劳动力转移的主要诱导因素。蔡昉和王德文（1999）通过对我国改革开放以来，中国经济增长可持续性与劳动贡献的分析，得出劳动力资源配置效率的改善对经济增长的贡献约20%，在全要素生产率中，发挥了显著作用。王德、朱伟和叶晖（2003）将人口迁移和区域经济结合起来，测算我国1985～2000年各省区在人口迁移前后"人口－GDP"的基尼系数的变化趋势，验证了人口迁移对区域经济发展不均衡的减缓作用。王小鲁和樊纲（2004）研究得出跨地区劳动力的流动对缩小地区差距和产出都有一定的贡献。但是，近年来的研究表明，区域间劳动力流动对缩小城乡收入差距和人均消费差距具有积极的作用，但对不同地区的人均 GDP 差距作用不明显（许召元，2007）。换句话说，劳动力要素的流动能够让收入均等化，但并不能让要素报酬更均等。比如迁入地失业率高，劳动力受教育程度低下，转移的成本高等都会产生限制，即使劳动力发生转移也很难缩小从事农业和非农业收入的差距。

劳动力跨区域转移对农业发展的影响也是目前研究的热点。国际上目前主要从劳动力在国家之间的流动对迁出国农业生产影响方面进行研究。卢卡斯（Lucas，1987）通过劳动力转移对迁出地劳动生产率的影响进行的实证分析，结果表明：从短期看，劳动力转出降低了本国的农业生产率，对迁出地收入水平的提高具有消极作用。从长期看，移民汇款则增加了迁出地的农业投资，从而对迁出地的产出具有积极作用。国内的研究主要从劳动力转移对劳动力迁出地农业产出和生产要素配置方面的进行研究。农业部农村经济研究中心（1996）与杜鹰和白南生等（1997）的研究指出，农村劳动力的转移造成了迁出地生产要素的重新配置：一方面，让原来闲散的劳动力资源得到了有效利用；另一方面，对迁出地资本要素的形成也有一定的促进作用。但是罗泽尔等（Rozelle et al.，1999）在以河北和辽宁两个地区的农村家庭为样本进行研究时发现，劳动力转移对农业产出具有负向显著作用。所以劳动力转移对农业生产的影响是多元化的，并非是单一的。

除此之外，劳动力的转出总是伴随着劳动力的回流。蔡昉（2007）的研究表明：在江苏省北部，劳动力回流数量占转移总数的 1/4。赵耀辉（2002）发现，截至 1998 年底，样本农户中有 38.4% 发生了回流，其中接近一半的劳动力仍然从事农业生产。回流的劳动力在先前的工作中积累了一定的资金和经验，具有较强的创业意识和能力。对家乡的经济多样化会起到推动的作用（邱海盈，2001）。

（三）关于土地流转对劳动力转移影响方面的研究

土地流转能够通过多种途径促进农村劳动力的转移，例如提高农村劳动生产率、降低农村劳动力转移成本和提高农村财产性收入等。农户对土地拥有稳定性、安全性及完善的自由流转政策条件下，对农业生产投资，劳动力分配及转移方式会做出别样的抉择。国外部分学者从土地产权的角度对劳动力转移进行分析，贝斯利（1995）通过建立理论模型，在以加纳为研究对象的实证研究中表明：完善的土地流转制度将有利于农户增加土地投资的积极性。哈伯费尔德等（Haberfeld et al., 1999）对印度的研究表明，不完全的土地产权制度阻碍了土地流转，农业劳动力主要是季节性地向城镇和工业转移，以实现收入的增长。对于拥有少量土地或无地的农民，只有选择转移来获得收入，以维持自身及家人的生存。杨（Yang, 1997）通过建立农业兼业及永久转移决策的模型用来分析中国农村家庭承包制下的土地制度对农户劳动力转移的影响，结果表明，在农村家庭承包制下中国农户拥有不完整的土地产权，农户离开土地进行永久性转移意味着要损失土地所带来的收入，因而，农户进行永久性转移的机会成本较高，所以更倾向于选择农业兼业，来降低劳动力转移的成本。根据上述原因认为在中国建立农村土地市场并允许农地买卖，可以降低农户劳动力转移成本，并促进农户劳动力向城镇永久性转移。另外，还有一部分研究者得出，土地流转与农村劳动力的转移存在一定的负相关关系。冯等（Feng et al., 2008）运用双变量 Probit 回归模型对江西省 3 个村庄进行了土地流转与劳动力转移的分析研究，结果显示土地流转与农户劳动力转移之间相互影响，并且它们之间呈显著负相关关系。

目前，对于土地流转与劳动力转移谁影响谁的问题，国内有学者认为，土地流转的产生是由非农就业发展引起的，非农产业越发达，土地流转规模就越大（贺振华，2006）。但是通过 2005 年中国人民大学和美国农村发展研究所（FDI）对我国 17 省农村土地流转市场的调查研究表明，尽管非农就业比例从 1999 年的 65.1% 增加到 2005 年的 83.2%，但是农地流转面积并没有显著增加，农地流转市场化程度非常低（叶剑平和蒋妍等，2006）。钱忠好（2008）从家庭内部分工的角度分析了非农就业对土地流转的影响，指出非农就业并不必然导致土地流转。盛来运（2008）指出，土地流转对劳动力转移可能性的影响显著，年内转入耕地的家庭，劳动力转移的可能性会降低 1.3%；而年内转出耕地的家庭，劳动力转移的可能性会提高 5.3%。农保中和张凤龙（2008）根据 2002~2006 年吉林省统计数据研究表明：农地流转面积与农村劳动力转移的数量呈正相关关系，农地经营权的流转可以推动农村劳动力转移的进程。薛凤蕊，乔光华和苏日娜（2011）利用 DID 模型对内蒙古鄂尔多斯市参与和未参与土地流转的农户收益进行了实证分析，结果表明：土地流转后参与农户比未参与农户在人均纯收入上形成鲜明对比，前者比后者显著提高，而且土地流转后劳动力外出务工收入和租金收入对参与土地流转的农户人均纯收入增长的贡献率高达75%。田传浩和李明坤（2014）利用2011年在浙江、湖北和陕西三省"中国农村家庭土地经营状况调查"的数据，实证分析表明：地权稳定性所代表的质量维度和土地市场交易量所代表的数量维度对农村劳动力的非农就业决策具有显著正向影响，成熟的土地市场发育和稳定的市场租赁契约对促进农村劳动力的转移是有利的。众多的研究表明，农村劳动力市场发育与农地租赁市场之间存在着密切关系，但是土地流转如何影响农村劳动力的转移，以及影响的程度如何还需要进一步的剖析。

综上所述，虽然众多学者在以上3个方面进行了研究，为本书提供了很好的参考，但是以土地流转为前提，对宁夏银北地区劳动力转移的研究尚不多见。因此，我们认为需要从以下几个方面更进一步的关注。

首先，在研究角度上，我们以农户实地调查作为第一手资料，从土地流转前后劳动力转移的变化判断农户收入的来源分布及收入增长情况，进而评价土地流转带来的经济效应和社会效应。

其次，在研究范围上，宁夏位于我国西部的欠发达地区，将整个银北地区作为样本域，以土地流转为前提，研究其对劳动力转移的效果。具有一定的代表性。

最后，在研究方法上，通过收集的面板数据，在以倍差分析法（DID）方法为前提，采用Probit、多元回归、Tobit模型分别对农户是否有配置劳动力进行转移、劳动力转移比例和转移持续的时间这3个量度对劳动力转移进行分析。除此之外还对农户的收入进行实证分析。

四、理论基础

本书将农户家庭作为农村劳动力转移决策的主体来研究，因此，新经济迁移理论符合本书的理论需要，该理论不仅解释了"预期收入理论"所不能解释的问题，而且还强调了劳动力转移不仅仅是个体的行为，而是农户家庭的整体决策行为。另外，农户劳动力转移是一种决策行为，存在不确定性、不稳定性和非理性，它是农户家庭劳动力配置决策的结果。所以，根据研究的需要，将新经济迁移理论、农户劳动力供给决策理论和农户劳动时间配置理论的核心内容做一介绍。

（一）新经济迁移理论

在我国现实中，影响农村劳动力迁移的原因不仅仅是因为城乡之间存在工资收入的差异，还存在着其他能够引起农村劳动力迁移的因素，转移的目的也是分散家庭风险，使其风险最小化。1980 年以来以斯塔克（Stark）为代表的新经济迁移理论（new economics of labor migration，NELM）强调家庭作为决策主体的重要性，这与传统理论假设个人为决策主体不同。斯塔克认为，在发展中国家，劳动力外出或迁移的决策是由家庭集体决定的。家庭作为生产和生活的基本单位拥有共同的资源和财产，家庭成员共同决定家庭的生产经营决策，以追求福利最大化。该理论体现三个主要观点：一是"风险转移"。在当地市场条件下，家庭收入是不稳定的，为了规避风险和使收入来源多元化，家庭会决定其部分成员外出打工或转移，以减少对当地传统的或单一的收入来源的依赖。二是"经济约束"。在当地，许多家庭面临资金约束和制度供给的短缺，如没有农作物保险，没有失业保险，也没有足够的信贷支持。为了突破这些发展的制约因素，家庭决定部分成员外出挣钱，以获得必要的资金和技术。三是"相对剥夺"。该理论质疑传统理论关于绝对收入对迁移的固定影响的假设，认为家庭在做迁移决策时不仅考虑绝对预期收入水平，而且考虑相对于本村落或其他亲戚朋友的收入水平，以减轻相对剥夺的压力，即使自家的收入水平有很大的提高，如果提高的程度不及参照人群，他仍然有种相对剥夺的感觉，仍然会决定迁移。

新迁移理论认为，人们在做是否外出打工或转移时要考虑众多因素，不仅仅是工资差异。许多学者对本地市场条件与迁移动机、外出收入对社区经济发展、社会网络或制度对迁移决策的影响等方面进行了实证研究，证明了该理论的正确性和有效性。该理论不是对过去理论的否定，而是对它们的进一步完善，仍然遵守收入最大化和成本最小化的假设。

（二）农户劳动力供给决策理论

从个体角度来讲，每个劳动力都会把自己的时间分配在工作和闲暇上，从而追求自身效用的最大化。但是，作为一个家庭的成员，每一个个体在进行决策时都会考虑家庭其他成员的行为状况，对于是否外出打工的决策更是如此（蔡昉、都阳和高文书等，2009）。所以农户家庭是农村劳动力供给决策的基本单位。在现实生活中，家庭成员之间又存在着劳动能力的差别，农户家庭作为生产经营的基本单元，在进行决策时，往往会利用家庭成员的分工优势，在谁会外出打工与否之间进行合理的分配劳动力资源，实现家庭收益效用的最大化（钱忠好，2008）。

为了实现家庭收益最大化，假设一个拥有 L 个劳动力的农户家庭把劳动力配置到农业和非农业生产当中，而且非农业生产只能在城镇区域获得，净工资率为 W（忽略城镇失业和转移成本的影响），那么农户农业生产函数可表示为（Zhao，1999）：

$$y = f(l, k, n) \qquad (7-1)$$

其中，l、k 和 n 分别代表农户家庭农业劳动力的投入、资本投入（包括种子、化肥和机械等）与土地投入。假设所有投入的要素边际产出都是正值，交叉导数是非负值。那么，农户家庭的效用目标函数便可表示为：

$$\max_{(l \geqslant 0, k \geqslant 0, n \geqslant 0)} \{pf(l, k, n) - rk - sn + w(L-l)\} \qquad (7-2)$$

其中，p 表示农产品价格向量，r 表示资本利率，s 表示土地租金，(L-l) 表示农户家庭中发生转移的劳动力数量。所以，农户家庭收益最大化条件为：

$$\begin{cases} pf_l(l, k, n) - w = \begin{cases} > 0, & (l = L) \\ < 0, & (l = 0) \\ = 0, & (0 < l < L) \end{cases} \\ pf_k(l, k, n) - r = 0 \\ pf_n(l, k, n) - s = 0 \end{cases} \qquad (7-3)$$

从式（7-1）~式（7-3）中可以看出，当农户劳动力农业工资率大于非农业净工资率时，则不会有劳动力转移；当农户劳动力农业工资率小于非农业净工资率时，农户劳动力会全部发生转移；当城乡不存在净工资率的差异时，部分农村劳动力会发生转移。这也就是"预期收入理论"所能解释的。

函数式（7-2）和式（7-3）是在要素市场较为完善的假设条件下构建的理论模型，但是，在当前我国农村土地管理制度条件下，土地所有权归集体所有，农户具有土地的使用权，虽然目前国家出台多项政策与法规允许农民有对土地经营权的转让权利，然而由于众多的原因，农村土地流转制度还并不完善，我们承认土地流转的规模逐渐在扩大，但是部分土地流转是非市场化行为。这使得当前部分农户土地的机会成本几乎为零。土地的收益主要来自劳动力收入，是农业劳动力收入的一部分。在这样的现实情况下，农户拥有的土地数量可以认为是外生变量，固定为 N。另外，因为在农村土地的实际管理当中，会有土地调整的存在；如果土地不被耕种，就会有失去土地风险的可能。我们都认为，土地是一种资产，农户为降低失去土地的风险，保留土地资产。假设农户安排若干劳动力

（L*）对土地进行耕种。基于上面的分析，我们将农户家庭收益效用目标函数式（7-2）修正为式（7-4）的形式：

$$\max_{L^* \leqslant l \leqslant L, k \geqslant 0} \{pf(l, k, N) - rk + w(L - l)\} \tag{7-4}$$

则，农户家庭收益效用最大化的条件为：

$$\begin{cases} pf_l(l, k, N) - w = \begin{cases} > 0, & (l = L) \\ < 0, & (l = L^*) \\ = 0, & (L^* < l < L) \end{cases} \\ pf_k(l, k, N) - r = 0 \end{cases} \tag{7-5}$$

从式（7-5）中，我们可以静态地分析出以下结论：第一，土地拥有量较多的农户会在自家农业生产中配置更多的劳动力，并且会减少家庭劳动力的转出数量。第二，较高的非农业净工资率会导致更多农村劳动力的转移。但是非农业净工资率还会受到劳动力个体因素和农户家庭因素的影响。第三，因为外出转移劳动力的数量是农户家庭劳动力总数量与农业劳动力数量之间的差值。所以，农户家庭中若拥有较多的劳动力，随之将会配置较多的劳动力去从事非农生产。

（三）农户劳动时间配置理论

在考虑农户劳动时间配置行为时，假定农户家庭消费和生产行为是完全理性的，所以，农户家庭的时间配置遵从收益效用最大化的原则。在研究非农劳动的供给行为时，将家庭时间分为：闲暇时间、农业劳动时间和非农业劳动时间三个部分①。家庭时间在这三个部分的不同配置将影响效用函数的大小。图7-1刻画了家庭时间分配和效用之间的关系（刘秀梅等，2004）。

U_1 和 U_2 分别表示家庭在收入与劳动时间之间进行选择形成的效用曲线，曲线的斜率就是闲暇的边际评价值 W_u（假设 W_u 与其他商品一样可以用货币单位进行计量），商品消费的数量收入预算约束是由转移性收入（y_0）、农业劳动净收入（F）和非农业劳动净收入（M，假设工资率不变，M是一条直线）三部分组成。从图7-1中可以看出，农业劳动的边际净收入（W_f）随着劳动时间的增加而不断下降，非农劳动的边际净收入（W_m）是一个定值，即非农业工资率。若劳动力只能从事农业劳动而进入

---

① 为了与本书概念的一致性，我们可以认为本理论所说的农业劳动就是从事自家农业的劳动，非农业劳动就是外出打工的劳动。

非农业劳动市场是被拒绝的，那么最优劳动时间在 t_f'' 的位置，这时，F 曲线与 U_2 曲线相切，即农业劳动边际净收入 W_f 恰好等于 U_2 的斜率；如果准许劳动力进入非农劳动市场，F 线与 M 线相切的位置就是最优农业劳动时间（t_f'），即农业劳动边际净收入（W_f）等于非农劳动的边际净收入（W_m）；最优总劳动时间（$t_f' + t_m'$）出现在 M 和 U_1 相切的位置，其中 t_m' 表示最优非农劳动时间，这时，非农劳动边际收入 W_m 恰好等于 U_2 的斜率。所以，我们知道劳动力参与非农劳动要比专门从事农业劳动获得更大的效用。

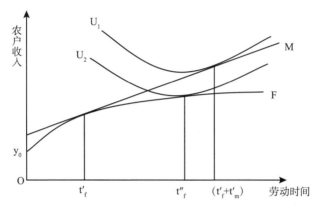

图 7 - 1　家庭时间在闲暇、农业劳动和非农业劳动之间的配置

（1）农业劳动时间及其边际净收入：农业净收入（F）是农业劳动时间、投入和产出价格与数量之间的函数。影响农业净收入的外生因子包括：可变性投入与产出的价格（p_v）、固定性农业投入与产出的数量（K）、劳动力个人的人力资本特征（H_f）。函数关系可以表示为：

$$F = F(t_f,\ p_v,\ K,\ H_f) \tag{7-6}$$

农业劳动时间的边际净收入为：

$$W_f = \partial F / \partial t_f = W_f(t_f,\ p_v,\ K,\ H_f) \tag{7-7}$$

在农业净收入函数 F 中，自变量为一组投入产出要素和农业劳动时间。农业劳动时间的边际净收入 W_f 随农业劳动时间变化而变化，而且我们可以预期其存在最大值，即 $\partial^2 F / \partial^2 t_f < 0$，因为在假定其他因素不变的情况下，农业劳动时间的边际净收入是下降的。

（2）非农劳动时间及其边际工资收入：非农劳动的净收入（M）是非农劳动时间（t_m）、劳动力从事非农生产的技能和经验（H_m）及其他因素（T_m）的函数，其函数关系：

$$M = M(t_m, L_m, T_m) \qquad (7-8)$$

非农业劳动时间的边际收入为：

$$W_m = \partial M / \partial t_m = W_m(H_m, T_m) \qquad (7-9)$$

（3）闲暇时间及其边际价值：考虑家庭在进行时间配置决策中的目标函数为：

$$U = U(t_u, g, X_u) \qquad (7-10)$$

式（7-10）中，U 表示效用，t_u 表示闲暇时间，g 表示商品消费数量，X_u 表示影响效用的家庭特征变量。由于在一定时间和收入的约束下，t_u 和 g 存在替代关系，这样，闲暇的边际价值就体现在这二者之间的边际替代率，即：

$$W_u = \frac{\partial U / \partial t_u}{\partial U / \partial g} = W_u(t_u, g, X_u) \qquad (7-11)$$

如果商品的价格是货币计量单位，W_u 便是以货币计量的闲暇价值。g 就是商品总消费，因此，g 的大小由劳动力在两部门劳动的总收入水平决定的。

（4）时间配置：效用函数取最大值时的时间配置就是均衡时间配置，由此可知，时间配置均衡的条件也同样是预算约束与时间约束的效用函数最大化的条件。

效用最大化的预算约束为：G = F + M + Y（其中 Y 代表转移性收入）。

效用最大化的时间约束为：$T = t_u + t_f + t_m$（其中 T 表示劳动力总可利用时间）。

若时间配置达到最优时，要求满足此条件：

$$W_u = W_m = W_f \qquad (7-12)$$

如果 $W_m > W_f(t_f'')$，说明家庭中增加非农劳动时间可以增加效用。此时，t_f'' 代表没有非农机会时的最优农业劳动时间。在给出其他相关外生变量的情况下，t_f'' 可以通过解下列方程得到：

$$W_u(T - t_f) = W_f(t_f) \qquad (7-13)$$

在以上条件下，家庭非农劳动时间配置函数可以表示为：

$$D_m = D_m(X_u, Y, P_v, K, H_f, T_m, H_m) \qquad (7-14)$$

式（7-14）中，因变量（D_m）表示家庭劳动时间配置到非农活动的可能性，自变量是前面提到的可以影响 W_u、W_m、W_f 变化的一些外生变量。

五、研究设计

本书的研究目标是基于前面研究背景及意义和现有文献的研究基础上，从农户层面着手，结合宁夏银北地区宏观层面的信息，了解本区域土地流转对样本区域劳动力转移的影响程度。具体从三个维度来判断土地流转对劳动力转移的影响效果：一是土地流转前后农户配置劳动力转移的概率大小、前后配置已婚妇女劳动力转移的概率大小；二是土地流转前后农户家庭劳动力转移比例的变化；三是土地流转前后外出劳动力打工持续时间的变化、已婚妇女外出劳动力打工持续时间的变化。四是在土地流转的背景下，劳动力转移对农户收入的贡献大小，借以评估土地流转的效果。为今后完善土地流转制度以及土地流转过程中劳动力的有效转移提供政策建议。

（一）分析框架

本章是以户籍在农村而且具有劳动力能力的农村劳动力为研究对象，以实现劳动力转移与土地流转的良性互动为考察目标，主要研究以下四个方面的问题：

第一，利用数据统计的方法，客观评价样本区域劳动力转移和土地流转现状。

第二，利用两时期数据，采用 Probit 模型、多元线性回归模型和 Tobit 模型的 DID 模型来实证分析土地流转对劳动力转移的影响。在本节中，我们将从家庭整体层面和基于性别的视角两个方面进行分析，以得出参与土地流转的农户家庭和未参与土地流转的农户在家庭劳动力转移方面及已婚妇女劳动力转移的差别。

第三，对于农户的收入，课题组收集了农户 2013 年和 2010 年的两时期数据。土地流转影响劳动力转移，同时劳动力的转移势必造成家庭收入结构的变化和收入高低的变化，因此在本章我们研究分析劳动力转移对农户收入的影响。首先通过比较处理组农户和对照组农户（参与土地流转的农户为处理组，未参与土地流转的农户为对照组）在土地流转前后收入的变化和差异，同样采用多元回归模型分析劳动力转移对农户收入的影响。

第四，通过对样本区域的现状统计描述及应用相关计量实证模型的方法，得出土地流转对劳动力转移影响的相关结论。并结合调研实际中的访谈,找出目前土地流转进程中出现的问题,并提出有效推动土地流转和劳动力转移良性互动的政策建议。

本章技术路线如图7-2所示。

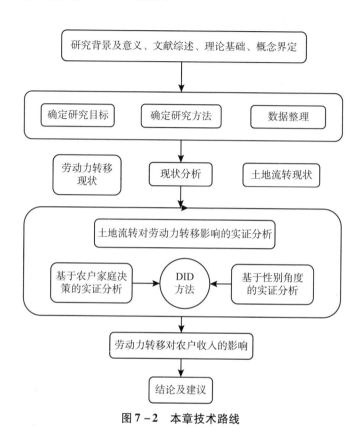

图7-2 本章技术路线

(二) 数据来源与研究方法

本章数据主要来源于课题组2014年7月在宁夏银北地区的平罗县、惠农区、贺兰县三个区域的实地调研,采用分层随机抽样的方法:按照各县农村人口数量,确定三县(区)的样本量,然后在各县(区)按照随机抽样原则选取农户。每个县随机抽取4~5个乡镇,共计14个乡镇;其次在每个乡镇中随机抽取2~3个行政村,共计37个行政村;最后在每个行政村中随机抽取20个农户家庭,加上备份问卷量,共计703个农户的样本,有效样本695份,有效问卷率约为99%,其中参与土地流转问卷量为447份,未参与土地流转的农户问卷量为248份,分别占有效样本量的

64.3%和35.7%。

为了得出土地流转对劳动力转移影响实证的科学性,我们收集了农户家庭 2010 年和 2013 年劳动力外出务工、家庭耐用品拥有量及收入的两时期数据,为了确保参与土地流转和未参与土地流转农户村落特征等方面的一致性,在每调查完参与土地流转农户之后,在其附近再做相应数量未参与土地流转的农户问卷。经过数据的分析整理,剔除非劳动力的样本,得到关于土地流转对农户劳动力转移影响的有效样本 652 份,其中参与土地流转的样本量为 415 份,未参与土地流转的为 237 份,分别占有比例为63.7%和36.3%。具体样本分布情况如表 7 - 1 所示。

表 7 - 1　　　　　　　　　　样本分布情况

类别	样本县	频数(份)	频率(%)
参与流转	平罗县	208	50.12
	惠农区	67	16.15
	贺兰县	140	33.73
	合计	415	100
未参与流转	平罗县	135	56.96
	惠农区	36	15.19
	贺兰县	66	27.85
	合计	237	100

资料来源:课题组调查所得,2014 年。

具体调查采用入户问卷调查与重点访谈的方式,问卷内容涉及家庭基本情况、土地流转、劳动力转移、收入与支出等几个模块。尽管土地流转与农村劳动力转移问题涉及经济、社会等各个方面,是比较复杂的问题。但是,对二者的研究并不需要做到面面俱到。本章是从土地流转的视角分析农村劳动力转移的问题,研究过程中将采用以下几种研究方法:

(1)文献梳理法。

通过对相关研究梳理,了解劳动力转移和土地流转的基本理论,初步寻找劳动力转移与土地流转之间的相关关系。

(2)问卷调查法与访谈法相结合。

借鉴社会学的研究方法,通过访谈的方式,了解样本村之前劳动力转移和土地流转情况，探索并证实土地流转对劳动力转移的影响效果大小。调查主要采用问卷调查法，基于宁夏银北地区的调查，对农户家庭成员基本情况、土地及其流转情况、劳动力外出务工、收入等方面做了较为全面的问卷调查。为构建农户家庭是否有劳动力转移、劳动力转移的比例和劳动力外出务工的持续时间三个维度的模型提供分析依据，进而从劳动力转移和农户收入方面进行评价土地流转效应。

（3）计量经济分析法。

在两时期面板数据的基础上，采用 Probit 模型、多元回归模型及 Tobit 模型的 DID 模型，分析土地流转对农户是否配置劳动力转移、劳动力转移比例及持续时间的影响。另外，应用多元回归模型分析劳动力转移对农户人均收入的影响程度。

第二节　土地流转与劳动力转移现状分析

一、土地流转现状描述

我国国情的特殊性决定了土地流转途径与其他国家不可能完全相同，而且其在不同的历史阶段呈现不同的特点。当然，不同的经济区域土地流转特点也不尽相同，掌握了样本区域的总体状况，可以为实证研究部分提供背景资料。

（一）土地流转组织形式及经营主体

在组织形式方面，宁夏坚持以市场为导向，因地制宜，积极探索和创新农村土地承包经营权流转机制，逐步形成了转包、转让、互换、出租、股份合作和其他流转形式并存，以出租和转包为主的格局。全区农村土地承包经营权流转面积中出租 193.3 万亩，转包 50 万亩，转让 11.9 万亩，互换 8.8 万亩，股份合作 4.4 万亩，分别占流转总面积的 72%、18.6%、4.5%、3.3% 和 1.6%。自治区出台的《关于促进家庭农场发展的指导意见》和家庭农场示范场创建活动的开展，推动全区各地积极探索建立家庭农场、通过土地信用社等中介组织流转土地，实现规模经营。

在经营主体方面，宁夏在积极培育扶持壮大各类农村经济组织的同时，还鼓励扶持引导各类经济组织和个人共同参与农村土地流转，农业龙头企业、经营大户、农民合作组织等经营主体逐渐成为农村土地流转的参与主体和农业产业化经营的主力军。据统计，流转入农户（含专业大户）的面积 112.5 万亩，流转入企业的面积 75.4 万亩，流转入农民合作组织的面积 58.5 万亩，流转入其他主体的面积 22.9 万亩，分别占流转土地的 41.9%、27.8%、21.8% 和 8.5%。

实地调查中发现，土地流转最早开始于 2006 年，最迟的是从 2013 年参与土地流转的。截至 2014 年底，平均流转年数为 3.3 年，其中流转年数 [1，5] 年的有 374 户，占 90.12%；[6，8] 年的有 41 户，占 9.88%。参与土地流转的农户主要是通过村委会将土地流转出去，这种组织形式占比达到 83.61%，其次是通过农村土地信用合作社，其占比为 12.29%，农村土地合作社从 2006 年试点开始，一直持续到 2010 年，发展壮大。但是 2010 年之后，发展速度下降，而且逐渐被其他组织形式所替代。通过具体的组织形式将土地主要流转给种粮大户和企业，占比分别为 37.11% 和 34.70%，如表 7-2 所示。

表 7-2　　　　　　土地流转组织形式及经营主体（n = 415）

类别	分项	频数（户）	频率（%）
组织形式（通过什么组织将土地流转出去）	1. 土地信用合作社	51	12.29
	2. 村委会	347	83.61
	3. 自发流转，无须通过任何组织	9	2.17
	4. 其他（通过乡、镇政府等）	8	1.93
土地经营主体	1. 企业	144	34.70
	2. 家庭农场	26	6.27
	3. 种粮大户	154	37.11
	4. 加入专业合作社	25	6.02
	5. 其他（包括私人、村委会等）	63	15.18
	6. 不清楚	3	0.72
流转年数（年）	[1，5]	374	90.12
	[6，8]	41	9.88
土地流转率	≤50%	77	18.55
	(50%，100%)	112	26.99
	=100%（全部转出）	226	54.46

（二）土地流转规模

随着宁夏土地流转的组织化程度显著提高，有序化流转已经成为我区农村土地流转的主流。基层政权组织特别是村委会（村集体经济组织）在引导农民规模、有序流转土地方面发挥了重要的组织作用。宁夏银北地区凭借优越的地理优势，土地流转形势良好，流转规模发展迅速，而银南地区受其地理、自然环境影响，土地流转发展相对缓慢。就全区总体而言，土地流转总体规模呈上升趋势。从图 7-3 中可知，在 2008 年至 2014 年期间，土地流转面积逐年增加，2014 年的流转累计面积是 2008 年的 4 倍以上。另外，流转规模变化最大的是在 2012 年，同比增长率达到 87.5%，截至 2014 年，宁夏土地流转总面积达到 268.4 万亩。例如，贺兰县立岗镇兰光村共有农户 547 户，耕地 7680 亩，全部流转，引进客商发展盘菜种植基地，建立移动温棚瓜菜基地，打造"兰光"品牌西瓜、蔬菜；在稻田养蟹基地，发展立体生态种养示范区，提高了当地农业集约化、规模化经营水平。

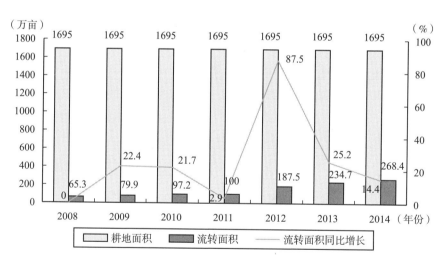

图 7-3　2008~2014 年宁夏各年土地流转规模

注：根据《2013 年宁夏统计年鉴》，2008~2012 年的年末耕地面积均在 113 万公顷左右（1695 万亩），变化不大，且 2013 年和 2014 年耕地面积数据无法获得，所以假定 2008~2014 年宁夏全区耕地面积均为 1695 万亩，承认有一定的误差，但误差不大。

资料来源：2008~2014 年土地流转面积数据分别来自以下网址：http://www.nxny.gov.cn/structure/zhxw/nyxx/nyxx_zw_56080_1.htm；http://www.nx.xinhuanet.com/newscenter/2010-10/16/content_21145889.htm；http://www.chinanews.com/estate/2011/01-14/2788446.shtml；http://www.sdpc.gov.cn/fzgggz/tzgg/dfgg/201502/t20150209_663721.html；http://www.nxny.gov.cn/structure/zhxw/nyxwx/zw_287218_1.htm。

在实地调查的 652 户家庭中，涉及土地总面积约 11445 亩，其中耕地 8536 亩，荒地 2929 亩。流转土地总面积为 5352 亩，其中耕地为 4656 亩，荒地为 696 亩，总的土地流转率为 46.8%。就农户家庭土地流转率而言，土地流转率最高为 100%，即全部流转。最低为 4.92%，平均流转率为 79.98%；流转最高亩数为 70 亩，最低亩数为 1 亩，土地流转平均亩数为 12.89 亩。从表 7 - 2 中可以看出，全部流转的有 226 户，占参与土地流转总样本的 54.46%，流转率在（50%，100%）区间的有 112 户，占参与土地流转的样本比例为 26.99%，流转率在 50% 及以下的有 77 户，所占比重为 18.55%。流转给企业、家庭农场、种粮大户、专业合作社及其他经营主体的土地面积分别为 1732 亩、401 亩、2051 亩、396 亩和 732 亩，还有 40 亩土地受让对象不清楚。所占百分比分别为 32.4%、7.5%、38.3%、7.4% 和 13.7%，0.7% 的不清楚流转给谁。

（三）土地流转合同形式及租金

宁夏全区成立了县级农村土地承包经营权流转服务组织 21 个，乡（镇）级流转服务组织 181 个，村级流转服务组织 1614 个，分别占县、乡（镇）、村总数的 95.5%、88.7% 和 72.4%。土地流转管理和服务工作已逐步步入制度化、规范化。目前签订流转合同 26.9 万份，流转合同签订率达 87.6%。逐步完善了土地承包纠纷逐级定期报告制度，认真落实属地管理责任，并建立了土地承包仲裁委员会，加大了农村土地流转纠纷的调处力度，切实维护了农民的合法权益。截至 2013 年 5 月，平罗县共培育新型农业规模经营主体 166 个，规模流转经营土地 14.09 万亩。具体操作上，由村委会和农民签订合同，再由村上集中把农民土地流转给经营大户。然而，在以往的农村土地租赁、流转中，虽然双方签订了合同，但对合同的严肃性和法律责任认识不足，随意解除合同或违约现象时有发生，给社会造成不和谐、不稳定因素。为确保平罗县农村土地经营管理制度改革健康、顺利实施，平罗县对村委会与农民、经营大户签订的土地流转合同进行公证。通过流转合同的公证，进一步规范土地流转行为，提高合同双方履行合同的自觉性，为土地规模经营营造一个良好的环境。

在实地调查样本中，土地流转的合同形式中，签订书面合同的有 410 户，占 98.79%，签订对象包括土地信用社、村委会、种粮大户和家庭农场；口头约定的有 5 户，仅占 1.21%，口头约定的均属于自发流转，流转对象为农户亲戚、邻居等。农户与土地转入方签订的一个合同期为 1 ~ 20 年不等，平均期限约为 9 年，其中一个合同期为 1～5 年的有 151 户，占 36.38%；6～10 年的有 117 户，占 28.19%；超过 10 年的有 141 户，占 33.98%；每亩地的租金最高为 800 元，最低为 100 元，平均每亩地每年的租金为 603 元，其中低于 500 元的占 13.74%，500～800 元的占 86.26%，如表 7-3 所示。在调查中发现，目前土地流转租金并不是一成不变的，而是根据每年的粮食价格适时调整，这在合同当中也有注明。

表 7-3 　　　　　样本区域土地流转合同形式、租金情况（n=415）

类别	分项	频数（户）	频率（%）
合同形式	书面合同	410	98.79
	口头约定	5	1.21
合同期（年）	[1，5]	151	36.38
	[6，10]	117	28.19
	>10	141	33.98
	其他（包括不知道，不一定等）	6	1.44
每亩租金（元）	<500	57	13.74
	[500，800]	358	86.26

（四）土地流转农户意愿调查

在参与土地流转的 415 份样本中，针对当初是否自愿转出自家土地的问题，有 74.70% 的农户是自愿的，自愿转出土地的原因主要有种粮经济效益低下，劳动力不足，土地比较少或自家土地不连片等，累积占比为 91.94%。但仍然有 25.30% 的农户是不自愿的，最后又流转出去的原因主要是政府私底下做工作才流转的，占比为 63.81%，有 20.95% 的农户是政府强制流转的，如表 7-4 所示。

表 7-4 　　　　　　　土地流转意愿（n=415）

类别	分项	频数（户）	频率（%）
当初转出土地是否自愿	自愿	310	74.70
	不自愿	105	25.30

类别	分项	频数（户）	频率（%）
自愿转出土地的原因	1. 种粮经济效益低	111	35.81
	2. 劳动力不足	105	33.87
	3. 种地太辛苦	25	8.06
	4. 其他（包括自家土地禀赋差、土地比较少等）	69	22.26
不愿流出土地，最后又转出土地的原因是	1. 政府做工作后才流转	67	63.81
	2. 政府强制流转	22	20.95
	3. 亲戚朋友劝说	5	4.76
	4. 其他（别人转出，自己不得不转出等）	11	10.48

二、样本区域劳动力转移现状描述

为了消除土地流转对劳动力转移影响的内生性，课题组对于农户家庭劳动力外出情况收集了 2013 年和 2010 年的两时期数据，在这里我们将 2010 年作为基期（处理组和对照组均未参与土地流转），2013 年作为考察期（处理组在这一期间参与了土地流转，而对照组仍然未参与土地流转）。因此我们得到了满足这一条件的样本共计 496 份，其中处理组样本 259 份，对照组样本 237 份。分别占比为 52% 和 48%。

（一）劳动力转移整体情况

从表 7-5 中，我们可以总结出以下特点：

表 7-5　　　　处理组与对照组劳动力转移整体特征（n=496）　　　单位：%

类别	处理组（n=259）		对照组（n=237）	
	2013 年	2010 年	2013 年	2010 年
外出劳动力占总人口比例	37	16	24	17
没有外出务工户	22	53	41	52
有外出务工户：	78	47	59	48
外出 1 人户	33	37	36	35
外出 2 人及以上户	45	10	23	13

第一，处理组从 2010～2013 年，没有外出务工户占比从 53% 下降至 22%，减少了 31%；有外出务工户占比则从 47% 增加到 78%，增加比例为 31%，其中：外出 1 人户从 37% 下降至 33%，减少了 4 个百分点，外出 2 人及以上户所占比例从 10% 增加到 45%，增加了 35%。外出劳动力人口数量百分比从 16% 增加到 37%，增加比例为 21%。

第二，对照组从 2010～2013 年，没有外出务工户占比从 52% 下降至 41%，减少比例为 11%，有外出务工户从 48% 增加至 59%，增加比例为 11%，其中：外出 1 人户从 35% 增加至 36%，增加比例为 1%，外出 2 人及以上户从 13% 增加至 23%，增加比例为 10%。外出劳动力数量占比从 17% 增加至 24%，增加比例为 7%。

由此我们可以看出，处理组外出劳动力数量所占比例较对照组外出劳动力数量所占比例高出 14%。外出务工户数增加比例，处理组比对照组高 20%，且处理组家庭逐渐增加外出务工的人数，而对照组相对增加比例较为迟缓。这初步可以看出土地流转对劳动力转移具有积极的作用，可以释放更多的劳动力进行转移。

（二）劳动力转移个体特征情况

从表 7-6 中，我们可以总结出以下特点：

表 7-6　　　　处理组与对照组外出劳动力个体特征（n=496）　　单位：%

类别	处理组（n=259）		对照组（n=237）	
	2013 年	2010 年	2013 年	2010 年
外出劳动力性别构成				
男性	67	88	73	80
女性	33	12	27	20
外出劳动力婚姻状况				
已婚	85	85	80	87
单身	15	15	20	13
平均年龄（岁）	40	36	36	35
文化程度				
小学及以下	27	28	21	31
初中	65	64	60	56
高中	8	8	19	13

　　第一，在外出劳动力性别构成中，不管是处理组还是对照组，劳动力转移主要还是以男性为主，但是女性劳动力转移比例也在逐步增加，比较2010年和2013年这两年女性外出的变化，处理组女性劳动力转移比例增加了21%，而对照组女性劳动力转移比例仅增加了7%。可以看出土地流转促进了女性劳动力由过去的"主内"向"主外"角色的转变。

　　在外出劳动力婚姻状况中，处理组和对照组的数据均显示出，外出劳动力均以已婚为主，所占比例在80%以上。

　　第二，从图7-4和表7-6中可以看出，外出劳动力主要以30～50岁这一年龄区间的为主，其占比均在50%及以上水平。处理组2013年和2010年外出劳动力平均年龄分别为40岁和36岁，对照组2013年和2010年外出劳动力平均年龄分别为36岁和35岁。在这种年轻劳动力短缺的情况，将会随着新增劳动力逐步减少、劳动力总量中外出务工的年轻劳动力的比重将会进一步降低，而呈现加剧的趋势。另外，在2010年和2013年这两年的年龄分布中，发生较为明显的是处理组中50岁以上外出劳动力比例的变化，较2010年增加了12%。这说明土地流转也促进了50岁以上劳动力的转移。

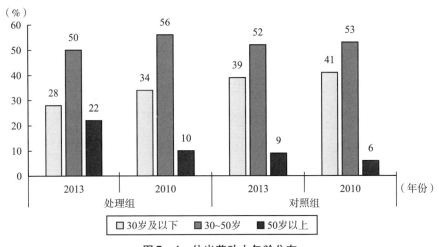

图7-4　外出劳动力年龄分布

　　就文化程度而言，处理组和对照组中外出劳动力均以有初中文化的最多，所占比例均在60%左右。

（三）劳动力外出务工持续时间及工资情况

在表7-7中，我们可以看出劳动力外出务工持续时间以半年及以上为主，均值约为7个月。在2010年至2013年，劳动力外出务工持续时间有向短期倾斜，可能的原因是受当前宏观经济的影响，如建筑行业不景气，招人少等缘故。2013年，外出劳动力月平均工资在3000元以上，较2010年有所上涨，增加幅度在100~700元不等。

表7-7　　　　劳动力外出务工持续时间及工资情况（n=496）

类别	处理组（n=259）		对照组（n=237）	
	2013年	2010年	2013年	2010年
外出务工持续时间（月）				
<3	21	12	20	13
[3, 6)	17	16	19	23
[6, 12]	62	72	61	64
平均持续时间（月）	7.0	7.6	7.0	7.4
月平均工资（元）	3029	2853	3162	2493

（四）外出劳动力的地域分布及产业分布

（1）地域分布，农村劳动力转移在空间上具有地域性。20世纪80年代我国以农村内部转移就业为主，90年代异地转移十分活跃，但是仍然以省内转移为主。而宁夏银北地区外出劳动力的地域分布呈现的特点我们从表7-8中可以得知，银北地区劳动力的转移仍以省内转移为主，在2010年和2013年中，这一比例高达90%左右，其中县以内的转移占比在一半以上。省外转移比例仅在5%左右，在调查中发现，省外转移的地点分布大多在宁夏周边省区，如内蒙古、山西等地。

表7-8　　　　外出劳动力的地域分布及产业分布（n=496）　　　　单位：%

类别	处理组（n=259）		对照组（n=237）	
	2013年	2010年	2013年	2010年
地域分布				
1. 县以内转移	68	52	65	59

续表

类别	处理组（n=259)		对照组（n=237)	
	2013 年	2010 年	2013 年	2010 年
2. 县以外省内转移	27	42	30	36
3. 省外转移	5	6	5	5
产业分布				
第一产业	29	8	20	13
第二产业	40	56	44	61
第三产业	31	36	36	26

（2）产业分布，对于外出劳动力的产业分布，不同机构的调查数据都有一定的差距，这取决于调查对象的个体因素，当地经济条件等，但大都反映了以第二、第三产业为主的特征事实。同样，从表7－8中，我们可以得知宁夏银北地区外出劳动力从事产业也以第二、第三产业为主，且第二产业占有较大比例。处理组中第二、第三产业所占比重从2010年的92%下降至2013年的71%，减少比重为21%。对照组中第二、第三产业所占比重从2010年的87%下降至2013年的80%，减少比重为7%。在实际调查中得知，农户将土地流转出去之后，会有部分原来从事第二、第三产业的劳动力或年龄较大的劳动力在家附近的种植大户或家庭农场打工。在经济形式不景气的情况下，会出现第一产业比重回升的现象。

（五）外出劳动力技能培训及就业途径

从表7－9中得知，对于外出劳动力是否接受过劳动技能培训方面，处理组和对照组没有多大区别，接受过劳动技能培训的人员仅在5%～7%。

表7－9 外出劳动力技能培训及就业途径（n=496) 单位：%

类别	处理组（n=259)		对照组（n=237)	
	2013 年	2010 年	2013 年	2010 年
是否接受过劳动技能培训				
是	5	7	7	5
否	95	93	93	95

续表

类别	处理组（n = 259）		对照组（n = 237）	
	2013 年	2010 年	2013 年	2010 年
就业途径				
1. 靠亲戚朋友介绍	76	64	73	81
2. 通过网络等途径找的工作	22	33	25	16
3. 通过中介组织找到工作	0.6	2	1	1.5
4. 通过政府劳务组织	0.6	0	0	0.5
5. 用人单位直接到农村招工	0.8	1	1	1

外出劳动力的就业途径主要靠亲戚朋友介绍，其次是通过网络等传媒工具找到工作。靠这两种途径找到工作的所占比重约为 98%。

从这两方面可以明显反映出，政府在加强劳动技能培训，就业信息共享等方面存在不足，尤其在以土地流转为举措、实现农业现代化为目标的过程中，更应该对农村剩余劳动力进行针对性的技能培训，让农民在没有土地之后，通过自身掌握的技术，获得工作的机会和更高的收入。

第三节 土地流转对劳动力转移影响的实证分析

影响劳动力的转移是众多因素共同作用的结果，包括微观、宏观、经济和非经济，也包括来自农村与农业的推力与拉力和非农产业化的拉力和反推力，除此之外，更有学者从科技进步和信息化的角度进行了研究。本章研究的主题是土地流转对农户劳动力转移的影响，在第二节通过我们对土地流转和劳动转移现状的统计分析，我们对土地流转前后劳动力转移的变化情况，已经有了初步的判断，那么本节，我们将用具体计量方法进行进一步的确认。

农户劳动力转移决策行为可以反映出农户劳动力配置状况，包括三部分的内容：第一，农户家庭是否有劳动力参与转移；第二，农户劳动力转移率。第三，决策行为做出之后，外出务工持续的时间也是劳动力转移另一量度的重要体现。本章将基于农户家庭决策和劳动力个体两个方面进行实证研究，从农户家庭层面整体了解土地流转对农村劳动力转移的影响效应；从劳动力个体方面分析土地流转对农村已婚妇女劳动力转移的影响。

基于农户家庭决策的实证分析

自新劳动力转移经济理论提出以来，家庭作为劳动力转移的决策主体逐渐受到认同与重视，成为当前农村劳动力转移研究的主流思想。家庭作为决策主体，主要表现为农户家庭经营策略对家庭劳动力个体转移决策的影响，主要包括风险规避、相对贫困及转移汇款等因素。本节正是基于该理论进行实证分析。

(一) 数据来源

在实地调查的样本中，农户开始土地流转的年份一直从 2006 年持续到 2013 年。而我们收集的两时期数据分别是 2010 年和 2013 年。为了遵循 DID 方法的基本原则，我们剔除了 2010 年及之前流转的农户问卷，因此我们以 2010 年为基准，在基准期土地流转这一影响因子在处理组和对照组中都未实施，以 2013 年为考察期，从 2011 年开始至 2013 年处理组农户都相继参与了土地流转，而对照组一直未参与流转。因此，通过筛选我们选择了处理组样本 259 份，对照组样本 237 份，共计 496 份样本。通过对照组和处理组的两时期数据分析土地流转对劳动力转移影响的净效果。

(二) 模型设定与研究方法

简单比较不同年份土地流转与劳动力转移的数据，无法有效反映土地流转因素的真实影响。首先，不同年份劳动力转移数据的变化可能反映整体土地流转因素的系统性差异，而不能完全归为某一因素的影响。其次，参与土地流转区域和未参与土地流转区域存在空间的重叠与交叉，而且不同区域之间存在着流转政策设计、规模大小和流转效果的差距，常规的统计方法难以辨识土地流转影响效果的区域差异。另外，宁夏银北地区土地流转的实际目的和效果评价包括劳动力的有效转移和农民收入的提高等，进而实现农业现代化和缩小城乡收入差距。土地流转的影响路径是劳动力转移的变化和收入的变化，它们之间存在代际效应，比较土地流转实施前后农户的生产生活活动差异，才能辨析土地流转因素的影响效果。

政策设置的科学性、针对性与可行性，依赖于政策实施的效应，以及后续的政策再调整、再整合和再推广。DID 作为政策的评估工具，同样也适用于识别土地流转对宁夏银北地区农村劳动力转移的影响。在没有"政策效应"的前提下，参与土地流转农户和未参与土地流转农户应有平均效应，这是 DID 模型的重要假设。参与土地流转农户在流转前和流转后两种情况下的变化之差体现在土地流转的净效应上。除了待考察的处理因素外，DID 方法要求参与组和未参与组的特征应具有相似性，以避免 DID 估计结果的偏差。

在 DID 模型中，如果将宁夏银北地区的农户是否参与土地流转看作"实验"，以 2010 年作为基期，"实验"均未实施，2013 年作为考察期，2010 年之后接受"实验"的农户作为处理组，依旧不接受"实验"的农户作为对照组。我们利用处理组农户在土地流转前后劳动力转移的变化量，减去对照组农户在两时期内劳动力转移的变化量，以此来识别宁夏银北地区土地流转的影响效应和劳动力转移量度的响应。

该模型的一般性描述如下：

$$Y_{it} = \beta_0 + \alpha_0 T_t + \beta_1 dB_i + \alpha_1 T_t \cdot dB_i + \theta X_{it} + \mu_{it} \qquad (7-15)$$

式（7-15）中：农户 i 在 t 时期的结果值表示为 Y_{it}，dB_i 表示组别虚拟变量，如果样本属于处理组 $dB_i = 1$，属于对照组 $dB_i = 0$。T_t 表示时期虚拟变量，在"实验"实施前为 0，实施后为 1，即基期 2010 年，$T = 0$，考察期 2013 年，$T = 1$。此时，交叉乘积项 $T_t \times dB_i$ 前面的系数 α_1 就是 DID 估计量，衡量的就是土地流转净效应。X_{it} 是一组可观测的影响劳动力转移的控制变量，包括农户特征变量和村庄变量等。μ_{it} 为随机扰动项。

1. 农户家庭是否配置劳动力发生转移：Probit 模型

对于农户家庭是否有配置劳动力发生转移的行为而言，其为二值虚拟变量（有配置劳动力的转移为 1，否则为 0）。传统的回归模型因为其赖以成立的假设前提不能满足而无法用来对该类现象加以模型化的计量解释。Probit 模型可以让因变量为 0 ~ 1 变量的问题提供了有效的计量工具，而且，自变量可以是定性与定量的形式单独出现，也可以同时出现在 Probit 模型当中。

$$P(y = 1 \mid x) = G(\beta_0 + \alpha_0 T_t + \beta_1 dB_i + \alpha_1 T_t \cdot dB_i + \theta X_{it} + \mu_{it}) \qquad (7-16)$$

其中，P（）表示 y = 1 的概率，即农户家庭有配置劳动力进行转移。G 为服从某种分布的累计分布函数，其取值范围严格介于 0 ~ 1 之间：对于所有实数 z，都有 $0 < G(z) < 1$。Probit 模型为：

$$G(z) = \phi(z) \equiv \int_{-\infty}^{z} \phi(v) dv \qquad (7-17)$$

其中，$\phi(z)$ 为标准正态密度函数：

$$\phi(z) = (z\pi)^{-1/2} \exp(-z^2/2) \qquad (7-18)$$

在实际应用中，通过对其求边际效应可以得出自变量每发生 1 个变化量，被解释变量的变化情况，这样更有现实意义。因此在计量结果中也求得其边际效应。

2. 农户劳动力转移比例：多元线性回归模型

农户劳动力转移率是农户家庭中参与转移的劳动力占家庭劳动力总数的比例，是一个定量连续变量，其影响因素可以用多元线性回归模型进行分析。不管被解释变量是定性的还是定量的，只要被解释变量为定量变量，而且各个变量观测值符合相应的统计规律（如正态分布），则可通过多元线性回归模型进行实际操作，并通过此模型得到的标准化回归系数值，可以对解释变量对被解释变量的影响程度进行直接比较。根据设定的影响变量，农户参与转移的劳动力数量公式与式（7-15）一致，在这里，Y_{it} 表示 i 农户在 t 时期家庭劳动力转移的比例。

2. 劳动力外出务工持续时间：Tobit 模型

Tobit 模型是针对样本中的被解释变量 y 有许多值为 0，而其他值为正且连续的情况下的估计，该模型在劳动力供给时间影响因素分析上已经得到了广泛的应用。被解释变量为外出劳动力的持续时间（月）。估计出模型中的系数，我们仍然关心的是 x 对 y 的期望值的影响，因此我们也将 x 对 y 影响的边际效应做重点分析。

（三）变量选取与样本描述

变量统计描述及预测作用方向如表 7-10 所示。

表 7-10 变量统计描述及预测作用方向

变量	含义及单位	均值	标准差	预测作用方向
因变量				
是否有劳动力转移	转移 =1；未转移 =0	0.52	0.50	
农户劳动力转移率	劳动力转移人口占家庭劳动力总数的比例	0.25	0.28	
持续时间	家庭外出务工人员平均持续时间（月）	4.24	4.56	

续表

变量	含义及单位	均值	标准差	预测作用方向
自变量				
参与土地流转	参与 = 1；未参与 = 0	0.52	0.50	+
控制变量				
土地面积	农户可以耕种的土地面积（亩）	14.11	15.84	−
合同期	签订一个合同期年限（年）	2.24	4.72	+
家庭人口	家庭人口总数（人）	3.61	1.52	+
非劳动力人口	家庭非劳动力人口（人）	1.01	1.06	−
年龄	劳动力平均年龄（岁）	44.34	10.22	
受教育年限	劳动力平均受教育年限（年）	5.94	3.18	+
社会迁移关系	外出务工人员在工作地是否可以得到亲朋好友的帮助：1 = 是，0 = 否	0.28	0.45	+
对外交通状况	从您家到最近的搭车地点，有多远（公里）	1.10	2.02	+
经济状况	您家距离最近的市场或集市有多远（公里）	5.61	4.78	+

注："＋"表示正向影响，"－"表示负向影响。

（1）因变量选取：本书对劳动力转移的考量，分别用家庭是否配置劳动力转移、家庭劳动力转移比例和劳动力外出务工持续时间三个量度进行分析，以得出土地流转对上述三个量度的影响效果。

（2）自变量选取：根据前面国内外的相关研究，本书将农户劳动力转移的影响因素归纳为三大部分：土地流转、农户家庭特征和村庄特征。

第一，土地流转变量，我们选取了是否参与土地流转、流转时期及二者乘积的交互项3个变量。

第二，家庭特征变量，我们选取了农户可以耕种的土地面积、合同期、家庭人口、非劳动力人口、劳动力平均年龄、平均受教育年限和社会迁移关系7个变量。

土地面积："中国农村劳动力流动"课题组（1997）、赵（Zhao，1999a；1999b）、蔡昉和都阳（2002）等的研究表明，家庭耕地数量与劳动力乡城转移行为呈负相关关系。有些学者的研究表明耕地面积对农村劳动力乡城转移决策的影响不显著（Li，Zalinlser，2002；盛来运，2008；张世伟和赵亮，2009；等）。

合同期：田传浩等（2014）利用 2011 年在浙、鄂和陕 3 省收集的土地经营状况调查数据分析得出，短期的土地租赁契约对劳动力非农就业的影响不显著，而长期对其影响是正向显著的。

家庭人口、非劳动力人口、劳动力平均年龄、劳动力平均受教育年限：蔡防和都阳（2002）研究表明：家庭劳动力数量对农户劳动力转移的积极作用，非劳动力人口对其有负向影响。句芳等（2008）利用对河南省的农户调查数据，采用 Tobit 模型分析了农户非农劳动力时间的影响因素，研究发现，农户劳动力总数、65 岁以上老人数量对农户非农劳动力时间具有显著正向影响，农户劳动力平均年龄与农户非农劳动力时间具有显著的倒 U 关系，农户中有需要被照看的婴幼儿对农户非农劳动时间具有显著的负向影响。张世伟和赵亮（2009）依据吉林省调查数据，运用生存分析的方法，研究结果表明，男性劳动力的转移意愿比女性劳动力强；受教育程度对女性劳动力的影响不显著，对男性劳动力的转移倾向有显著的正向影响。赵（1999b）、蔡防（2001）和朱农（2002）等通过对转移者与非转移者的比较发现，那些受教育程度较高者反而更倾向于留在农村从事非农工作，而不愿意外出打工的原因可能是具有较高文化程度的富余劳动力无须外流，可以从事家庭非农业经营或进入乡镇企业工作来提高自己的收入，或者已经占据了较好的农村就业岗位，因而转移动机较弱。然而，有学者发现教育年限与劳动力乡城转移决策呈倒 U 形关系，即受教育程度较低或较高的劳动力其转移的可能性较小（Li，Zahniser，2002）。

社会迁移关系：由于劳动力乡城转移过程的特殊性，如果得到朋友、亲属或熟人等帮助，如提供就业信息、物质及精神等方面的支持，将大大促进劳动力向城镇转移的积极性和成功率，因此，家庭社会网络对劳动力乡城转移决策具有重要作用（Winiers，de Janvry，Sadoulet，2001）。姚先国、刘湘敏（2002）和赵（2003）等人也证明了社会网络对劳动力乡城转移决策中发挥着重要的促进作用。

第三，村庄特征变量，我们选取了距最近的搭车地点的距离和距最近集市的距离两个变量：村庄与外界交通状况改善会带来信息流通和交通运输的便利，进而使劳动力外出打工更容易实现（刘晓宇和张林秀，2008）。这表明劳动力的转移决策与所处社区（村庄）的状况也是密不可分的。

（四）模型估计结果及分析

基于 DID 方法上，利用软件 Stata 11.0 运行 Probit 模型、多元线性回归和 Tobit 模型的估计，其中 Probit 模型反映农户家庭有配置劳动力转移的概率，多元线性回归模型估计了农户劳动力转移率的情况，Tobit 模型反映了农户家庭在已经决定了有劳动力转移的情况下，劳动力外出务工持续时间的数量水平。下面我们分别用了基本回归模型和引入控制变量回归模型进行了针对性的分析，如表 7-11 所示。

1. 基本回归结果及分析

Probit 估计、多元线性回归模型和 Tobit 估计结果表明，配置劳动力转移概率，劳动力转移率和外出务工持续时间对 "$T_i \cdot dB_i$" 代表的土地流转净效应在 1%、5% 不等的显著性水平上显著为正，其系数分别为 0.518、0.156 和 2.273，说明在控制了时变效应和差异效应的同时，土地流转对农村劳动力转移具有正向显著的影响。其中，Probit 回归边际效应、Tobit 回归边际效应和多元线性回归系数分别为 0.202、0.156 和 1.474，表明参与流转的农户家庭劳动力转移的概率比未参与土地流转的农户转移概率高 20.2%，家庭劳动力转移比例增加 15.6%，外出务工持续的时间会增加约 1.5 个月。农户家庭配置劳动力进行转移的概率、劳动力转移比例和持续时间的时变效应 T_i 的系数分别为 0.212、0.050 和 1.469，也都在相应的显著性水平上正向显著。而三种模型分别估计的差异效应 dB_i 的系数分别为 -0.034、-0.011 和 0.090，均不显著。

表 7-11　　　　　　　　　基本模型估计结果

因变量	Probit 估计		多元线性回归	Tobit 估计	
	是否有劳动力转移（0/1）		劳动力转移比例	持续时间（月）	
自变量	系数	边际效应	标准化系数	系数	边际效应
dB_i（参与流转）	-0.034 （-0.30）	-0.014	-0.011 （-0.44）	0.090 （0.13）	0.056
T_i（流转时期）	0.212* （1.84）	0.084	0.050** （1.98）	1.469** （2.11）	0.911
$T_i \cdot dB_i$	0.518*** （3.20）	0.202	0.156*** （4.50）	2.273** （2.38）	1.474
常数项	-0.175** （-2.14）	—	0.191*** （10.83）	0.760 （1.48）	—

因变量	Probit 估计	多元线性回归	Tobit 估计
	是否有劳动力转移（0/1）	劳动力转移比例	持续时间（月）
样本量 = 496	LR chi2 (3) = 52.94	F(3, 988) = 30.89	LR chi2 (3) = 44.68
	Prob > chi2 = 0.00	Prob > F = 0.0000	Prob > chi2 = 0.00
	Pseudo R2 = 0.0385	R-squared = 0.0858	Pseudo R2 = 0.0097

注：*、** 和 *** 分别表示在 10%、5% 和 1% 水平上显著。Probit 估计中小括号内数据为 z 统计量，多元线性回归和 Tobit 估计中小括号内的数据为 t 统计量。

2. 引入控制变量的回归结果及分析

第一，引入控制变量之后，自变量，土地流转对农户家庭是否配置劳动力转移、劳动力转移比例、外出务工持续时间影响的 DID 估计值分别为 0.476、0.143 和 1.109。均在相应的显著性水平上正向显著。再次证明，土地流转对劳动力转移具有积极的显著影响。另外，Probit 和 Tobit 估计的 DID 值的边际效应分别为 0.187 和 0.719。即参与土地流转的农户家庭要比未参与土地流转的农户家庭在配置劳动力转移的概率上高 18.9%，劳动力转移比例要高 14.3%，外出务工持续时间仍然要多出近 1 个月。

第二，在控制变量中，土地面积对劳动力转移的三个量度的影响均在 1% 的显著性水平上负向显著，Probit 和 Tobit 估计系数对应的边际效应为 -0.007 和 -0.040。表示在所有自变量均值处，农户土地拥有量增加 1 亩，则农户家庭中有劳动力外出转移的可能性会降低 0.7%，劳动力平均外出务工的持续时间会减少 0.04 个月，除此之外，劳动力转移比例会下降 0.3%。合同期对劳动力转移的决策并没有约束，可能是因为收集的两个时间段间隔太短，不能明显体现合同期的影响。家庭人口对劳动力转移的三个量度均在相应的显著性水平上显著正向影响，农户家庭每增加 1 口人，有劳动力转移发生的可能性会提高 20.2%，劳动力转移比例会提高 1.6%，持续时间会增加一个半月之多。从样本中得出，户均劳动力人口为 2.6 人，而非劳动力人口约 1 人，因此增加的这 1 人为劳动力。非劳动力人口在 1% 的显著性水平上对是否配置劳动力转移和持续时间具有显著负向作用，每增加 1 位非劳动力人口，家庭配置劳动力外出的可能性会降低 16.9%，外出持续时间会降低 1.193 个月。然而，非劳动力人口对家庭劳动力转移比例的影响在 5% 的显著性水平上是正向显著的，这与 Probit、

Tobit 估计的方向是相反的，即增加 1 位非劳动力人口，劳动力转移比例会增加 2.1%。非劳动力被认为是家庭的负担，对于农村而言，非劳动力不能代替劳动力对自家土地的耕作，间接对劳动力的转移造成了限制。农户家庭劳动力平均年龄对三个量度的影响均在 1% 显著性水平上是负向显著的，即每增加 1 岁，其家庭配置劳动力转移的可能性会降低 1%。劳动力转移比例会下降 0.5%，持续时间会下降 0.088 个月。

从表 7 - 12 中得知，劳动力平均年龄均值为 44 岁，2013 年，均值以下年龄段的共有 332 户，只有 67 户没有劳动力转移的人口，而均值以上年龄段的共 320 户，有 177 户没有劳动力转移的人口。因此，较为年轻的劳动力具有较高转移的可能性，而年龄过大的劳动力，因劳动力不足而对转移的可能性有所抑制，处在中间年龄段的劳动力一方面逐渐在丧失外出打工的年龄优势，但是仍然有一定的劳动能力，仍然有转移的可能性。年龄超过某一临界区域，则增加 1 岁，发生转移的可能性会降低。农户家庭劳动力平均受教育年限在 1% 的显著性水平上对劳动力转移的三个量度具有正向显著的影响，即其每增加 1 年，农户家庭配置劳动力转移的概率会提高 5.2%，劳动力转移比例会提高 2.1%，持续时间会增加 0.396 个月。家庭劳动力的受教育年限越长，适应社会的能力也越强，因此发生转移的可能性也就越大。这在很多相关的研究中，都得到了证实。外出打工若能得到亲友的帮助，家庭劳动力转移的可能性会增加 11.7%，劳动力转移比例会提高 4.5%，持续时间会增加 0.865 个月，均在 1% 显著性水平上正向显著。这体现了好友等人之间的就业信息共享，精神的互相关怀及生活上的互相帮助等对提高劳动力外出务工的可能性的重要意义。村庄变量中的对外交通和距离最近的集市的距离对劳动力转移的决策可能性、比例、持续时间不构成约束，因为宁夏银北地区处于宁夏发达地区，经济发展良好，交通便利，因此这与现实情况也是相符的。

表 7 - 12　　　　　　　　　　　引入控制变量回归结果

因变量	Probit 估计		多元线性回归	Tobit 估计	
	是否有劳动力发生转移		劳动力转移比例	外出务工持续时间（月）	
自变量	系数	边际效应	标准化系数	系数	边际效应
DID 估计值	0.476 ** (2.04)	0.187	0.143 *** (3.69)	1.109 ** (1.12)	0.719

续表

因变量	Probit 估计		多元线性回归	Tobit 估计	
	是否有劳动力发生转移		劳动力转移比例	外出务工持续时间（月）	
自变量	系数	边际效应	标准化系数	系数	边际效应
控制变量					
土地面积	-0.018 *** （-5.68）	-0.007	-0.003 *** （-5.23）	-0.064 *** （-4.51）	-0.040
合同期	0.002 （0.09）	0.001	-0.002 （-0.87）	0.044 （0.66）	0.028
家庭人口	0.506 *** （8.88）	0.202	0.016 * （1.84）	2.425 *** （11.14）	1.531
非劳动力 人口	-0.424 *** （-6.20）	-0.169	0.021 ** （1.99）	-1.890 *** （-6.74）	-1.193
年龄	-0.026 *** （-4.07）	-0.010	-0.005 *** （-4.47）	-0.139 *** （-5.06）	-0.088
受教育年限	0.130 *** （7.46）	0.052	0.021 *** （7.65）	0.628 *** （8.15）	0.396
社会迁移关系	0.295 *** （2.85）	0.117	0.045 *** （2.55）	1.331 *** （3.02）	0.865
对外交通状况	0.011 （0.44）	0.004	0.005 （1.36）	0.048 （0.46）	0.030
经济状况	0.007 （0.74）	0.003	0.000 （0.06）	0.032 （0.74）	0.020
常数项	-1.142 *** （-2.68）	—	0.223 *** （3.18）	-3.275 * （-1.81）	—
样本量 = 496	LR chi2 (12) = 397.19		F（12，979）= 32.66	LR chi2 (12) = 441.91	
	Prob > chi2 = 0.0000		Prob > F = 0.0000	Prob > chi2 = 0.0000	
	Pseudo R2 = 0.2891		R-squared = 0.2859	Pseudo R2 = 0.0964	

注：*、** 和 *** 分别表示在 10%、5% 和 1% 水平上显著。Probit 估计中小括号内数据为 z 统计量，多元线性回归和 Tobit 估计中小括号内的数据为 t 统计量。

通过对 Probit 模型、多元线性回归模型及 Tobit 模型的估计结果对比发现，影响农户家庭是否配置劳动力进行转移、劳动力转移比例和外出务工持续时间的因素基本相同，土地流转对其影响是显著的，而且是不容忽视的。

第四节　劳动力转移对农户收入的影响

从上一节的实证分析中得知，土地流转对农村劳动力转移的影响，无论是从配置劳动力转移可能性和家庭劳动力转移的比例，还是从外出务工的持续时间，其影响效果均非常明显。那么，进行土地流转的初衷是实现土地的规模化经营，进而实现农业现代化，但是其最终目标是要确保农民收入的提高，缩小城乡收入差距。图 7 – 5 描述了在土地流转对农户收入间接的影响机制。

土地流转　　　劳动力转移　　　打工收入增加　　　人均收入增加

图 7 – 5　土地流转对农户收入的影响机制

蒋文华（2001）认为，农村土地使用权的流转有利于农村的剩余劳动力向第二、三产业转移，进而增加农民的收入。薛凤瑞、乔光华和苏日娜（2011）在对内蒙古鄂尔多斯市的土地流转进行的效果评价中表明，土地流转对农户的人均纯收入具有正向显著影响，土地流转之后赚取的外出务工收入和土地租金收入对农户人均纯收入增长的贡献率高达75%，而且该贡献还具有一定的持续性。相反，彭代彦和吴扬杰利用"全国综合社会调查"数据分析得出，农地的集中对农民增收具有负面显著影响，降低了农民收入。可能的原因在于，中国现阶段的农地集中不是在农村劳动力充分发挥了比较优势的基础上进行的。因此，在促进农地流转和集中的过程中，应充分发挥农村劳动力的比较优势，尊重农民的农地经营自主权。那么，针对上面得出的土地流转对劳动力转移具有正向显著影响的同时，劳动力转移会对农户的收入产生什么样的影响呢？本节仍使用两时期数据进行实证分析。

一、数据来源与样本描述

对于农户家庭收入这一块，课题组在问卷中设计了 2013 年和 2010 年的农业活动和非农业的两时期收入。其中农业活动收入包括种植业收入、养殖畜牧业收入和其他农业经营收入（如林业收入）3项；非农业活动收入包括外出务工收入，家庭经营收入，租金收入（土地租金、房屋租金、设备租金），转移性收入（低保、养老保险、农业补贴）和其他收入5项。

对于样本，我们仍然采用上一节所选的样本，处理组样本259份，对照组样本237份，共计496份样本。以2010年为基期，2013年为考察期，通过对处理组和对照组两时期数据分析比较二者收入的差距，进而了解宁夏银北地区土地流转是否增加了农户的收入。需要指出的是，这里的收入不是统计年鉴中所指的纯收入，我们假定在两时期内人均消费性支出和生产性支出是既定的，所以我们此时关注农户家庭两时期各项人均收入变化是有意义的。由于收集的收入数据都是名义收入，为了数据的可比性，我们利用GDP（价格）平减指数进行平减，得出实际增长。

从表7-15中可知，2010~2013年，无论是处理组还是对照组，人均总收入均有显著提高，增长比例分别为60%和42%。人均种植业收入中，处理组较2010年有明显减少，降低了60%，而对照组种植业收入较2010年增加了20%。人均养殖畜牧业收入中，处理组较2010年减少了6%，对照组增加了38%。人均外出务工收入中，处理组较2010年增加了2倍，对照组则只增加了60%。人均家庭经营收入中，处理组较2010年增加了2.4倍，对照组增加了64%。对于人均租金收入，显而易见，处理组其收入增加明显。人均转移性收入中，处理组较2010年增加了1.5倍，对照组增加了1.4倍。另外，就人均外出务工收入占人均总收入的比重而言，处理组由2010年的26%提高到2013年的47%，比重增加了21%，对照组从26%提高至29%，仅增加了3%。处理组中人均租金收入和人均外出务工收入对其人均总收入的贡献度达到64%。以上是根据样本描述进行的初步推断，仍需要我们用计量的估计做进一步的确认。

表7-15　　　　两时期处理组与对照组农户收入情况（n=496）　　单位：元/人

类别	处理组（259份）		对照组（237份）	
	2013年	2010年	2013年	2010年
总收入	17023	10644	15265	10768
种植业收入	2351	5916	6471	5404
养殖畜牧业收入	794	844	1287	935

类别	处理组（259 份）		对照组（237 份）	
	2013 年	2010 年	2013 年	2010 年
外出务工收入	8283	2754	4389	2753
家庭经营收入	1621	475	942	574
租金收入	2536	19	359	250
转移性收入	1290	512	1762	740

二、变量选取与模型设定

鉴于土地流转对劳动力转移影响的特殊性，本章重点观测劳动力转移对人均总收入、人均种植业收入和人均外出务工收入的影响。

控制变量中，我们选择了土地面积、家庭人口、劳动力平均年龄、劳动力平均受教育年限、家中是否有自营工商业这 5 个变量。

为此，模型设定如下：

$$Y_{it} = \beta_0 + \beta_1 L_{it} + \beta_2 T_{it} + \theta X_{it} + \mu_{it} \qquad (7-19)$$

其中，下标 i 表示第 i 个农户，t 表示 2010 年，2013 年；Y_{it} 表示农户 i 在 t 时期的各项人均收入；L_{it} 表示农户 i 在 t 时期的家庭劳动力转移比例；T_{it} 表示农户 i 在 t 时期家庭所有外出劳动力的平均持续时间；X_{it} 是一组可观测的影响农户各项收入的控制变量，包括土地面积、家庭人口、家庭劳动力比例、外出劳动力平均年龄和平均受教育年限、家中是否有自营工商业；μ_{it} 为随机扰动项。变量统计描述如表 7-16 所示。

表 7-16　　　　　　　　　变量统计描述

变量	含义及单位	均值	标准差
因变量			
总收入	人均总收入（元/人）	13443	13332
种植业收入	人均种植业收入（元/人）	4995	6169
外出务工收入	人均外出务工收入（元/人）	4588	5909
自变量			
劳动力转移比例	劳动力转移人数占劳动力人口比重	0.25	0.28

续表

变量	含义及单位	均值	标准差
持续时间	家庭外出劳动力平均持续时间（月）	4.24	4.56
控制变量			
土地面积	户均土地面积（亩/户）	14.12	15.84
家庭人口	农户家庭总人口（人）	3.61	1.52
劳动力比例	劳动力人口占家庭总人口比重	0.76	0.23
年龄	家庭劳动力平均年龄（岁）	44	10
年龄的平方	家庭劳动力平均年龄的平方	2071	954
受教育年限	家庭劳动力平均受教育年限（年）	5.94	3.18
是否有自营工商业	有自营工商业 =1；否则为 0	0.07	0.25

资料来源：课题组调查所得，2014 年。

三、模型估计结果及分析

通过对模型的回归，得出以下结论：

第一，在自变量中，劳动力转移比例对农户家庭人均总收入、人均种植业收入及外出务工收入的影响分别在 10%、1% 和 10% 的显著性水平上显著影响。其中，劳动力转移比例对农户人均总收入、人均外出务工收入的影响是正向显著的，即劳动力转移比例每增加 10%，人均总收入增加 10029 元，人均外出务工收入增加 9080 元。劳动力转移比例对种植业收入的影响是负向显著的，即劳动力转移比例每增加 10%，种植业收入会减少 1488 元。家庭外出务工人员平均持续时间对人均总收入和人均外出务工收入分别在 1% 和 10% 的显著性水平上具有正向显著影响，但是对种植业收入具有负向作用，但不显著。持续时间增加一个月，人均总收入增加 249 元，人均外出务工收入增加 467 元，如表 7 – 17 所示。

表 7 – 17　　　　　　　　　　　计量回归结果

变量	人均总收入	人均种植业收入	人均外出务工收入
自变量			
劳动力转移比例	10029 *** (4.73)	− 1488 * (− 1.85)	9080 *** (13.52)

续表

变量	人均总收入	人均种植业收入	人均外出务工收入
持续时间	249 * (1.81)	− 80 (− 1.50)	467 *** (10.74)
控制变量			
土地面积	105 *** (3.55)	207 *** (16.51)	− 39 (− 4.21)
家庭人口	− 820 * (− 1.88)	− 803 *** (− 4.17)	− 154 (− 1.14)
劳动力比例	6395 *** (2.64)	254 (2.38)	3475 *** (4.64)
年龄	− 219 (− 0.58)	384 ** (2.38)	131 (1.11)
年龄的平方	4 (0.96)	− 4.15 ** (− 2.34)	− 1.52 (− 1.17)
受教育年限	372 ** (2.17)	76 (0.99)	47 (0.89)
是否有自营工商业	10327 *** (5.82)	− 1327 * (− 1.79)	− 149 (− 0.27)
常数项	4984 (0.60)	− 3303 (− 0.93)	− 4160 (− 1.62)
样本量	496	496	496
Wald chi2 (9)	124.83	398.78	1181.43
Prob > chi2	0.0000	0.0000	0.0000

注：＊、＊＊和＊＊＊分别表示在10%、5%和1%水平上显著。小括号内为z统计量。

第二，在控制变量中，土地面积对人均总收入和人均种植业收入具有正向显著的影响，而对人均外出务工收入的影响不显著。这说明土地面积的增加会束缚劳动力的转移，进而外出务工收入的比重相对比较低，土地带来的人均种植业收入比重相对较大。家庭人口对人均总收入和人均种植业收入具有负向显著影响，同样对人均外出务工收入没有显著影响，这显然是由家庭非劳动力人口引起的，因为非劳动力人口作为家庭负担，对人均总收入和人均种植业收入具有削弱作用。劳动力比例对人均总收入和外出务工收入具有正向显著影响，对种植业收入影响不显著。家庭人口和劳动力比例这两个变量说明农户在对自家种植业上劳动力的投入是既定的，劳动力的增多无疑就是剩余劳动力的产生，家庭在收益最大化的决策原则上，会让剩余劳动力进行转移，以获得外出务工收入，进而实现人均总收入的增加。年龄的影响存在生命周期效应，并不是完全线性的，而是曲线增加然后下降，其仅对人均种植业收入的影响是显著的。受教育年限对人均总收入有正向显著影响，但对种植业收入和外出务工收入有正向影响但不显著。这说明农户人均收入也取决于外出劳动力人力资本的积累。家庭拥有自营工商业对人均总收入具有正向显著影响，对人均种植业收入具有负向显著影响，而对人均外出务工收入具有负向影响，但不显著。

最后，我们可以得出，宁夏银北地区的农户通过参与土地流转，释放出更多的劳动力进行转移，且土地流转对劳动力转移的影响是正向显著的。从而使得劳动力转移不论是从转移的比例上，还是外出持续的时间上均对人均总收入的提高具有积极的作用。说明土地流转这一举措是积极有效的。

第五节　土地流转对农村已婚妇女劳动力转移的影响

农村劳动力转移的过程中，男性转移规模扩大的同时，女性尤其是已婚妇女的转移具有一定的滞后性。章铮认为，经过 20 多年持续大规模转移后，我国农村剩余劳动力数量已经大幅降低，农村剩余劳动力以中年以上妇女为主。2013 年，国家提出了加速发展新型城镇化，鼓励农村土地流转，这一举动更会加快农村劳动力转移的进程，使农村已婚妇女劳动力转移的滞后性更加显现出来。对于农村已婚妇女劳动力转移的滞后性研究，是妇女研究的一个热点问题，关于这一问题的研究形成了两种代表性观点：第一，基于家庭内部性别存在的比较优势导致了劳动力转移出现的女性滞后性。李实在对于女性劳动力流动行为的经验分析中指出，在家庭内部的外出务工决策上存在比较优势原则，具有比较优势的男性会优先外出务工，而且还认为家庭内部男女分工行为更多地表现出互补性，而非替代性。何军等从性别分工的角度发现，男性在生产工资性产品方面优于女性，而在照顾孩子、操持家务等方面，女性比男性更有优势，形成了"男主外女主内"的家庭利益最大化的分工形式。第二，先男后女的原则。金一虹研究发现，女性非农就业的滞后性是由于家庭对劳动力转移次序决策受"先男后女、先长后幼、先内后外"原则限制。已婚农村女性的转移是从属性转移，丈夫是否外出务工是农村妇女劳动力流动的又一重要影响因素，丈夫在外地就业对女性外地就业有着正向显著的影响。另外，由于农村已婚妇女劳动力转移的滞后性，使农村出现了大量的留守妇女，进而产生了农业女性化的现象。贾德等（Judd et al.）分别用地区和一些村庄的数据证明了农业劳动力女性化的存在性；何军等通过江苏省 408 份样本家庭的实证研究表明江苏省普遍存在着农业女性化的现象。

目前，针对农村已婚妇女劳动力转移的研究，大多停留在转移的滞后性和农户兼业化或农业女性化关联上，没有将农村已婚妇女的转移滞后性与土地流转联系起来。本书基于对宁夏银北地区调查得到的面板数据，以新经济迁移理论、农户劳动力供给决策理论和农户劳动时间配置理论为基础，采用 DID 模型从性别的角度考察土地流转对农村已婚妇女劳动力转移的影响，找出参与流转和未参与流转的农户家庭中，已婚妇女在劳动力是否转移决策的概率上和外出务工持续时间上的差异，并试图找出农村已婚妇女劳动力转移的主要影响因素。

一、数据来源

本书数据主要来源于本书课题组 2014 年 7 月在宁夏银北地区的平罗县、惠农区、贺兰县 3 个区域的实地调研，采用分层随机抽样的方法，按照各县农村人口数量，确定三县（区）的样本量，然后在各县（区）按照随机抽样原则选取农户。每县随机抽取 4 ~ 5 个乡镇，共计 14 个乡镇，其次在每个乡镇中随机抽取 2 ~ 3 个行政村，共计 37 个行政村，最后在每个行政村中随机抽取 20 个农户家庭，加上备份问卷量，共计 703 个农户的样本，有效样本 695 份，有效问卷率约为 99%。采用入户问卷调查与重点访谈的方式，问卷内容涉及家庭基本情况、土地流转、劳动力转移、收入与支出等模块。其中参与土地流转问卷量 447 份，未参与土地流转的农户问卷量 248 份，分别占有效样本量的 64.3%、35.7%。

本书课题组对于农户家庭劳动力外出情况收集了 2013 年和 2010 年数据，为了消除土地流转对劳动力转移影响的内生性，剔除 2010 年前流转的农户样本，将 2010 年作为基期，2013 年作为考察期，2010 年和 2013 年均未参加土地流转的农户作为对照，2010 年未参加但 2013 年参加土地流转的农户作为处理组。由于本书研究的对象是被访者中的农村已婚妇女劳动力，我们又剔除了被访者为男性、非劳动力女性并且女性未婚的样本，最终得到所需样本 243 份。这些样本中，处理组的样本为 124 个，对照样本有 119 个。

二、数据描述

在 243 份样本中，共涉及劳动力总人口为 638 人，其中男性劳动力 325 人，女性劳动力 313 人，分别占 51%、49%，二者占比相差不大。户均劳动力人口约为 2.6 人。从表 7-23 我们可以看出，劳动力人口为 2 人及以下的家庭最多，达到 58%，2 人以上家庭所占比重为 42%，二者比重相差 16%。由于大量农村青壮年劳动力向城市迁移，使宁夏银北地区的劳动力偏向老龄化，劳动力样本的平均年龄达到 45 岁。具体各县区比例情况如表 7-18 所示。

表 7-18　　　　　　　　样本区域家庭劳动力基本情况　（n = 243）

项目	样本总体	平罗县	惠农区	贺兰县
涉及劳动力总人口（人）	638	375	79	184
家庭平均劳动力（人）	2.6	2.8	2.5	2.4
劳动力人口分布				
≤2 人占比（%）	58	50	66	68
>2 人占比（%）	42	50	34	32
劳动力性别构成				
男性占比（%）	51	53	48	50
女性占比（%）	49	47	52	50
劳动力平均年龄（岁）	45	45	42	46

从表 7-19 可以看出，2010～2013 年，处理组没有外出务工户占比从 50% 下降至 19%，减少了 31 个百分点；有外出务工户占比则从 50% 增加

到81%，增加了31个百分点，其中：外出1人户从40%下降至37%，减少了3个百分点，外出2人及以上户所占比例从10%增加到44%，增加了34个百分点。外出劳动力人口数量百分比从9%增加到21%，增加比例为12个百分点。

表7-19　　　　　　　　处理组与对照组劳动力转移整体特征

类别	处理（n=124）		对照（n=119）	
	2013年	2010年	2013年	2010年
外出劳动力占总人口占比（%）	21	9	23	18
没有外出务工户占比（%）	19	50	39	46
有外出务工户	81	50	61	54
外出1人户占比（%）	37	40	39	40
外出2人及以上户占比（%）	44	10	22	14

2010～2013年，对照组中没有外出务工户占比从46%下降至39%，减少了7个百分点，有外出务工户从54%增加至61%，增加了7个百分点，其中：外出1人户从39%增加至40%，增加了1个百分点，外出2人及以上户从14%增加至22%，增加了8个百分点。外出劳动力数量占比从18%增加至23%，增加了5个百分点。

由此我们可以看出，处理组外出劳动力数量所占比例的变化较对照组外出劳动力数量所占比例的变化高出7个百分点。外出务工户数增加比例的变化，处理组比对照组高24个百分点，且处理组家庭逐渐增加外出务工的人数，而对照组相对增加比例较为迟缓。这初步可以看出土地流转对劳动力转移具有积极的作用，可以释放更多的劳动力进行转移。

从表7-20可以看出，在外出劳动力性别构成中，不管是处理组还是对照组，劳动力转移主要还是以男性为主，但是女性劳动力转移比例也在逐步增加，比较2010年和2013年这两年女性外出的变化，处理组女性劳动力转移比例增加了20个百分点，而对照组女性劳动力转移比例仅增加了6个百分点。可以看出土地流转促进了女性劳动力由过去的"主内"向"主外"角色的转变。

表 7 – 20   处理组与对照组外出劳动力个体特征

类别	处理组（n = 124）		对照组（n = 119）	
	2013 年	2010 年	2013 年	2010 年
外出劳动力性别构成				
男性占比（%）	68	88	72	78
女性占比（%）	32	12	28	22
平均年龄（岁）	41	37	36	35
文化程度				
小学及以下占比（%）	34	30	17	31
初中占比（%）	59	63	66	57
高中占比（%）	7	7	17	12

处理组 2013 年和 2010 年外出劳动力平均年龄分别为 41 岁、37 岁，对照组 2013 年和 2010 年外出劳动力平均年龄分别为 36 岁、35 岁，对照组外出劳动力的平均年龄要略低于处理组。就文化程度而言，处理组和对照组中外出劳动力均以有初中文化的最多，所占比例均在 60% 左右。

从表 7 – 21 可以看出，在地域分布方面：农村劳动力转移在空间上具有地域性。20 世纪 80 年代我国以农村内部转移就业为主，90 年代异地转移十分活跃，但是仍然以省内转移为主。银北地区劳动力的转移仍以省内转移为主，在 2010 年和 2013 年中，这一比例高达 90% 左右，其中县以内的转移占比在一半以上。在省内转移中，县内转移比例女性普遍高于男性，县以外省以内转移比例男性高于女性，说明农村已婚妇女相比于丈夫还是偏向于就近转移。在调查中发现，省外转移的地点分布大多在宁夏周边省区，如内蒙古、山西等地。

表 7 – 21   外出劳动力的地域分布及产业分布

类别	处理组（n = 124）				对照组（n = 119）			
	2013 年		2010 年		2013 年		2010 年	
	男	女	男	女	男	女	男	女
地域分布								
县以内转移占比（%）	64	83	66	60	66	67	58	82
县以外省内转移占比（%）	29	14	31	30	30	30	35	12

续表

类别	处理组（n=124）				对照组（n=119）			
	2013 年		2010 年		2013 年		2010 年	
	男	女	男	女	男	女	男	女
省外转移占比（%）	7	3	3	10	4	3	7	6
产业分布								
第一产业占比（%）	20	61	6	20	14	22	7	35
第二产业占比（%）	50	12	57	50	62	19	73	18
第三产业占比（%）	30	27	37	30	24	59	20	47

在产业分布方面，对于外出劳动力的产业分布，不同机构的调查数据都有一定的差距，这取决于调查对象的个体因素，当地经济条件等，但大都反映了以第二、第三产业为主的特征事实。从表7－26我们可以得知，宁夏银北地区外出劳动力从事产业也以第二、第三产业为主，且第二产业占有较大比例。转移的男性劳动力从事第二产业的比例明显高于女性，而在第一产业中女性明显高于男性，说明宁夏银北地区也存在着农业女性化问题。在实际调查中得知，农户将土地流转出去之后，会有部分原来从事第二、第三产业的劳动力或年龄较大的劳动力在家附近的种植大户或家庭农场打工。在经济形式不景气的情况下，会出现第一产业比重回升的现象。

三、模型设定与变量选取

（一）模型设定

在分析处理组农户和对照组农户的劳动力转移指标时，被调查农户按是否参与土地流转被分为两组。根据处理组和对照组在土地流转前后的相关信息，计算处理组在土地流转前后某个指标的变化量，同时计算对照组在土地流转前后同一指标的变化量，然后计算上述两个变量的差值（即DID估计量，也叫双重差分估计量）。

式（7－20）中，A_{it}是划分是否参与土地流转的二值虚拟变量，即农户参与土地流转该值为1，即农户未参与土地流转该值为0。T_{it}是划分土地流转时间的二值虚拟变量，即基期2010年取0，考察期2013年取1。i

表示农户样本，t 表示时间，假设 μ 为随机扰动项。用于分析土地流转对农村已婚妇女劳动力转移影响的方程为：

$$Y = \beta_0 + \beta_1 T_{it} + \beta_2 A_{it} + \beta_3 T_{it} A_{it} + \mu \qquad (7-20)$$

以上模型可以得到处理组和对照组各自农村已婚妇女劳动力转移指标 Y 变动的模型，其中，Y 具体包括家庭是否配置已婚妇女劳动力转移和农村已婚妇女劳动力外出务工的持续时间。对于对照组农户，$A_{it} = 0$，模型可以表示为：$Y = \beta_0 + \beta_1 T_{it} + \mu$，因此，对照组的农户在土地流转前后已婚妇女劳动力转移指标分别为：

$$Y = \begin{cases} \beta_0, & \text{当 } T = 0 \text{ 时} \\ \beta_0 + \beta_1, & \text{当 } T = 1 \text{ 时} \end{cases} \qquad (7-21)$$

土地流转前后对照组农户的已婚妇女劳动力转移指标平均变动为：

$$\text{diff1} = (\beta_0 + \beta_1) - \beta_0 = \beta_1 \qquad (7-22)$$

对于处理组农户，$A_{it} = 1$，模型可以表示为：

$$Y = \beta_0 + \beta_1 T_{it} + \beta_2 + \beta_3 T_{it} + \mu \qquad (7-23)$$

因此，处理组的农户在土地流转前后已婚妇女劳动力转移指标分别为：

$$Y = \begin{cases} \beta_0 + \beta_2, & \text{当 } T = 0 \text{ 时} \\ \beta_0 + \beta_1 + \beta_2 + \beta_3, & \text{当 } T = 1 \text{ 时} \end{cases} \qquad (7-24)$$

土地流转前后，处理组农户的已婚妇女劳动力转移指标平均变动为：

$$\text{diff2} = (\beta_0 + \beta_1 + \beta_2 + \beta_3) - (\beta_0 + \beta_2) = \beta_1 + \beta_3 \qquad (7-25)$$

由此可得，土地流转对农户的已婚妇女劳动力转移指标的净影响为：

$$\text{diff2} - \text{diff1} = (\beta_1 + \beta_3) - \beta_1 = \beta_3 \qquad (7-26)$$

即模型中 $T_{it} A_{it}$ 的系数 β_3，是双重差分估计值（DID 估计值），代表土地流转的效果。

运用该方法对样本数据进行计量分析，可以精确衡量土地流转对处理组和对照组农户已婚妇女劳动力转移指标的净影响程度。

在实证分析中，由于农村已婚妇女劳动力转移还受其他因素的影响，为了控制这些因素的影响，采用固定效应本模型：

$$Y_{it} = \beta_0 + \beta_3 T_{it} A_{it} + \alpha X_{it} + \mu_{it} \qquad (7-27)$$

式（7-27）中，X_{it} 是一组可观测的可能影响农户劳动力转移的控制变量。

DID 模型不仅适用于被解释变量为连续性变量的一般线性方程，而且根据不同的分析目的，对于广义线性方程（如 Probit 模型、Logit 模型、

Tobit 模型等），DID 模型也可以应用。式（7 - 28）为基于 Probit 模型的 DID 模型：

$$P(Y=1) = f(\beta_0 + \beta_3 T_{it} A_{it} + \alpha X_{it} + \mu_{it}) \qquad (7-28)$$

Tobit 模型是针对样本中的被解释变量 y 有许多值为 0，而其他值为正且连续的情况下的估计，该模型在劳动力供给时间影响因素分析上已经得到广泛应用。被解释变量为外出劳动力的持续时间（月）。估计出模型中的系数后，将 x 对 y 影响的边际效应做重点分析。

（二）变量选取

因变量选取：对于农村已婚妇女劳动力转移的研究，选取了家庭是否配置已婚妇女劳动力转移和其外出务工的持续时间两个因变量。劳动力是否发生转移的判断标准为持续外出时间 3 个月以上（包括 3 个月），以体现参与土地流转和未参与土地流转农户在外出打工决策的显著差异性。

控制变量选取：影响农村已婚妇女劳动力转移的变量主要有个体因素和家庭因素。在个体因素中由于已经限定了性别与婚否，因此本书选取农村已婚妇女劳动力的年龄和受教育年限这两个变量。在家庭因素中，受传统观念影响，农村照顾家庭的责任还是以已婚妇女为主，因此选取农户家庭非劳动力人口及丈夫是否外出务工这两个变量。

相关变量含义、描述性统计分析结果及预计影响方向如表 7 - 22 所示。

表 7 - 22　　　　　　　　变量统计描述及预测作用方向

变量	含义及单位	均值	标准差	预测作用方向
因变量				
是否有已婚妇女劳动力转移	转移 = 1；未转移 = 0	0.16	0.37	
持续时间	持续时间（月）	0.69	2.09	
自变量				
参与土地流转	参与 = 1，未参与 = 0	0.51	0.49	+
控制变量				
非劳动力人口	家庭非劳动力人口（人）	1.00	1.03	−
年龄	已婚妇女年龄（岁）	47.24	11.03	−
受教育年限	已婚妇女文化程度（年）	5.30	3.41	+
丈夫是否外出务工	丈夫外出 = 1；未外出 = 0	0.40	0.49	+

注："+"表示正向影响，"−"表示负向影响。

四、模型估计结果与分析

表 7-23 给出了基于 Probit 和 Tobit 的 DID 模型估计结果。其中，回归方程（1）使用 Probit 模型分析农村已婚妇女劳动力是否发生转移，回归方程（2）使用 Tobit 模型分析农村已婚妇女外出务工持续时间，回归结果如下：

表 7-23　　　　　　　　　　　　计量回归结果

因变量	估计方法			
	已婚妇女劳动力是否发生转移（0/1）（Probit）		已婚妇女外出务工持续时间（月）（Tobit）	
自变量	系数	边际效应	系数	边际效应
DID 估计值	0.935 *** (2.92)	0.223	6.183 *** (2.72)	1.081
控制变量				
非劳动力人口	-0.095 (0.081)	-0.019	-0.571 (-1.02)	-0.069
年龄	-0.015 * (-1.70)	-0.003	-0.122 ** (-1.98)	-0.015
受教育年限	0.081 *** (2.67)	0.016	0.539 *** (2.57)	0.065
丈夫是否外出务工	0.271 * (1.69)	0.055	1.123 (1.01)	0.139
常数项	-1.055 * (-1.85)	—	-6.337 (-1.62)	—
样本量 = 243	LR chi2 (7) = 70.74		LR chi2 (7) = 62.22	
	Prob > chi2 = 0.0000		Prob > chi2 = 0.0000	
	Pseudo R2 = 0.1665		Pseudo R2 = 0.0778	

注：*、** 和 *** 分别表示在 10%、5% 和 1% 水平上显著。Probit 估计中小括号内数据为 z 统计量，Tobit 估计中小括号内的数据为 t 统计量。

第一，土地流转因素依然是影响已婚妇女劳动力转移的重要因素，在 Probit 和 Tobit 估计中均在 1% 的显著性水平上显著，对其发生转移的概率和外出持续时间都具有正向显著影响，土地流转净效应系数分别为 0.935、6.183，其所对应的边际效应为 0.223、1.081，即参与土地流转的农户家庭已婚妇女外出的概率要比未参与土地流转的已婚妇女外出的概率高 22.3%，且外出持续时间要增加 1 个多月，这与预计作用方向一致。从中可以看出土地流转因素的影响效果非常明显。

第二，在控制变量中，对农村已婚妇女劳动力转移可能性影响因素分析的 Probit 估计中，按影响强度排序依次是受教育年限、丈夫是否外出务工和年龄，其中受教育年限在 1% 的显著性水平上正向显著影响已婚妇女劳动力的转移，受教育年限增加 1 年，转移概率会提高 1.6%；丈夫是否外出务工在 10% 的显著性水平上正向显著影响其转移，若丈夫外出务工，则妻子外出务工的概率会增加 5.5%；年龄同样也在 10% 的显著性水平上有极显著影响，但是其作用是负向的，年龄每增加 1 岁，其外出转移可能性会下降 0.3%。由表 7 - 23 得知，已婚妇女平均年龄在 47 岁以上，劳动能力已经进入衰退期，所以年龄对转移概率负向显著的影响是符合现实的。在 Tobit 模型估计中，受教育年限在 1% 的显著性水平上正向显著影响已婚妇女外出务工的持续时间，这与 Probit 估计一致，年龄则在 10% 的显著性水平上负向显著影响外出持续时间。值得注意的是，丈夫是否外出务工对妻子外出持续时间的影响不显著。因此我们发现，丈夫是否外出务工对妻子外出务工的可能性有显著正向影响，但对妻子务工的持续时间没有显著影响。另外，非劳动力人口对农村已婚妇女外出务工的可能性和务工的持续时间都没有显著影响。

五、结论与政策建议

本章从土地流转角度来解读对农村已婚妇女劳动力转移的影响，以是否配置已婚妇女劳动力转移和其外出务工持续时间两个量度分析土地流转对农村已婚妇女劳动力转移的影响。结果表明，土地流转可以逐步解决农村已婚妇女劳动力转移滞后性和农业女性化的问题，得出参与土地流转显著正向影响农村已婚妇女劳动力发生转移的概率和外出持续时间，并且相应的 DID 估计值的边际效应分别为 0.223、1.081。影响农村已婚妇女劳动力转移的其他因素主要有：农村妇女受教育年限显著正向影响农村已婚妇女劳动力发生转移的概率和外出持续时间；丈夫外出务工显著正向影响农村已婚妇女劳动力发生转移的概率，不过对外出持续时间的影响不显著；农村妇女年龄显著负向影响农村已婚妇女劳动力发生转移的概率和外出持续时间。根据以上结论，得出如下政策建议：

首先，提供多样化的土地流转政策，鼓励农户进行土地流转，增强服务体系和监管体系的建设，为保障农村妇女土地流转权益奠定基础。政策的制定者要充分考虑到土地流转政策对不同性别的影响，并将容易被忽视的农村已婚妇女纳入研究和考虑的范围。

其次，在完善农村社会化服务体系的同时，要提高农村妇女的维权意识。政府应通过各种方式来宣传国家的土地政策和法律规定，并注明妇女在相关政策中的合法权益，这样不仅可以增加农村妇女对参加土地流转的积极性，还能逐渐提高农村妇女的自我维权意识。

再次，加大对农村已婚妇女的职业技能培训。对农村已婚妇女进行职业技能培训可以起到提升妇女自身素质和提高自身人力资本的作用，由于农村已婚妇女承担着生产劳动和家务劳动的双重角色，所以要根据这一实际情况对培训进行合理的调整，提高培训的针对性，增加培训的参与度。

最后，在农业从业人员以女性为主的背景下，引导农村已婚留守妇女更好的务农，并给予相应的政策支持，已成为农业发展需要考虑的问题。政府应针对农村已婚留守妇女的特点，创新并完善农业生产的保障机制、风险机制、激励机制和利益分配机制，在提升农业生产专业化水平的同时，极大地调动农村已婚留守妇女农业生产的积极性，这样可以为我国农业的可持续发展提供有力的保障。

第六节　结论及政策建议

一、结论

基于新经济迁移理论、农户劳动力配置及农户劳动时间配置理论，采用 DID 分析法对劳动力转移的三个量度进行了实证模型的估计，并且从性别角度分析了土地流转对农村已婚妇女劳动力转移的影响，除此之外，还从农户收入的角度评价了土地流转效应。得出如下结论：

第一，土地流转对劳动力的转移具有正向显著影响。通过处理组和对照组的比较，得知参与土地流转的农户其前后家庭配置劳动力转移的可能性、劳动力转移比例、外出务工持续时间均有显著提高。在控制变量中，耕地面积和劳动力平均年龄对劳动力转移的三个量度具有负向显著影响，而家庭人口，劳动力平均受教育年限、社会迁移网络对其有正向显著的影响，家庭非劳动力人口对家庭是否配置劳动力转移和外出务工持续时间具有负向显著的影响，对劳动力转移比例具有正向显著影响。

第二，土地流转可以逐步解决女性劳动力转移滞后性和农业女性化的问题。从劳动力转移性别的角度，以是否配置已婚妇女劳动力转移和其外出务工持续的时间两个量度来分析土地流转对农村已婚妇女劳动力转移的影响，得出相应的 DID 估计值的边际效应分别为 0.223 和 1.081。除此之外，我们还找出了影响农村已婚妇女劳动力转移的其他因素，受教育年限和丈夫是否外出务工对妇女劳动力具有正向显著影响。年龄对其有负向显著影响。

第三，土地流转实现了农民的增收。通过对土地流转的收入效应评价，得出土地流转拓宽了农民的增收渠道，进而相对于未参与土地流转的农户来说，人均总收入有了显著提高。其外出务工收入和土地租金收入对农民收入的贡献度达到了 64%。

二、政策建议

根据前面的分析，现提出具有针对性的建议，为今后土地流转市场的规范，以及随之带来的劳动力转移问题提供一定参考。

首先，地方政府不能搞强迫命令，违背农民意愿进行强制流转。要严格遵守"自愿，有偿"的原则进行。加大对农业基础设施建设的投资，提高农业机械化水平，为农业现代化建设做足准备。

其次，宁夏银北地区农村的土地流转一般是耕地的流转，造成了宅基地与耕地的分立。这样会出现两种情况：一是受到中国农村固有的"守家"意识的禁锢，家中其他人外出打工，家里一般会留部分人"守家"，二是会暂时或长期舍弃宅基地、院落，全家人外出打工。这样造成的结果会导致部分劳动力不能得到有效的释放以及闲置宅基地资源的浪费。

再次，流转土地有效利用的问题。在实地调研中发现，一是由于受成本的影响，种粮大户在土地禀赋相对较差的土地上，采用不管不顾的态度，任杂草漫长，病虫害的啃食。这样不仅会造成粮食安全问题，更是会降低其他农户转出土地的积极性，影响土地流转的进一步推进。二是过度使用土地。部分转入土地的大户有严重的急功近利的迫切行为，在土地上过度使用农药和化肥等，暂时的收入会很高，但加剧了土地自身肥力的迫害。这也对土地流转的进一步推进有消极的影响。政府今后应该在农业种植方面给予技术指导和有效监督。

最后，劳动力技能培训的问题。在实地调研中得知，宁夏银北地区的农民技能培训率仍然很低，如今企业部门对劳动力素质的要求越来越高，其中素质体现之一就是劳动技能的掌握，所以政府应该继续加大培训的宣传力度，扩大培训的参与度，增加技能培训授课的频率。

因此，我们首先要确保增强农民土地流转的信心，在土地流转的基础上，还应该想方设法释放更多的劳动力，比如完全流转之后宅基地问题的解决和劳动力的技能培训等。确保流转土地的科学化管理。实现真正意义的农业现代化和实现农民增收的目标。

第八章

土地流转对老年人生计的影响

第一节 问题的提出

一、研究的背景

人口老龄化是我国当前面临的重大问题，是我国社会发展的必经阶段，给我国带来了巨大的养老压力，伴随人口老龄化而来的养老保障问题成为社会关注的焦点。老龄化程度在我国城乡之间存在着较大的差异，农村老龄化程度高于城市，老龄化速度比城市更快（毛竹秀，2014；林宝，2014），根据《中国人口和就业统计年鉴》的数据显示，我国老龄化人口数量呈现出每年递增的趋势，从 2014 年的 10.1%，上升到 2017 年的 11.4%。同时，全国农村 65 岁以上人口占总农村人口的比例也从 2014 年的 10.64% 增长到 2018 年的 13.22%，总体高于全国人口老龄化水平[1]，这就使得农村老龄化带来的养老压力更大；而我国长期城乡二元经济结构造成农村养老资源供给不足，社会保障制度的不健全和保障水平低下，又进一步加重了我国农村地区养老压力。目前，虽然在我国农村老年人养老模式依然以家庭养老为主，但是随着社会经济发展，农村劳动力转移，农村空巢现象日益严重（张盈华和闫江，2015），农村人口外流弱化了家庭

---

[1] 国家统计局人口和就业统计司：《中国人口和就业统计年鉴2018》，中国统计出版社 2018 年版。

养老功能（刘春梅和李录堂，2013），老龄化问题更加严重的农村老年人面临社会养老资源供给不足，家庭养老功能弱化的双重压力。

在社会养老供给不足，家庭养老功能弱化的现实情况下，农村老年人从家庭养老开始向自我养老转变（陈芳和方长春，2013），大部分农村老年人在60岁之后仍然继续劳动（梁鸿，1999），这一现实情况长期存在我国农村地区。而且从经济收入来看，农村老年人收入中的41%靠老年人自己劳动所得（刘春梅，2013），农村老年人自身在解决晚年生计过程中的重要作用更加凸显。

而随着农村土地流转的快速发展，大量农村劳动力向外转移，进一步弱化了家庭养老功能，更多的老年人需要通过自身劳动来解决生计问题。截至2013年底，全国承包耕地流转面积3.4亿亩，是2008年底的3.1倍，流转比例达到26%，比2008年底提高了17.1个百分点①；而农民工的外出务工数量由2010年的15335万人增加到2013年的16610万人②。由于土地的拥有量是农村劳动力转移的重要因素（Dixon，1950），家庭耕地面积增加会减少劳动力转移的概率（赵耀辉，1997），耕地面积和劳动力转移的这种反比关系，使得在土地流转快速发展过程中，家庭耕地面积减少让更多的农村劳动力向外转移，提高了农村老年人自主养老的比例。

尽管土地流转的快速发展弱化了家庭养老功能，加重了农村养老压力，但是农村土地流转是我国农村土地制度发展的必然趋势。我国农村地区实行的家庭联产承包责任制在一定程度上发挥了土地的保障功能，通过土地的纽带作用，支撑了我国传统的家庭养老模式。但是，家庭联产承包制生产效率不高，不能满足现代农业市场化和高效率生产要求，通过土地流转形成规模化经营则顺应了现代农业发展的要求。而且土地流转能够增加农村家庭的收入（张会萍等，2011），同时土地流转后可以减轻老年人繁重的农业劳动。这些都决定了土地流转将会在农村发展得越来越快，规模也会越来越大。如何在土地流转快速发展的进程中，保障好老年人的生计问题，成为农村在进行土地流转过程中面临的现实问题，而这一问题在土地流转发展较早，发展速度比较快的宁夏银北地区更为突出。

宁夏银北地区是宁夏经济和社会较为发达的地区，也是我国较早有规

---

① 农业部新闻办公室：《农业部农村经济体制与经营管理司司长张红宇就引导农村土地有序流转答记者问》，载于《中国乡镇企业》2014年第5期，第4~5页。
② 2010年和2013年的农民工外出数据分别来自《2010年度人力资源和社会保障事业发展统计公报》和《2013年度人力资源和社会保障事业发展统计公报》。

模有组织地开展农地流转的地区之一。从 2006 年平罗县率先开始土地信用社试点以来，土地流转在宁夏银北地区发展迅速，到 2015 年为止石嘴山市的土地流转面积达到 52.7 万亩，占耕地总面积的 45.8%[①]，贺兰县土地流转面积达到 26.6 万亩，土地适度规模经营率达到 46.6%[②]。宁夏银北地区土地流转规模大，发展速度快，带动劳动力转移规模扩大，银北地区"空巢老人"数量不断攀升，以平罗县灵沙乡胜利村七队为例，60 岁以上的老年人 334 人，占全村人口的 15.21%[③]。土地流转后，土地养老模式被打破，家庭养老模式被弱化，老年人如何维持好生计问题成为各界关注的焦点问题。"农村土地信用合作社创新模式：基于宁夏银北地区的调查研究"课题组对银北地区的农户调查发现，老年人对土地流转态度并不统一；同时在土地养老模式和家庭养老模式之外，虽然土地流转的转入方，尤其是流转的种粮大户、家庭农场主等有参与农村老年人养老的积极性，但是老年人仍然主要依靠自身来解决晚年生计问题。针对宁夏银北地区这种现实问题，我们需要研究三个问题：第一，老年人在土地流转后的生计现状如何，土地流转后对老年人的生计影响如何？第二，老年人在土地流转后选择什么样的生计策略？第三，如何引入土地流入方，为老年人生计选择提供多样性选择，切实保障老年人晚年生活。本章在收集宁夏银北地区老年人数据的基础上，对这些问题进行分析，反映土地流转后老年人在解决生计问题过程中产生的问题和实践得到的经验，为农村在进行土地流转过程中，解决老年人问题提供相关的借鉴。

二、相关概念的界定

(一) 老年人

在生活中，对老年人的界定主要依靠年龄，但是对人的年龄衡量有多个标准，常见的有日历年龄、生理年龄、心理年龄和社会年龄。日历年龄是我们通常所表述的年龄，用日历年龄表述的老年可以称之为"年老"；而生理年龄反映的是健康状况和衰老程度，用生理年龄表述的老年可以称

---

① 彭友东：《盘活农村土地资源四思》，载于《人民日报》2015 年 1 月 5 日。

② 《宁夏贺兰：农村土地流转形式多样力促适度规模经营》，中华人民共和国农业农村部网站，2015 年 2 月 1 日，http://www.moa.gov.cn/ztzl/xdnysfq/jyjl/201412/t20141228_4313298.htm。

③ 王云：《宁夏平罗县积极探索老年农民以地养老新模式》，载于《宁夏日报》，2014 年 6 月 20 日。

之为"人老";心理年龄是个人对自身身体状况的认识,用心理年龄表述的老年可以称之为"心老";社会年龄则是制度年龄和法定年龄(顾大男,2000)。

但是年龄的界定本质属性就是社会界定(顾大男,2000),通过社会界定设置的年龄可以成为一种使社会成员具备或者失去从事某种社会活动、享受某种权利或者拒绝履行某种义务资格的标志(黄哲,2012)。从社会年龄界定来看,国际上有两个标准:一是1956年联合国推荐的65岁,这个年龄被发达国家广泛采用;另一个是1982年世界老龄问题大会上推荐的60岁,这个被发展中国家采用,我国在1964年第一届老年学与老年医学学术研讨会上也将这60岁规定为老年期。国内除了1964年的规定外,其他社会年龄标准主要体现在退休年龄规定上以及农村养老金领取年龄上。第五届全国人民代表大会常务委员会第二次会议批准的我国现行的法定退休年龄是男年满60周岁,女工人年满50周岁,女干部年满55周岁;从事井下、高空、高温、特别繁重体力劳动或其他有害身体健康工作(以下称"特殊工种")的,退休年龄为男年满55周岁、女年满45周岁;因病或非因工致残,由医院证明并经劳动鉴定委员会确认完全丧失劳动能力的,退休年龄为男年满50周岁、女年满45周岁[1]。新型农村社会养老保险的领取标准是60岁[2]。

从国际和我国的大部分社会老年年龄界定来看,在我国60岁以上成为老年人是一个普遍的界定。因此本章在研究"土地流转背景下老年人生计问题"时也将60岁以上的人群定义为老年人。但是考虑到在研究老年人生计问题时,尤其是老年人的农业收入时无法将老年人的收入和其家庭收入进行有效分离,因此本章在研究土地流转对老年人生计策略和生计结果的影响时,会以老年人夫妇或者老年人独居家庭为主,本书将老年人夫妇一方超过60岁,那么配偶也被定义为老年人。

(二)老年人生计

根据被学术界所广泛接受的定义来看,生计是一种建立在能力、资产和行动基础之上的谋生方式(Chambers and Conway,1992);而袁斌

---

① 我国现行这一法定退休年龄是由第五届全国人民代表大会常务委员会第二次会议批准的《国务院关于安置老弱病残干部的暂行办法》和《国务院关于工人退休、退职的暂行办法》文件规定的。
② 《国务院发布开展新型农村社会养老保险试点指导意见》。

（2008）在研究失地农民的时候将失地农民的生计定义为：农民在丧失土地资源后，根据和谐社会理念的指导，保持其现有生计水平不低于失地前并且改善其长远的生活状态和谋生能力。而本章所要讨论的是土地流转背景下老年人的生计问题，因此借鉴以前学者关于生计的定义，本章将土地流转背景下老年人的生计定义为"老年人在流转土地后，能够使得其生计水平不低于流转前的水平"。

三、文献综述

生计问题已经有许多学者从不同角度进行了研究，而本书为了研究老年人生计问题，则需以先前学者在以下四个方面的研究为基础进行：第一是生计的内涵及发展；第二是城市化进程中的失地农民生计问题的研究、退耕农民的生计问题研究能够为本书研究提供借鉴；第三是土地流转中农民的生计问题研究；第四是老年人生计问题研究。

（一）生计的内涵及发展

生计问题的研究是随着学术界对于贫困问题的研究不断深入而开始受到学者们关注的。"生计"这一概念在研究之初，由于学者的研究方向和领域的差别，有着不同的含义。但是被学术界所广泛接受的定义则是钱伯斯和康韦（1992）提出的，他们将生计定义为一种建立在能力、资产和行动基础之上的谋生方式，资产不仅包括有形的物，而且还包括无形的权利，如享有权和要求权等。而随着生计问题的研究深入，生计的可持续性问题受到重视，从生计的持续性角度，斯库恩斯（Scoones，1998）提出生计应当包括四部分：一是生活所需要的能力；二是物质资源；三是社会资源；四是行动。在提出生计的可持续性后，生计的多样性也被埃利斯（Ellis，2000）提出，从生计的多样性看，生计应当包括资产、行动和途径，途径主要是获得自然资本、物质资本、人力资本、金融资本和社会资本的途径，它决定了个人或者家庭生存所需要的资源如何获取。

随着对生计内涵的明确，针对生计问题的分析框架被学者们提出，斯库恩斯（1998）和埃利斯（2000）在分别提出可持续性生计概念和生计多样性概念的时候，就提出了可持续分析框架和生计多样性框架，而美国的非政府组织（CARE，1999）则以家庭生计安全为出发点提出了生计安全分析框架，1995 年世界粮食计划署（WFP）又从风险因素、抵御风险的能力和社会服务体系三方面构建了生计的脆弱性分析框架。在这些分析框架中，可持续生计分析方法能够找出农户生计脆弱性的原因，并且能够给出多种解决问题的方案（Martha G. Roberts 和杨国安，2003），因此生计可持续分析方法得到了学术界的普遍认可。尤其是英国国际发展机构（DFID）开发的可持续生计分析框架（SL）被许多的研究机构和研究者所采用。可持续生计框架将生计资本划分为了五种，包括：人力资本、自然资本、物质资本、金融资本和社会资本，通过这个分析框架能够反映出农户的生计资本、生计策略和生计目标之间的相互变化和相互作用，其中生计资本是核心，决定了生计策略，生计策略产生生计结果又会反作用于生计资本（李斌等，2004）。可持续生计分析框架能够为学者们深入观察农户的生计问题提供新的视角（李小云等，2007）。

（二）失地农民和退耕还林农户生计问题研究

在城市化进程中出现的失地农民，以及退耕农户对土地权属的变化本质上和土地流转农户对土地权属的变化是不一致的，在经济利益上，失地农户和退耕农户由国家进行补偿，土地流转农户则是取得土地租金收入。但三者又有着一致性，农民都是放弃了自己赖以生存的土地，都能够取得一定的经济收入，因此前两者的研究方法、研究结论能够对土地流转后老年人生计问题的研究提供借鉴。

第一，失地农民的生计研究。对失地农民的生计问题研究，学者们较多地从可持续性角度出发研究如何提高失地农民生计的持续性。失地农民的生计可持续性不强（孙绪民和周森林，2007），而社会保障制度不健全、农民自身能力低下、征地补偿制度缺陷等原因被认为是导致这一问题的根本原因（崔玉玺和张联社，2013），其中建立失地农民的社会保障制度是失地农民实现可持续生计的重要物质基础（刘家强等，2007），而人力资本的培育则能够为生计模式转化创造条件（杨云彦和赵锋，2009）。从完善失地农民的社会保障制度来看，为了解决失地农民的生计可持续性不强的问题，中国社会科学院社会政策研究中心课题组（2005）把社会保障制度建设作为实现失地农民可持续生计的政策落实的主要措施之一；李庄园和宋凤轩（2011）则提出要通过完善就业政策，提供公共财政的资金支持，对失地农民建立指向性较强的社会保障制度；刘江（2012）建议通过完善城市近郊失地农民社会保障制度，来引导城市近郊失地农民正确认识并合理利用补偿安置费，促进城市近郊失地农民继续从事农业生产来保障失地农民的可持续生计。在提高人力资本方面，众多学者都认同建立就业服务体制和支持体系，以及相关教育培训能够解决失地农民人力资本不足的问题，而在提高失地农民人力资本不足，解决他们的就业问题时，孙绪民和周森林（2007）提出要建立合理的制度体系，把失地农民的生产性就业作为核心；同时鼓励他们自主创业也是解决失地农民生计可持续性不强的一条重要措施（刘应湘和钟玉英，2008）。在解决失地农民的生计可持续性不强过程中，优化社会保障制度和提高人力资本对增强土地流转后老年人生计的持续性有借鉴意义。

第二，退耕农民的生计问题研究。在利用可持续生计分析框架研究退耕农户的生计问题时，发现短期内退耕农户外出务工收入增加明显，但是从长期来看如果不关注农户资产的提高，就会制约农户生计能力的发展（谢旭轩等，2010），影响退耕农户的可持续生计。而且退耕农户的收入水平是否能够提高受到质疑，李树茁等（2010）认为退耕还林政策对农户生计的作用因家庭结构不同而不同，而且并不一定能够提高家庭收入，这一结论在唐轲等（2013）对西安市周至县退耕农户和非退耕农户进行比较分析时得到了进一步证实，他们发现在生计策略上退耕户表现出更低的收入水平。而在提高退耕农户的可持续生计方面，则需要政府扮演比较重要的角色，李金香等（2013）在对宁夏盐池县的退耕农户的研究中，发现政府在农户生计策略中起重要作用，政府在组织劳务输出、"三通"（通路、通电、通信）和招商引资方面做得好的村落，农户的可持续生计就会大幅度增加；同时鼓励农户兼业经营能够使退耕农户的生计资本禀赋更优，生计活动更加多样，可以让农户的贫困程度降低（黎洁等，2009）。而从农户生计角度看，农户的退耕意愿受到自身经济利益，谋生能力影响，如果替代生计发展不健全和不稳定，土地仍然会被农户看成最重要的保障（张春丽等，2008）。

（三）土地流转农户生计问题研究

土地流转作为农业经济最近几年比较热门的研究问题，学者们从土地流转的制度、土地流转模式、土地流转的农户意愿和农户收入等方面进行了大量研究。从学者的研究来看，认为土地流转后农户的生计维持主要依靠打工收入和土地租金收入，但是打工地点在不同家庭之间差别不大（苏扬帆，2012），土地流转能够带来家庭收入的增加（张会萍等，2011），但是田帅（2008）在研究西南丘陵地区土地流转对农户生计的影响因素时，认为农民在土地流转中获益偏低，而且农民素质偏低，在劳动市场中时刻处于边缘地位；该研究的结果反映出土地流转后农户的可持续生计不强，需要进行职业教育培训，提高农民素质。再从不同生计类型的农户土地流转情况看，房凯（2010）的研究结论表明，未参与土地流转的农户比重按照不同生计类型从高到低依次是：非农为主型、纯农型、非农型和以农为主型。虽然不同生计方式的农户参与土地流转的比重不同，但是胡晨成等（2014）在研究三峡库区的土地流转问题时发现不同生计方式的农户对土地流转必要性认知均很高，土地流转具有较高的群众基础。

土地流转作为农村土地制度发展的趋势，符合经济发展规律，但是要以农民自愿为前提，而农民的土地流转意愿在很大程度上受到社会保障水平的显著影响（包宗顺等，2009；詹和平和张林秀，2009；洪名勇和关海霞，2012）；农户流转意愿受到社会养老保障的影响，最重要的原因是考虑土地流转后生计的可持续。而何京蓉和李炯光（2010）在研究欠发达地区的农户流转行为时，发现农户的土地流转行为受到了土地流转收益和非农收入的决定。这一结论和张春丽等（2008）在研究退耕还林农户生计问题时的结论相似，要提高农户土地流转意愿，就要健全和发展土地流转后他们的替代生计。

（四）农村老年人生计问题研究

对于老年人的生计问题研究，学术界主要集中研究老年人的养老保障问题，通过提高老年人的养老保障水平来提高老年人的可持续生计。我国农村养老主要主要有四种模式：家庭养老模式、土地养老模式、社会保险保障模式和社区养老模式（喻丽和何金旗，2003）。但是更多的学者则强调要建立复合型养老保障模式，袁春瑛等（2002）建议分类推进农村社会养老保险制度建设，将家庭养老、土地保障与社会养老三者结合起来；赵万水（2006）认为应建立以家庭为基础、以土地为依托、以政府为主体的保障体系，来保障农村老人的基本生活；而龙方（2007）认为要以家庭养老为主导，强化社会养老保险、推进农村社区养老。但是土地流转和劳动力转移削弱了家庭养老和土地养老的功能，又有着社会养老保障水平在农村保障水平低下这一现实情况，在土地流转后如何继续提高老年人的晚年生计水平，也陆续受到学者的关注，苟颖萍和施乐（2012）针对这种问题提出在土地流转中，可以通过让农民养老金有健康的、可持续性的资金来源，就可以使得农村养老保障具有持续性；而周颖（2013）有着不同的思路，她提出要在家庭养老作为基础和社会养老作为主体的同时，引进商业养老保险。

虽然提高农村养老保障水平作为提高老年人晚年生计水平的重要手段具有重要意义，但是农村老年人生计方式的现实情况表明，农村老年人依靠养老保险作为生计方式的比例并不高，韦璞（2006）利用 2003 年 5 月出版的《中国城乡老年人口状况一次性抽样调查数据分析》中的数据研究城乡老年人收入时发现，农村老年人仍然干农活的比例达到 39.7%，而钱雪飞（2011）利用 2009 年 11 月的江苏省南通市老年人生活状况调查数据研究发现农村老年人收入中自己劳动所得占 37.5%，排在老年人收入的第一位，老年人晚年生计主要依赖自身解决。而且农村老年人和城市老年人在生计方式方面存在显著的差距，城市老年人的收入来源中养老金占据首位（韦璞，2006；钱雪飞，2011）。

上述的学者研究结果表明，农村老年人生计方式并不仅仅依靠养老保险收入，虽然学者在农村老年人养老保障方面取得了丰硕的研究成果，但是对农村老年人生计缺乏系统的研究，尤其是对针对土地流转后农村老年人生计问题学者们研究的比较少。本章认为从农村土地流转的大背景出发，对农村老年人的生计问题研究，以下几个方面的内容需要进一步得到关注：

在老年人微观层面入手，通过对老年人生计资本、生计策略和生计结果的分析，发现土地流转中老年人生计问题。

从研究样本选择上，本章的样本老年人全部来自从 2006 年就开始土地流转的宁夏银北地区，能够分析随土地流转发展带来的农村老年人生计方式变化。

继续应用可持续生计分析框架分析土地流转中老年人的可持续生计问题，并结合 DID 差分模型对流转前后两个时期的老年人生计变化情况进行分析，提出土地流转后提高老年人可持续生计水平的路径。

四、理论基础

（一）农户风险规避理论

根据可持续生计理论，人们生计是风险冲击的背景下展开的，但是根据大量的实证研究和经验观察，发展中国家的农户都是风险厌恶者[①]，农户的这种行为会影响他们对生计的选择。但是学界对农户风险规避并没有形成完整的理论体系，戴佩淇（2012）在研究农户生计转型对农村居民点用地演变的作用机理时首次明确提出该理论。根据学者研究大多数农户在进行生计活动时会选择低风险低收入的活动，而放弃高风险高收入的活动[②]；并且在规避风险时，主要凭借的是家庭内部的资源配置[③]，这种家庭内部的资源就是本文研究中的生计资本。

（二）需求层次理论

根据马斯洛（Maslow）的需求层次理论，需求层次由低到高：一是生理需求，包括饥、渴、衣、住等方面的需求；二是安全需求，包括保障自身安全、避免财产丧失等方面的需求，三是感情上的需求，包括友爱需要和归属的需要；四是尊重需求，个人能力和成就得到社会的认可；五是自我实现的需要，是实现个人理想、抱负等方面的需求。当人们的生计活动产生的生计结果满足较低层次的需求时，就会继续追求更高层次的需求。

马斯洛需求层次理论的内容应当从以下几个方面来进行理解：一是需求层次由低级层次向高级层次逐步上升，但有时也会有例外情况。二是需求是每个自然人都具备的，只有满足一个层次的需求后，人才会出现另一个层次的需求，而且总是比较迫切的需求最先需要被满足。三是当低层次需求满足后，低层次需求就丧失了让人行动的动力，而较高层次的需求才能成为人们行动的动力。四是五个层次的需求，能够通过外部环境来实现的被认为是较低层次的需求，包括生理需求、安全需求和感情上的需求；需要通过个人内部条件实现的需求被认为是高层次的需求，包括尊重需求和自我实现需求。五是一个国家的社会发展水平决定了一个国家人民的需求层次的结构，越是发达国家高层次需求人数占比越大，越是发展中国家低层次需求人数占比越大。

---

① 马小勇：《中国农户的风险规避行为分析——以陕西为例》，载于《中国软科学》2006年第2期，第22~30页。

② 苏芳、尚海洋：《农户生计资本对其风险应对策略的影响——以黑河流域张掖市为例》，载于《中国农村经济》2012年第8期，第79~81页。

③ 张永丽、章忠明：《风险与不确定性对农户劳动力资源配置的影响——基于西部地区8个样本村的实证分析》，载于《华南农业大学学报（社会科学版）》2010年第4期，第11~19页。

五、研究目的和内容、数据取得与研究方法

（一）研究目的和研究内容

本章以土地流转背景下老年人的生计问题为研究对象，目的是从农户层面了解土地流转对老年人的生计影响，具体来说关注的是土地流转对老年人三个方面的影响：一是生计资本状况；二是生计策略，主要关注老年人的收入来源，老年人的养老情况；三是生计水平，主要是老年人的收入水平和生活状况。为了实现本章的研究目的，在借鉴学者们已有的研究成果和成熟的研究方法及理论基础上，本章的研究将按以下内容展开：

一是在文献研究的基础上，结合宁夏银北地区 3 个县（区）22 个乡镇的农户调查数据，对宁夏银北地区土地流转区域的老年人生计现状进行客观评价。

二是利用样本农户的调查数据，采用农户生计资产量化分析方法，根据可持续生计理论分析框架，建立农户生计资本评估指标体系，对土地流转户和非流转户的老年人的人力资本（H），自然资本（N），金融资本（F），社会资本（S）和物质资本（P）进行量化分析。

三是根据生计资本量化分析结果，通过构建二元 logistic 回归模型，分析老年人在现有的生计资本情况下，生计策略是选择转出土地还是选择继续耕种土地。

四是根据两时期老年人家庭收入数据，利用倍差分析方法系统分析土地流转对老年人可持续生计能力的影响。

五是综合参考土地流转后老年人的实际生计状况，结合老年人的生计策略选择和土地流转对老年人可持续生计能力的影响，探讨如何提高老年人可持续生计能力的决策参考和政策建议。

（二）实验手段

本书在理论分析的基础之上，根据研究目标、分析框架和技术路线，采取社会科学研究普遍采用的抽样调查法开展调查研究：

问卷设计和数据收集：根据研究目的、内容，通过设计问卷，对农户进行抽样问卷调查。调查问卷将涉及老年人家庭基本信息、生产经营情况、资产情况及收入情况等各个方面。

抽样方法：我们将用分层抽样法，首先将银北地区的所有乡镇纳入总样本，其次在每个乡镇抽取样本村，在每个样本村抽取样本户。按照统计学、计量经济学关于样本量确定公式来计算总样本量，使样本户随机分布于银北地区各个符合研究要求的乡镇。

数据来源和样本情况：首先，本次的数据采用调查员入户调查的方式进行收集。其次，从样本家庭的民族分布来看，回族家庭一共有 100 户，占 28.33%；汉族家庭一共有 253 户，占 71.67%，回族比例低于全区整体的回族比例。从家庭人口数来看，家庭人口最少的只有 1 口人，家庭人口最多的有 10 口人，平均每个家庭有 3.33 口人，低于全区平均家庭户的平均人口数①。从家庭中的老年人个数来看，有一个老年人的家庭有 72 户，有两个老年人的家庭有 278 户，有三个老年人的家庭有 3 户，分别占到样本总量的 20.40%、78.75 和 0.85%。

（三）研究方法

采用统计描述的方法分析宁夏银北地区的土地流转现状和老年人生计现状。

统计描述主要是研究如何用科学的方法去搜集、整理、分析经济和社会发展的实际数据，并通过统计所特有的统计指标和指标体系，表明所研究的社会经济现象的规模、水平、速度、比例和效益，以反映社会经济现象发展规律在一定时间、地点、条件下的作用，描述社会经济现象数量之间的关系和变动规律。本章针对宁夏银北地区老年人生计现状，以土地流转为切入点，结合宁夏银北地区的土地流转宏观数据，通过数据统计、图表的方式简明、直观地论述宁夏银北地区土地流转对老年人的生计影响。

老年人生计策略选择的 logistic 回归模型。

本章采用 logistic 回归模型分析老年人生计资本对生计策略选择的影响。logistic 回归模型表述如下：

$$logistic\left(\frac{p}{1-p}\right) = \ln\left(\frac{p}{1-p}\right) = \beta_0 + \beta_1 x_1 + \beta_2 x_2 + \cdots + \beta_k x_k \quad (8-1)$$

在模型中，因变量是老年人生计策略选择的二分变量，X_i 是影响老年人生计策略选择的老年人各种生计资本，将调研得到的数据代入模型，可以得到模型的分析结果，详见本章第四节的内容。

---

① 根据《宁夏回族自治区 2010 年第六次全国人口普查数据》，按照长表数据测算农村家庭户的人口数为 3.65 人。

对土地流转对老年人生计结果的影响研究，本章采用的非观测效应面板数据模型如下：

$$Y_{it} = \alpha_0 + \alpha_1 \times T_{it} + \alpha_2 \times A_{it} + \alpha_3 \times T_{it} \times A_{it} + \alpha_4 X_{it} + u_{it} \qquad (8-2)$$

Y_{it} 为被解释变量，代表的是 t 时期第 i 组农户的收入，$t=0$ 和 $t=1$ 分别表示基期（2010 年）和评估期（2013 年）；$i=0$ 和 $i=1$ 分别代表未参与土地流转的老年人家庭和参与土地流转的老年人家庭，例如 Y_{10} 就表示参与土地流转的老年人家庭在 2010 年的收入水平。T 和 A 分别表示流转前后和分组情况。T 代表的是时间的虚拟变量，如果 $T=0$ 也就是 2010 年，老年人家庭都未参加土地流转；如果 $T=1$ 则表示 2010 年，未参与土地流转的老年人家庭的土地没有流转，而参与土地流转的老年人家庭的土地流转了。A 表示的是分组的虚拟变量，$A=0$ 时表示的是未参与土地流转的老年人家庭；$A=1$ 时表示的是参加了土地流转的老年人家庭。X_{it} 是可观察的能够影响 Y 的各种变量；μ_{it} 代表了随时间变化能够影响 Y 的因素，它是随机扰动项，a_i 是待估参数。

第二节　土地流转背景下老年人生计现状

一、宁夏银北地区老年人土地流转基本情况

（一）宁夏银北地区[①]土地流转情况

宁夏银北地区属引黄罐区，地势平坦，灌溉方便，耕地面积 173 万亩[②]，其中石嘴山市平罗县是全国著名的商品粮生产基地。宁夏银北地区是我国较早的有规模组织农地流转地区之一，从 2006 年平罗县率先开始土地信用社进行土地流转试点以来，土地流转在银北地区发展快速，目前为止宁夏银北地区的土地流转面积达到 79.3 万亩[③]，占耕地面积的

[①]　关于宁夏银北有行政区划和地理位置两个概念，行政区划上宁夏银北来自 1972 年设立的宁夏银北地区辖石嘴山市和贺兰县；地理上的宁夏银北地区主要是指宁夏银北平原；而通常人们所指的银北地区是银川以北地区。本章在研究过程中的银北地区包括贺兰县和石嘴山市的辖区。

[②]　石嘴山市耕地面积 115 万亩，贺兰县耕地面积 58 万亩，参见石嘴山市政府网站及贺兰县政府网站。

[③]　详见本章第一节数据。

45.84%。在土地流转过程中，农户通过流出土地一方面解放劳动力，促进农村劳动力转移；另一方面也能够让农民转变为产业工人，增加农民收入。而企业通过流入土地，实现了规模化经营，降低了企业成本提高了企业的生产经营效益。

从调查来看，银北地区的土地流转都建立了符合具体情况的流转模式，具体包括：

在土地承包权转让模式有转包、出租、互换、转让、股份合作等形式，其中土地承包经营权出租是土地流转时流转经营权的主要方式。

在农地流转过程中的中介组织形式有土地信用合作社，村委会（村党支部）本身充当中介组织，中介组织和土地流入者合为一体等符合各村实际的中介服务组织。其中，农村土地信用社 2006 年在平罗县小店子村试点，它作为一种土地流转中介服务组织，将农村土地的转入和转出信息集合到一起，有效地避免了信息不对称，降低了土地流转市场的交易成本（邵传林，2010）。在推动农村土地规模化经营方面有着巨大贡献，但是随着土地流转的快速发展，这种形式已经逐渐被市场淘汰，在调查中仅有平罗县姚伏镇的小店子村和通伏镇的通伏村的土地信用社仍在运转，其他地区的土地信用社已经关停。

土地经营模式：第一，家庭农场形式和种粮大户形式：家庭农场由 2013 年中央一号文件提出，在平罗发展较为迅速。第二，龙头企业带动：进行"企业＋基地＋农户"的发展模式，引进龙头企业，建立生产基地，由农户进行田间管理的模式。第三，农民专业合作社：由农民专业合作社流转土地进行统一管理，集中经营。第四，村集体自主经营：将全村土地流转到村集体，由村集体统一经营。第五，建立设施农业园区：宁夏银北地区由政府引导建立设施农业，实行"政府引导，分户经营"进行发展。

宁夏银北地区的土地流转经过发展，呈现出以下特点：一是政府鼓励和培育各类农村经济组织参与土地流转，实现对农村土地的规模化经营，推动农村土地流转；二是土地流转带来的规模化经营趋势更加明显，大多数以家庭农场和种粮大户等规模化经营组织出现，规模化经营面积在四五亩以上；三是流转后土地经营主体进一步多元化，农地流转的承租一方由种粮大户、农业龙头企业、农民专业合作组织等经营主体构成（李宣良，2012）。

（二）老年人土地流转情况

老年人的土地流转是以家庭为单位作出的经济决策，因此本章在分析老年人的土地转出情况时，以老年人家庭为基础，将老年人的家庭分为老年人单独生活家庭和老年人与子女生活家庭。本章的研究数据通过调查员入户调查的方式进行收集。一共涉及银北地区的三个县（区），由南到北是贺兰县、平罗县和惠农区。按照各县农村人口数量，确定三县（区）的样本量，然后在各县（区）按照随机抽样原则选取农户。最终得到有老年人家庭的问卷一共 353 份，其中贺兰县 113 份，平罗县 185 份，惠农区 55 份。

从样本农户反映出来的信息看（如表 8 - 1 所示），在调查的有老年人的 353 户家庭中，参与土地流转的家庭有 228 户，占样本总户数的 64.59%，没有参与土地流转的家庭有 125 户，占样本总户数的 35.41%。其中在参与了土地流转的家庭中，土地全部进行流转的家庭有 141 户，占参与土地流转农户的 61.84%，只流转了部分土地的家庭有 87 户，占参与土地流转农户的 38.16%。

表 8 - 1　　　　　　　　老年人家庭土地流转基本情况

样本基本情况	数据（户）	比例（%）
样本总数	353	100
参与土地流转的农户	228	64.59
全部流转的农户	141	61.84
部分流转的农户	87	38.16
未参与土地流转的人农户	125	35.41

资料来源：笔者调查所得，2014 年。

从表 8 - 2 和表 8 - 3 的数据来看，在老年人单独的生活家庭中，参与土地流转的家庭有 111 户，占老年人单独生活家庭的 65.68%；未参与土地流转的 58 户，占老年人单独生活家庭的 34.32%；其中全部流转的农户有 75 户，占老年人单独生活家庭中参与土地流转农户的 67.57%。老年人与子女一起生活的家庭中，参与土地流转的家庭有 117 户，占老年人与子女生活家庭的 63.59%；未参与土地流转的家庭有 67 户，占老年人与子女生活家庭的 36.41%；其中全部流转的农户有 69 户，占老年人与子女生活家庭中参与土地流转农户的 58.97%。

表8－2 按照不同老年人家庭结构统计的老年人土地流转情况 （n＝353）

样本基本情况	数据（户）	比例（％）
样本总数	353	100
老年人单独生活家庭	169	47.88
参与土地流转的农户	111	65.68
未流转的老年人农户	58	34.32
老年人与子女生活家庭	184	52.22
参与土地流转的农户	117	63.59
未参与土地流转的农户	67	36.41

注：老年人单独生活的家庭有三种情况：一是一个老年人单独生活，二是老年人夫妇单独生活，三是两代都是老年人。在本书的研究中第三种家庭情况，只有一家。

资料来源：笔者调查所得，2014 年。

表8－3 参与土地流转的不同老年人生活的家庭流转面积比较 （n＝228）

样本基本情况	数据（户）	比例（％）
老年人单独生活家庭	111	100
全部流转的农户	75	67.57
部分流转的农户	36	32.43
老年人与子女生活家庭	117	100
全部流转的农户	69	58.97
部分流转的农户	48	41.03

资料来源：笔者调查所得，2014 年。

在表8－3 中，比较这两种不同的老年人生活家庭结构的土地流转比例，老年人单独生活的家庭参与土地流转的比例比老年人与子女生活的家庭参与土地流转的比例高 2.09％，二者参与土地流转的比例差距很小；并且将表8－2 中这两种家庭结构的土地流转参与比例和表8－1 中整个有老年人的家庭参与土地流转的比例进行比较，参与土地流转的比例差距同样很小。表8－1 和表8－2 中的数据结果表明，家庭作出土地流转的决定，并不会受家庭中的老年人是单独生活还是和子女一起生活这一因素的影响。

但是分析表8－3，老年人单独生活家庭的全部土地流转的比例和老年人与子女生活家庭的全部土地流转比例相差达到 8.6％。结合这一数据和

表8－2分析得到的结果，可以看出，家庭作出土地流转的决定，虽然不会受家庭中的老年人是单独生活还是和子女一起生活这一因素的影响，但是单独生活的老年人更倾向于把家庭中的耕地全部流转出去。这是由于老年人单独生活的家庭，老年人不能承受繁重的农活，劳动力不足让他们愿意把更多的耕地流转出去。但遗憾的是在学者们的研究中，对于农户土地流转影响因素的研究中，并没有引入家庭结构这一变量，对于农户土地流转影响因素中的农户因素，大多都是从户主出发分析的。

表8－3和表8－4分别反映的是老年人单独生活家庭和老年人与子女生活家庭的土地流转年限、租金水平和租金水平的满意度均值。

表8－4　　　　　　　老年人单独生活家庭土地流转年限、租金
水平及租金满意度（n＝111）

流转年限	户数（户）	比例（％）	租金水平均值（元）	租金满意度均值（分）
1 年	5	4.50	680.00	5.4
3 年	21	18.92	649.38	6.57
5 年	11	9.91	610.91	4.18
6～10 年	30	27.03	591.37	5.13
10 年以上（不含 10 年）	43	38.74	611.53	6.26
没有约定租期和租金水平	1	0.90	—	—
平均流转年限（9.77）	111	100	616.31	5.76

资料来源：笔者调查所得，2014 年。

土地流转年限，一般来说通常是按照 1 年、3 年、5 年、6～10 年及 10 年以上来签订合同。老年人家庭的流转期限 10 年以上的占大部分，老年人家庭土地流转租期较长。而租金水平整体保持在每亩 600 元左右。

在访问员入户调查的过程中，我们得出以下两个事实：一是农户的土地流转期限并不由农户决定，而是由租种户在考虑自身投资周期的情况下，和农户协商决定，土地流入的租种方具有很大的话语权，同一租种方在同一个村子的土地流入期限基本相同；二是同村土地质量基本相同，土地流入的租种方为了规模化经营，一般都是选择土地集中的连片地区租种，土地的区位条件相同，因此同一个村子甚至相邻村庄的土地租金相差

不大。

从表 8 - 4 和表 8 - 5 中可以看出，不同年限的土地流转户数所占比例基本相同。从租金水平来看，虽然老年人单独生活家庭的租金平均水平和高于老年人与子女生活家庭的租金水平总体相差不大，符合调查中同村租金水平相近的这一结论。但是比较老年人生活的不同家庭在同一流转期的租金水平时，则出现较大差距。以 1 年流转期的农户租金水平为例，1 年流转期的老年人单独生活家庭平均租金水平为 680 元，而老年人与子女生活家庭平均租金水平为 585 元，两者相差 95 元。造成这种差距的原因主要是同一流转年限的样本农户分布不均匀；老年人单独生活家庭流转 1 年的只有 5 户，而老年人与子女生活家庭流转 1 年的只有 8 户。而总体样本是由银北地区随机抽样取得，样本分布科学合理，这也就解释了总体租金水平符合调查实际情况，而部分流转年限的租金水平出现较大差距的。

表 8 - 5　　　　　　　老年人与子女生活家庭土地流转年限、
租金水平及租金满意度（n = 117）

流转年限	户数 （户）	比例 （%）	租金水平均值 （元）	租金满意度均值 （分）
1 年	8	6.84	585.00	5.86
3 年	26	22.22	631.54	6.81
5 年	9	7.69	622.78	5.33
6 ~ 10 年	29	24.79	587.93	5.24
10 年以上（不含 10 年）	44	37.61	589.68	5.86
没有约定租期和租金水平	1	0.85	—	—
平均流转年限（9.33）	117	100	603.66	5.88

资料来源：笔者调查所得，2014 年。

本书在评价农户对土地流转租金满意度时，采用李科特量表 5 级评分法，从 1 分到 10 分，每 2 分为一个评级，满意度依次为很不满意（1 ~ 2分）、比较不满意（3 ~ 4 分）、一般满意（5 ~ 6 分）、比较满意（7 ~ 8分）和很满意（9 ~ 10 分）；需求度依次为不需要（1 ~ 2 分）、不太需要（3 ~ 4 分）、一般需要（5 ~ 6 分）、比较需要（7 ~ 8 分）和很需要（9 ~ 10 分）。

老年人家庭对土地流转租金的满意度总体评价为 5.82 分，按照李科特量表评价应为一般满意，但是从表 8 - 6 中来看，老年人家庭对土地流转的总体满意度仅为 35.34%。由此，老年人家庭对土地流转租金整体满意度不高。在按照老年人生活的家庭结构来看，表 8 - 4 和表 8 - 5 中，不同的老年人生活的家庭对于土地流转租金水平的满意度均值相差不大，租金水平满意度和租金水平保持基本一致符合常理。但是从表 8 - 6 统计的两类老年人家庭的满意率来看，老年人单独生活家庭的满意率比老年人与子女生活家庭满意率高出近 7%。满意率的这一差距合理的解释是老年人单独生活家庭普遍生活水平不高，对租金的期望值比较低。

表 8 - 6　　　　　老年人土地流转租金满意度（n = 228）

类型	很不满意 1 ~ 2 分	比较不满意 3 ~ 4 分	一般 5 ~ 6 分	比较满意 7 ~ 8 分	很满意 9 ~ 10 分	满意率 （%）
老年人单独生活家庭	8	30	30	26	16	42
老年人与子女生活家庭	5	19	51	28	13	35.34

资料来源：笔者调查所得，2014 年。

二、土地流转后老年人生计现状

土地流转是一项涉及经济社会的系统工程，会从各方面来影响农户的生计。对老年人生计来说，面临子女外出打工和放弃土地保障功能的双重压力。对于土地流转农户来说，需要通过土地流转来使得自己的生计资本增加，这样才能保证通过土地流转提高生活水平，尤其对老年人来说，社会养老资源不足的情况下，更需要保障其生计的可持续性。结合本书的可持续生计理论，分析土地流转后老年人生计现状。

（一）生计资本分析

生计资本是可持续生计分析框架中的重要部分，包括五个方面的内容：人力资本、自然资本、金融资本、社会资本和物质资本。生计资本是获得生计可持续性，降低生计脆弱性的核心内容。

（1）人力资本。

人力资本主要由家庭人口结构、人口健康状况、掌握技能情况和受教育状况等组成。在老年人生计资本中，老年人由于年龄偏大，总体人力成本不高。老年人家庭人力资本状况如表8-7所示。

表8-7　　老年人家庭人力资本状况（n（a）=169，n（b）=184）

类型	老年人数	平均年龄	参与劳动人数及比重	有技术的人数及比重
老年人单独生活家庭（流转）	217	64.79	126（58.06%）	7（3.23%）
（a）（未流转）	113	64.21	102（90.27%）	2（1.78%）
老年人与子女生活家庭（流转户）	194	66.45	69（35.57%）	1（0.05%）
（b）（未流转）	113	63.58	74（65.49%）	11（0.08%）

资料来源：笔者调查所得，2014年。

第一，老年人的劳动能力。老年人年龄均在60岁以上，年龄比较大，已超过法定退休年龄，但是老年人参与劳动的比例却依然很高，样本中参与土地流转的老年人仍然劳动的比例高达47.44%，未参与土地流转的老年人劳动比例达到77.87%。从我们的调查数据来看，参与土地流转的家庭中，老年人参与劳动的比例远低于未参与土地流转的家庭中的老年人。因此土地流转可以减轻老年人的繁重生计劳动。而在参与土地流转的农户中，老年人单独生活家庭中的老年人劳动比例高于老年人与子女生活家庭中的老年人劳动比例；这一情况同样在未流转农户家庭中出现，未流转的农户中，老年人单独生活家庭中的老年人劳动比例高于与子女生计家庭中的老年人劳动比例。老年人与子女生活能够为其分担生计压力，家庭子女能够为老年人的可持续生计提供保障。

第二，老年人的技术水平。由于大多数老年人出生于20世纪中期，没有接受过良好的教育，文化水平普遍比较低。能够掌握一门技艺，则能够为家庭带来更多的收入，但是从调查来看，有技术的老年人比例很低。但是老年人单独生活家庭中参与土地流转的老年人有技术的比例比较高。这是因为他们把土地流转出去，不仅可以获得土地租金收入，还能够通过收益获得额外收入。

（2）自然资本。

自然资本包括土地，水，树林、草地等。而其中对于农户来说最重要的是土地。老年人家庭自然资本状况如表8-8所示。

表8-8　　　老年人家庭自然资本状况（n（a）=169，n（b）=184）

类型	耕地面积（亩）	水地面积（亩）及比重	目前人均耕地面积（亩）
老年人单独生活家庭（流转）	1736.3	1641.1（94.51%）	1.47
（a）（未流转）	764.5	747.5（97.78%）	6.77
老年人与子女生活家庭（流转）	2249.5	2094.4（93.11）	0.96
（b）（未流转）	1113.2	1005.7（90.34）	3.55

资料来源：笔者调查所得，2014年。

第一，土地资源。土地资源是以家庭为单位拥有的，从调查来看，参与土地流转的家庭，在土地流转后人均耕地面积1.22亩，未参与土地流转的家庭人均耕地面积5.16亩。对于参与土地流转家庭的老年人来说，土地的直接养老功能已经弱化，转化成了租金—家庭的现金收入。而老年人单独生活家庭的老年人人均耕地面积高于老年人与子女生活家庭的人均耕地面积，是由于后者人口众多，同时也弥补了单独生活老年人不能够得到子女支持的空缺。

第二，其他自然资本。宁夏银北地区属于引黄罐区，水资源丰富，适宜灌溉，土地质量高，产量大。从调查来看，在银北地区的样本农户中，水地面积都在90%以上，质量较高的土地在耕种时产量高；出租时租金高；都能对老年人的生计起到很好的保障作用。在种植种类上，宁夏银北地区农户主要种植水稻、玉米和小麦。部分租种大户种植蔬菜等经济作物。从作物种类上来说，单个农户的种植结构单一，不利于老年人生计风险的防范。

（3）金融资本。

农户可以自主支配的收入是可持续生计分析框架下的金融资本的主要内涵。从本章研究角度来看，主要包括农业收入、打工收入、转移性收入、土地租金收入及其他收入。而对于老年人来说，老年人家庭的收入来源渠道广、收入多，就能增加生计的可持续性。表8-9是不同家庭类型的老年人在参与土地流转的情况下的金融资本状况。

表 8 – 9　　老年人家庭金融资本状况（户均情况）（n（a）=169，n（b）=184）

类型	农业收入	打工收入	转移性收入	土地租金收入	其他收入
老年人单独生活家庭（流转）	6083.33	3557.66	9880.33	7383.36	1390.27
（a）（未流转）	17217.24	689.66	10453.44	0	141.37
老年人与子女生活家庭（流转）	9893.16	27746.15	6005.17	9245.40	3458.12
（b）（未流转）	27611.94	25072.73	9390.15	0	1000

　　注：转移性收入由种粮补贴、老年人养老保险、低保收入等构成；其他收入由农户经营商店、出租房屋、出租农机具及其他收入构成。

　　资料来源：笔者调查所得，2014 年。

　　第一，农业收入。农业收入是农户最基本的收入来源，从调查的样本农户来看，老年人家庭中，未参与土地流转的农户的农业收入是参与土地流转农户农业收入的近 3 倍。土地流转后，农户从直接种植土地取得收入转变为出让土地经营权获得收入。老年人单独生活家庭的农业收入比老年人与子女生活家庭老年人的少。

　　第二，打工收入。从老年人单独生活家庭来看，参与土地流转农户比未参与土地流转农户的打工收入多出近 5 倍；而从老年人与子女生活家庭来看，参与土地流转农户比未参与土地流转农户的打工收入只多出 1/5。而老年人与子女生活家庭打工收入是老年人单独生活家庭打工收入的 12 倍。土地流转后，单独生活老年人为了维持生计的可持续性和安全性，更多的选择打工；而与子女一起生活的老年人则是家中子女外出打工。从调查情况看，我们发现，老年人大多都选择离家比较近的种粮大户、家庭农场等地方打工，主要从事农业生产性打工活动。而老年人丰富的种植经验和田间管理经验也受到土地租种方的青睐。

　　第三，土地租金收入。土地租金收入是参与土地流转农户活得收入的一个重要方面。从农户收入结构来看，参与土地流转农户由于出租土地，减少了农业收入，获得了土地租金收入。土地租金收入是农户的净收入。对老年人来说，通过出让家庭拥有的土地经营权，解决老年人"老了做不动工"，获得了收入。

　　第四，转移性收入和其他收入。转移性收入在农户收入中占比很大。老年人单独生活家庭比老年人与子女生活家庭的转移性收入高，而流转户比未流转户低。这主要是在土地流转过程中，部分农户的种粮补贴归土地租种方所有。转移性收入在农户总收入中占比很小，但是随着农户土地流转，老年人有更多的时间，通过其他活动获得收入。

（4）物质资本。

农户的物质资本包括住房、家用电器等耐用消费品和农机具等。农户的可持续生计的稳定性，依靠充足的物质资本。

第一，住房。从调查的情况看，老年人家庭住房从结构和数量上都差距不大。砖混结构是银北地区绝大多家庭的住房建筑结构，从数量上看，户均5间房以上，如表8-10所示。但是，老年人与子女生活家庭需要的房间比老年人单独生活家庭更多。从生活需要角度来看，房间数多少完全由家庭结构决定，能够满足家庭生活需要就可以保证其生计的可持续性；而从家庭资产来看，更多的房屋意味着家庭更多的固定资产，能够为家庭提供更有利的生计保障。

表8-10　　老年人家庭物质资本状况（房屋状况）（n（a）=169，n（b）=184）

类型	混凝土结构数量及比重	砖混结构数量及比重	土坯结构数量及比重	平均间数
老年人单独生活家庭（流转）	3（2.78%）	100（92.59%）	5（4.63%）	5.59
（a）（未流转）	0（0%）	55（96.49%）	2（3.51%）	5.14
老年人与子女生活家庭（流转）	1（0.87%）	109（94.78%）	5（4.35%）	5.64
（b）（未流转）	2（2.99）	60（89.55%）	5（7.46%）	5.55

注：在老年人单独生活家庭中，流转户中3家无房，借住在别人家；未参与流转的农户中1家无房，借住在别人家。在老年人与子女生活家庭中，流转户中2家无房，住村里提供的住房；未参与流转的农户中1家无房，借住在别人家。

资料来源：笔者调查所得，2014年。

第二，农机具和耐用消费品。农机具是农户进行农用生产活动的主要工具，是家庭的重要资产。从农用三轮车的户均拥有量来看，老年人单独生活家庭的户均拥有量低于老年人与子女生活家庭，而土地流转出去的农户户均拥有量低于未参与土地流转的农户。出现这种情况的一个重要原因是土地流转后，需要耕作的土地变少，甚至很多家庭不再进行农用种植，家庭中用于农业生产的工具被变卖。生活类耐用消费品情况来看，电冰箱、洗衣机和电视在老年人单独生活家庭中，拥有量少于老年人与子女生活家庭，如表8-11所示。老年人勤俭节约的生活习惯，影响着拥有量；老年人单独生活家庭，"人口少，家用电器用着浪费"是大多数单独生活家庭老年人的想法。生活类耐用消费品的变化并不因为土地流转而出现变化。

表 8 – 11　　　　　　　老年人家庭物质资本状况（耐用消费品）
（n（a）=169，n（b）=184）

类型	农用三轮车户均拥有量	电冰箱户均拥有量	洗衣机户均拥有量	电磁炉户均拥有量	数字电视户均拥有量
老年人单独生活家庭（流转）	0.54	0.71	0.69	0.37	0.13
（a）（未流转）	0.64	0.66	0.59	0.43	0.12
老年人与子女生活家庭（流转）	0.65	0.68	0.90	0.37	0.21
（b）（未流转）	0.78	0.69	0.82	0.31	0.19

资料来源：笔者调查所得，2014 年。

（5）社会资本。

伴随着社会经济的发展，以家庭为单位的生产方式正在瓦解，向着规模化、集中化发展，土地流转既顺应了这种发展潮流，又推动了这种潮流更快的发展。但是土地的集中化经营，农村以村为主要社会关系的社会资本也被打破甚至流失。尤其对老年人来说，土地流转加剧的劳动力外流，"空巢村"增加，留守老人成为村的主力军。在本章为研究进行社会调查时，比较典型的就是平罗县渠口乡正闸四队，由于村里地全部流转，村里剩下的绝大多数是老年人，而且剩余户数不到 10 户。

从调查数据来看也印证了这一点。在对样本农户调查过程中，为了了解样本农户的社会资本状况，我们通过家庭随礼的数量来确定家庭社会资本的变化。在老年人单独生活家庭中，流转农户随礼平均有 9.65 户，未参与土地流转的农户平均随礼 11.84 户；在老年人与子女生活家庭中，流转农户平均随礼 12.63 户，而未参与土地流转农户平均随礼 13.38 户。参加土地流转的农户，由于土地流转，社会资本降低；而是否与子女在一起生活也成为影响老年人社会资本的重要因素。

（二）生计策略

生计策略是农户为了实现一定的生活目标，对拥有的生计资本进行组合配置，综合表现为农户的生产和生活行为。一般来说生计资本越丰富，生计策略的组合方式越多；反之，生计资本越匮乏，生计策略的组合方式越少。

土地流转背景下老年人的生计策略会根据老年人土地流转情况、自身身体状况和家庭结构进行调整，不同家庭的老年人有着不同的生计策略选择。

生计策略的分类总体能够分成保守型生计策略和冒险性生计策略，从本章研究来看，我们能够将老年人生计策略分为三类：老年人单独生活双方劳作型，老年人单独生活一方劳作型，老年人单独生活赋闲型；老年人与子女生活双方劳作型，老年人与子女生活一方劳作型，老年人与子女生活赋闲型。

在老年人单独生活的家庭中，老年人的主要生计来源主要依靠转移性收入和土地租金收入。而在老年人双方都劳作的家庭里，老年人选择农业作为其主要的生计活动来获得生计来源，弥补转移性收入和租金收入的不足；而在只有一方能够劳作的家庭里，劳作的一方会选择打工作为其主要生计获得来获得生计来源，弥补转移性收入和租金收入的不足。从调查来看，老年人打工主要集中在农业领域，在种粮大户、家庭农场里打工成为这些人的主要选择。而在老年人单独生活家庭中，选择赋闲在家，不工作的老年人中，他们的主要生计来源是转移性收入和土地租金收入，其他收入均不足5%。

在老年人与子女生活家庭中，打工收入是最主要的生计来源，这主要是家庭中，子女打工收入较多。而无论是老年人双方都劳作还是一方劳作，农业收入都成了他们的次要生计来源；而在老年人赋闲在家，不工作的家庭中转移性收入则成了次要生计来源。具体如表 8 - 12 所示。

表 8 - 12　　土地流转后老年人生计策略分析（n（a）=111，n（b）=117）

项目	农业收入	打工收入	转移性收入	土地租金收入	其他收入
老年人单独生活双方劳作型	-		++	+	
（a）老年人单独生活一方劳作型		-	++	+	
老年人单独生活赋闲型			++	+	
老年人与子女生活双方劳作型	-	++			
（b）老年人与子女生活一方劳作型	-	++		+	
老年人与子女生活赋闲型		++	-	+	

注：①转移性收入由种粮补贴、老年人养老保险、低保收入等构成；其他收入由农户经营商店、出租房屋、出租农机具及其他收入构成。

②＋＋表示主要生计来源，＋表示次主要生计来源，－表示次要生计来源，同时次要生计来源应当占总收入的比例超过10%。

资料来源：笔者调查所得，2014 年。

(三) 生计结果

生计结果是对各种生计资本组合形成生计策略的最终结果，一般来说表现为农户的净收入水平。生计结果与生计策略密切相关，同时影响着再生产和扩大再生产。从大多数学者的研究，并结合实际情况来看，选择非农生计策略的生计结果大于选择从事农业生计策略的生计结果，资本和资源导向性生计策略产生的生计结果大于劳动力导向型生计策略的生计结果。而从上面的分析来看，老年人生计策略相对简单，在老年人单独生活家庭和老年人与子女生活家庭，老年人生计策略是双方都劳作，一方劳作和两个都赋闲。而本章的关注角度不是不同生计策略引起的生计结果差异，本章主要关注土地流转后老年人采取多种生计策略产生的生计结果与没有流转农户的生计结果的差异。

从生计结果来看，老年人单独生活家庭中，参与土地流转的户均净收入比不参与土地流转的高出 3599 元；而在老年人与子女生活家庭中，参与土地流转的户均净收入比不参与土地流转的低 1399 元。由于老年人与子女生活的家庭中，老年人的生计结果受到家庭的影响，而这种影响是无法剔除的，因此在研究老年人生计结果的过程中，对老年人单独生活家庭和老年人与子女生活家庭分别进行研究。

三、小结

根据前面的数据描述和调查访谈，我们可以发现宁夏银北地区土在地流转背景下老年人生计现状有如下特点：

第一，老年人土地流转现状。无论是老年人单独生活家庭还是老年人与子女生活家庭，老年人家庭参与土地流转的比例均比较高，而在参与土地流转的家庭中，土地全部流转的老年人家庭占比超过一半。

第二，老年人土地流转租期、租金及租金满意度。老年人单独生活家庭和老年人与子女生活家庭的租期均在 9 年以上，租期超过 10 年所占比例最大。老年人租金水平平均在 600 元，但是老年人单独生活家庭的土地流转租金略高于老年人与子女生活家庭。而对于租金水平满意度来看，老年人的整体满意度率不高，老年人单独生活家庭的老年人对租金的满意度率高于老年人与子女生活家庭。

第三，老年人的生计资本现状。从老年人的人力资本来看，参与土地流转的家庭中，老年人参与劳动的比例远低于未参与土地流转的家庭中的老年人；从老年人的自然资本看，参与土地流转家庭的老年人来说，土地的直接养老功能已经弱化，转化成了租金——家庭的现金收入；从老年人的金融资本看，老年人在土地流转后农业收入降低，其他收入增加，收入呈现多样性；从物质资本看，老年人家庭住房从结构和数量上都差距不大，生产资本土地流出户低于未流转户；从社会资本来看，土地流转加剧的劳动力外流，"空巢村"增加，留守老人成为村的主力军。

第四，老年人的生计策略和生计结果。在生计策略上，在老年人单独生活的家庭中，老年人的主要生计来源主要依靠转移性收入和土地租金收入，参与土地流转的老年人土地租金收入占比很大。老年人与子女生活家庭中，无论是老年人双方都劳作还是一方劳作，农业收入都成了老年人的主要生计来源，参与土地流转的家庭中，租金收入占比不高。而观察现状老年人的生计结果，老年人单独生活的家庭中，参与土地流转的户均净收入比不参与土地流转的高；而在老年人与子女生活的家庭中，参与土地流转的户均净收入比不参与土地流转的低。

第三节　老年人生计资本的量化分析

生计资本是可持续生计的最重要部分，通过对老年人生计资本的量化，能够比较土地流转户和非流转户老年人生计资本的差异。同时为分析土地流转后不同生计资产对老年人生计策略选择的影响打下基础。

一、生计资本指标量化

对于生计资本的量化研究，谢东梅（2009）专门进行了研究，以及李金香等（2013），李树苗等（2010）和蒙吉军等（2013）在进行生计问题的研究中都有详细的论述。本书在借鉴以上学者研究的基础上，大量借鉴已有的生计资本的量化指标体系和量化标准，根据宁夏银北地区老年人生计问题的具体情况，建立了老年人生计资本体系和量化标准，如表 8－13 所示。

表 8 – 13　　　　　　　　　生计资本指标体系及量化标准

资本类型	指标体系	解释	符号	计算公式
人力资本	家庭老年人整体劳动能力	年龄	H1	H1 = H11 × 0.5 + H12 × 0.3 + H13 × 0.2
	家庭老年人技术水平	是否有技术	H2	设定二分变量，拥有赋值为 1，否则赋值为 0
自然资本	耕地面积	用实际耕地面积表示	N1	N1 = 实际耕地面积/调查户最大耕地面积
	土地能否实现规模化经营	耕地是否连片	N2	设定二分变量，是赋值为 1，否则赋值为 0
物质资本	住房资产	按房屋等级	P1	混凝土结构赋值为 1；砖木结构赋值为 0.67；土坯房赋值为 0.33
	生活资本	用老年人拥有的生活资本数量占所有生活资本的比例表示	P2	设定二分变量，拥有赋值为 1，否则赋值为 0 P2 = 拥有的生活资本数量/所有的生活资本数量
	生产资本	本文只选择一个指标	P2	设定二分变量，拥有赋值为 1，否则赋值为 0
金融资本	老年人现金收入	用老年人家庭年收入表示	F1	标准化，F1 = 老年人家庭年收入/调查的老年人家庭中最高收入
	新农合	是否参加	F2	设定二分变量，拥有赋值为 1，否则赋值为 0
	新农保	是否参加	F3	设定二分变量，拥有赋值为 1，否则赋值为 0
	商业保险	是否参加	F4	设定二分变量，拥有赋值为 1，否则赋值为 0
社会资本	是否有村干部	表示家庭的社会地位	S1	设定二分变量，拥有赋值为 1，否则赋值为 0
	老年人子女个数	能够得到的社会资本	S2	S2 = 老年人的子女数/调查的老年人拥有的最多子女个数
	老年人随礼家庭个数	老年人家庭的社会资本情况	S3	S3 = 老年人随礼家庭个数/调查的老年人随礼最多的家庭个数

注：在 H 中，H11 表示 65 岁及以下；H12 表示 75 岁及以下；H13 表示 75 岁以上；若老年人有慢性疾病则赋值为 0.25，患有重大疾病、年老不能劳作的赋值为 0。N2 中的是否连片是指是否和周边农户的土地连在一起，方便规模化经营。

资料来源：赋值标准由蒙吉军，艾木入拉，刘洋和向芸芸在研究《农牧户可持续生计资产与生计策略的关系研究》中测定，本书予以了借鉴，在此提出感谢。

在本书中，老年人的人力资本包括两个方面：一是以老年人的年龄为标志的老年人劳动能力指标；二是老年人是否拥有技术的生计资本指标。对于农民来讲，土地是农民的根本，是最重要的自然资本，需要从面积和是否连片进行考察；和周边农户的土地连片，利于统一灌溉，流转后方便规模化经营。而物质资本则主要考察的是老年人的居住条件（房屋），生活条件（生活资本）及生产条件（生产资本）。金融资本的考察，一方面考察老年人的家庭收入，另一方面考察了老年人的保险状况，本书考虑老年人除了基本生计支出，不会有大规模的生产活动，因此本书不考察老年人的借贷情况。社会资本主要考察是否有村干部，给多少户随礼及子女个数。

二、老年人生计资本的量化结果

（一）老年人单独生活家庭的资本量化结果

根据生计资本指标和以前学者的量化方法，本章量化得到了老年人单独生活家庭的各类生计资本的量化结果，并计算出来资产平均值，如表 8-14 所示。从学者们的研究结果看，理想的生计资本结构是五种生计资本存量相同（蒙吉军等，2013）能够构成一个平衡的正五边形，但是这一理想情况很难实现，各个生计资本之间的差距很大。从老年人的生计资本量化结果来看，老年人的人力资本和社会资本相对比较薄弱，这符合老年人的一般情况；而由于社会保障制度的逐步完善，引起老年人的金融资本相对比较丰富。

表 8-14　　生计资本指标体系及量化标准（老年人单独生活家庭）（n=169）

资本类型	指标体系	符号	指标值		生计资本值	
			流转农户	未流转农户	流转农户	非流转农户
人力资本	家庭老年人整体劳动能力	H1	0.8153	0.8483	0.8649	0.8741
	家庭老年人技术水平	H2	0.0495	0.0258		
自然资本	耕地面积	N1	0.0639	0.2929	1.0369	1.2239
	土地能否实现规模化经营	N2	0.9730	0.9310		
物质资本	住房资本	P1	0.6486	0.6467	1.6576	1.7329
	生活资本	P2	0.4685	0.4483		
	生产资本	P2	0.5405	0.6379		

续表

资本类型	指标体系	符号	指标值		生计资本值	
			流转农户	未流转农户	流转农户	非流转农户
金融资本	老年人现金收入	F1	0.2131	0.2146	2.0689	2.0680
	新农合	F2	0.9865	1.0000		
	新农保	F3	0.8423	0.8017		
	商业保险	F4	0.0270	0.0517		
社会资本	是否有村干部	S1	0.1532	0.2070	0.7836	0.9400
	老年人子女个数	S2	0.3574	0.3946		
	老年人随礼家庭个数	S3	0.2731	0.3384		

注：数据为样本农户的平均值。

从总体上看，参与土地流转的老年人的生计资本的丰裕度比未参与土地流转的老年人低，如表8-15和图8-1所示。差距比较大的是自然资本和社会资本，差距比较小的是人力资本。只有金融资本参与土地流转的老年人比未参与土地流转的老年人高，但是差距非常小。

表8-15　老年人单独生活家庭各类生计资本丰裕度比较（n=169）

类型	人力资本	自然资本	物质资本	金融资本	社会资本
流转农户				*	
非流转农户	*	***	**		***

注：*** 表示高出10%以上，** 表示高出1%以上，* 表示不高出1%。

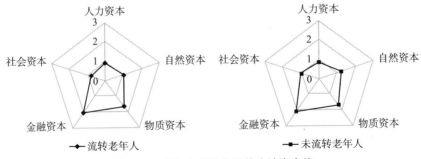

图8-1　老年人单独生活的生计资本值

分别观察各个生计资本，人力资本虽然未参与土地流转的农户比参与土地流转的农户高，但是二者差距非常小，符合我们的调查结果，在调查中，一部分老年人参与土地流转就是因为年纪比较大，没有能力种地。自然资本随着参与土地流转老年人拥有的自然资本降低，而未参与土地流转的农户由于继续耕种的土地比较多，自然资本丰富；参与土地的老年人自然资本比未参和土地流转的老年人自然资本差距很大。物质资本虽然非流转农户高于流转农户，但是考察物质资本的各个指标，非流转农户的生产资本比较高；而流转农户的生活资本和住房资本比较高，这也表明了参与土地流转的老年人在生活上优于未参与土地流转的农户。金融资本参与土地流转和未参与土地流转的农户差距不大的一个主要原因得益于新农保和新农合的广覆盖，但是农村老年人购买商业保险水平比较低。参与土地流转的老年人的社会资本和未参与土地流转的老年人相比差距很大。参与土地流转的农户子女数量少于未参与土地流转的农户，不能够得到子女的这一社会资本在种植上的帮助，也可能是老年人流转出土地的一个重要原因。

对于参与土地流转和未参与土地流转的老年人生计资本的量化结果，他们的人力资本都很贫乏，但是社会资本较弱的参与土地流转，而社会资本丰富的未参与土地流转，老年人的社会资本是否影响老年人的土地流转决定是需要进一步进行研究的，本章提出问题，并不进行分析。

（二）老年人与子女生活家庭的资本量化结果

与上面相同，根据生计资本指标和以量化方法，量化得到老年人与子女生活家庭的各类生计资本的量化结果，并计算出来资产平均值。老年人与子女生计家庭中老年人各个生计资本之间的差距仍然很大，仍然不是理想的正五边形，如表8－16所示。从老年人与子女生计家庭老年人的生计资本量化结果来看，在老年人与子女生活的家庭中，老年人的人力资本是最薄弱的，社会资本相对比较薄弱，同样得益于由于社会保障制度的逐步完善，以及家庭其他成员的收入，与子女一起生活的老年人的金融资本相对比较丰富。

表8－16　生计资本指标体系及量化标准（老年人与子女生活家庭）（n＝184）

资本类型	指标体系	符号	指标值		生计资本值	
			流转农户	未流转农户	流转农户	非流转农户
人力资本	家庭老年人整体劳动能力	H1	0.6598	0.6418	0.6641	0.6567
	家庭老年人技术水平	H2	0.0043	0.0149		

资本类型	指标体系	符号	指标值		生计资本值	
			流转农户	未流转农户	流转农户	非流转农户
自然资本	耕地面积	N1	0.0421	0.1596	0.9908	1.1148
	土地能否实现规模化经营	N2	0.9487	0.9552		
物质资本	住房资本	P1	0.6468	0.6544	1.8412	1.9343
	生活资本	P2	0.5363	0.5037		
	生产资本	P2	0.6581	0.7761		
金融资本	老年人家庭现金收入	F1	0.2277	0.2542	2.0696	1.9631
	新农合	F2	0.9915	0.9627		
	新农保	F3	0.8247	0.7313		
	商业保险	F4	0.0256	0.0149		
社会资本	是否有村干部	S1	0.1794	0.1493	0.8297	0.8194
	老年人子女个数	S2	0.3979	0.4030		
	老年人随礼家庭个数	S3	0.2523	0.2672		

注：数据为样本农户的平均值。

从整体上看，老年人与子女生活家庭的生计资本丰裕度仍然是未流转的农户比流转的农户高，如表 8 - 17 和图 8 - 2 所示。但是与老年人单独生活家庭的生计资本相比，出现了一些变化。一是非流转户的人力资本低于了流转户的人力资本；二是流转户的金融资本比非流转户的金融资本丰裕度高，且差距很大。

表 8 - 17   老年人单独生活家庭各类生计资本丰裕度比较（n = 189）

类型	人力资本	自然资本	物质资本	金融资本	社会资本
流转农户	*			***	**
非流转农户		***	**		

注：*** 表示高出 10% 以上，** 表示高出 1% 以上，* 表示不高出 1%。

图8-2　老年人与子女生活的生计资本值

分别观察老年人与子女生活家庭的老年人各类生计资本，人力资本参与土地流转的老年人高于未参与土地流转的老年人。这一结论并不和上面所述的"老年人年纪大了，没有能力种地，成为部分老年人选择土地流转的原因"相矛盾。土地流转是以家庭为单位作出的经济决策，老年人与子女生活的家庭，是否流转土地，很大程度上受到家庭其他成员的影响。自然资本在参与土地流转的老年人与子女生活家庭中随着土地流转带来了自然资本下降，比未参与土地流转的家庭中的自然资本低。综合表8-18，我们能够得到老年人单独生活家庭和老年人与子女生活家庭参与土地流转和未参与土地流转时不同的生计资本总值。金融资本两类老年人生活的家庭差距非常大，参与土地流转的农户，社会保障参与度高，能够积极参加商业保险，这也说明了家庭在土地流转后，为了弥补社会保障不足，更好地保障老年人，减轻家庭风险压力，为老年人购买商业保险成为一部分家庭的选择。社会资本两类家庭的差距比较小，但是参与土地流转的农户高于未参与土地流转的农户。

（三）老年人生计资本的比较分析

在上面，得出不同家庭参与土地流转和未参与土地流转的老年人生计资本的量化结果。综合表8-18，我们能够得到不同家庭参与土地流转和未参与土地流转的家庭的生计资本总值。老年人单独生活家庭的老年人生计资本均为老年人的生计资本，而老年人与子女生活家庭的老年人生计资本无法将其与子女占有的生计资本进行有效剥离，因此，在比较分析老年人生计资本的时候，仍然是按照两类家庭进行。但是其中人力资本作为一个特殊指标能够进行剥离。

表 8 - 18	老年人各类生计资本比较分析（n = 358）			
资本	流转		未流转	
	老年人单独生活家庭	老年人与子女生活家庭	老年人单独生活家庭	老年人与子女生活家庭
人力资本	0.8649	0.6641	0.8741	0.6567
自然资本	1.0369	0.9908	1.2239	1.1148
物质资本	1.6576	1.8412	1.7329	1.9343
金融资本	2.0689	2.0696	2.0680	1.9631
社会资本	0.7836	0.8297	0.9400	0.8194
生计资本总值	6.4119	6.3954	6.8389	6.4883

注：该表数据由表 3 - 2 和表 3 - 4 计算所得。

　　分析老年人的人力资本，我们发现老年人的人力资本呈现这样的特点：老年人单独生活家庭的老年人人力资本高于老年人与子女生活家庭的老年人人力资本；在老年人单独生活家庭中参与土地流转的老年人人力资本高于未参与土地流转的老年人人力资本；而在老年人与子女生活的家庭中却表现出相反的情况。

　　表 8 - 18 是参与土地流转和未参与土地流转的不同家庭老年人的生计资本情况。分析老年人的生计资本总值，发现参与土地流转的老年人生计资本总值低于未参与土地流转的老年人生计总值，如图 8 - 3 所示。这一数据说明了参与土地流转的老年人拥有的生计资本没有未参与土地流转的老年人丰富，可能会影响到老年人的生计结果，但是老年人的最终生计结果还需要分析老年人在采取不同生计策略后的生计结果。

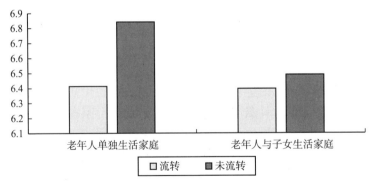

图 8 - 3　不同家庭老年人生计资本总值比较

从两个家庭类型的比较分析来看，虽然都是未参与土地流转的家庭生计资本值高于参与土地流转的家庭，但是如图 8 - 3 所示，我们发现相对于老年人单独生活家庭的老年人生计资本在参与土地流转和未参与土地流转的农户中差距很大，在老年人与子女生活家庭中的这一差距却变小了。

三、小结

通过对老年人生计资本的量化计算，我们得到如下结论：

第一，老年人生计资本中，人力资本最为贫乏，社会资本较为贫乏，金融资本较为丰富。老年人由于年龄大，加之文化程度普遍不高，掌握的相关技能较少造成人力资本的贫乏；而实施的农村新型养老保险和农村合作医疗，由于覆盖面比较广，提升了老年人的金融资本的拥有量。

第二，在老年人单独生活的家庭中，参与土地流转的老年人的生计资本总值低于未参与土地流转的老年人生计资本总值，二者差距较大。在老年人与子女生活家庭中，参与土地流转的老年人生计资本总值虽然仍然低于未参与土地流转的老年人生计总值，但是二者的差距明显缩小。

第四节 土地流转后老年人生计策略分析

一、老年人生计策略的数据描述

不同类型家庭的老年人会采取不同的生计策略，如前所述，根据是否外出打工可以将老年人的生计策略分为三类：一是家庭中的老年人都继续劳作，二是一方老年人劳作，三是双方都赋闲在家。前两类可以归结为老年人选择劳作；而后一类老年选择不劳作，这样老年人的生计策略转变为劳作与不劳作的一个二分变量，便于研究。

（一）老年人单独生活家庭的生计策略

老年人的生计策略选择，受到多方面因素的影响，最终的目的是提升生计的可持续性，追求更高的生活水平。老年人单独生活家庭的生计策略数据如表 8 - 19 所示。

表 8 – 19　　　老年人单独生活家庭的生计策略数据统计（n = 111）

类型	选择劳作		选择不劳作
	老年人双方劳作	老年人一方工作	老年人赋闲在家
样本量	60	14	37
年龄（劳动能力）	63.27	63.43	67.41
是否有技术	0.05	0.14	0.014
耕地面积	4.14	0.86	1.59
土地能否实现规模化经营	0.9667	1	0.9730
住房资本	1.98	2	1.89
生活资本	0.50	0.45	0.43
生产资本	0.6	0.57	0.43
老年人家庭现金收入	31177.27	28893.57	23356.59
新农合	0.98	1	1
新农保	0.79	0.93	0.89
商业保险	0.03	0	0.03
是否有村干部	0.18	0.21	0.08
老年人子女个数	3.00	3.36	3.51
老年人随礼家庭个数	10.92	6.21	8.62

资料来源：笔者调查整理所得，2014 年。

第一，从老年人自身情况。选择赋闲在家的老年人平均年龄比老年人双方劳作的年龄高出 4.14 岁，选择不同生计策略的老年人在年龄上差距很大。老年人是否拥有技术也会影响到老年人的生计策略选择，赋闲在家的老年人和有一方工作的老年人中，拥有技术的老年人所占比例差距很大，老年人一方劳作的老年人中，拥有技术的老年人比例比高于赋闲在家的老年人拥有技术的比例 0.13，这和我们的调查结论相符合，在土地流转后，家庭中有技术的老年人通常会进行其他工作。

第二，家庭耕地面积情况。土地流转后，选择双方继续劳作的老年人家庭拥有的土地面积比高出 2.55 亩，比一方选择继续劳作的老年人家庭高出 3.28 亩。分析数据，我们能够推断，因为在土地流转后，家庭的耕地面积仍然很多，可能是老年人不得不选择继续劳作的一个主要原因。

第三，老年人的社会保障情况。从社会保障情况，新农合和新农保是一项实实在在民生政策，参保率较高，对老年人的生计策略选择影响并没有明显差距。而商业保险在整个农村地区，尤其在老年人中，购买率很低，对老年人的生计策略选择影响有限。

第四，老年人家庭的社会情况。观察数据，选择了不同生计策略的老年人在是否有村干部，子女数量和随礼家庭个数上面有着比较大的差异。选择继续劳作的老年人子女数量比较少，比老年人赋闲在家的平均子女数量少 0.51 个；而老年人选择继续劳作的随礼家庭数量比老年人选择赋闲在家的随礼家庭数量多 2.3 个。老年人选择继续劳作需要得到亲朋邻居的帮助，同时亲朋邻居较多，能够得到亲朋邻居的帮助也是老年人选择继续劳作的一个原因，二者相互影响。

（二）老年人与子女生活家庭的生计策略

上面分析了老年人单独生活家庭老年人生计策略的选择。而与子女一起生活家庭老年人的生计策略选择上，与老年人单独生活家庭的老年人既有相似的地方，又有着区别，如表 8-20 所示。

表 8-20　　老年人与子女生活家庭的生计策略数据统计（n = 117）

类型	选择劳作		选择不劳作
	老年人双方劳作	老年人一方工作	老年人赋闲在家
样本量	34	13	70
年龄（劳动能力）	63.55	63.62	68.17
是否有技术	0	0	0.0009
耕地面积	5.66	0.76	4.43
土地能否实现规模化经营	0.97	0.92	0.94
住房资本	2.06	2.07	1.96
生活资本	0.48	0.54	0.56
生产资本	0.74	0.54	0.64
老年人家庭现金收入	52344.53	57991.52	57901.54
新农合	0.97	1	1
新农保	0.89	0.54	0.84
商业保险	0.03	0	0.03

类型	选择劳作		选择不劳作
	老年人双方劳作	老年人一方工作	老年人赋闲在家
是否有村干部	0.21	0.08	0.19
老年人子女个数	2.82	2.69	4.11
老年人随礼家庭个数	12.68	15.62	12.03

资料来源：笔者调查整理所得，2014年。

第一，老年人的自身情况。从年龄来看，老年人与子女生活家庭的老年人生计策略选择与老年人单独生活家庭的老年人生计策略选择在年龄上相似，即选择赋闲在家的老年人平均年龄比选择继续工作的老年人平均年龄大。从拥有技术来看，则显示出了不同，老年人与子女生活家庭老年人拥有技术比例本身非常低，不足以影响到老年人的生计策略选择。

第二，家庭耕地面积情况。老年人单独生活家庭中，耕地面积不同的家庭老年人选择不同的生计策略，但是老年人与子女生活家庭，家庭耕地面积对老年人生计策略的影响没有老年人单独生活家庭的影响大，分析数据，老年人与子女生活家庭，老年人选择继续劳作的家庭平均耕地面积仅比老年人选择赋闲在家的家庭平均耕地面积高1.23亩。

第三，老年人的社会保障情况。老年人与子女生活家庭的老年人保障情况与老年人单独生活家庭相似，对老年人生计策略选择的影响并不明显。

第四，老年人家庭的社会情况。观察数据，在老年人与子女生活家庭中，老年人选择继续劳作的家庭子女平均数量比老年人选择赋闲在家的家庭子女平均数量少1.29个，这和老年人单独生活家庭相似，但不同的是在老年人与子女生活家庭中这一差距进一步扩大了。而老年人与子女生活家庭中，是否有村干部和随礼家庭数量，对老年人是选择继续劳作还是选择赋闲在家影响不大。这主要是因为这些社会资本是家庭的社会资本，更多地受到老年人子女的影响。

二、生计策略分析的模型设定

本章从数据层面分析了老年人不同生计资本带来的生计策略选择，但是并不深入，为了进一步分析老年人生计策略选择的原因，本章需要应用计量经济学的方法，通过构建模型进行分析。

二元 logistic 回归模型能够确定解释变量 x_n 在预测被解释变量 y 发生概率的作用和强度，用 p 表示发生的概率，则可以构建的回归模型为：

$$o = \frac{p}{1-p} = e^{\beta_0 + \beta_1 x_1 + \beta_2 x_2 + \cdots + \beta_k x_k} \qquad (8-3)$$

在式（8-3）中，o 表示的是发生比，p 表示的事件发生的概率，而 $1-p$ 则表示的是事件不发生的概率。β_0 是常数项，β_i 是解释变量 x_i 的参数，当参数 $\beta_i > 0$ 时，表示每当解释变量 x_i 增加一个单位时，发生比 o 会有相应的增加；而当 $\beta_i < 0$ 时，表示每当解释变量 x_i 减少一个单位时，发生比 o 会有相应的减少。

$$\text{logistic}\left(\frac{p}{1-p}\right) = \ln\left(\frac{p}{1-p}\right) = \beta_0 + \beta_1 x_1 + \beta_2 x_2 + \cdots + \beta_k x_k \qquad (8-4)$$

但是在研究过程中，一是因为 o 的取值范围导致其难以用线性模型描述，二是 o 的取值范围接近于 0 或 1 时，o 值的微小变化难以衡量。这时候一般不直接处理 o，而是对其进行 logistic 变换。

本书在分析老年人的生计策略选择时，应用该回归模型，老年人是否选择劳作作为被解释变量，即 Y。当 Y＝1 时老年人的生计策略为选择劳作，当 Y＝0 时老年人的生计策略为选择不劳作。自变量为老年人所拥有的生计资本，数值采用本书对老年人的生计资本量化结果。

三、老年人生计策略分析的模型估计结果

按照老年人单独生活家庭和老年人与子女生活家庭，运用 Stata 12.0 软件对 logistic 模型进行回归估计，分别得到估计结果。

（一）老年人单独生活家庭生计策略选择

表 8-21 和表 8-22 是老年人单独生活家庭，老年人生计策略选择的估计结果，模型拟合度好，解释变量对被解释变量有显著的解释能力。

表 8-21   生计资本与生计策略关系（老年人单独生活家庭）（n＝111）

资本类型	符号	回归系数	标准误差	Z 值	P 值
人力资本	H	3.690358 ***	0.9887565	3.73	0.000
自然资本	N	0.1220978	1.363927	0.09	0.929

资本类型	符号	回归系数	标准误差	Z 值	P 值
物质资本	P	0.477409	0.3679028	1.30	0.194
金融资本	F	-1.009951*	0.5947938	-1.70	0.090
社会资本	S	0.5660617	0.6125524	0.92	0.355
常数项	CONS	-1.572626	1.770928	-0.89	0.375

注：*** 表示 p < 0.01，* 表示 p < 0.1。

表 8 - 22　　　生计资本与生计策略关系（老年人单独生活家庭）(n = 111)

资本类型	指标体系	符号	回归系数	标准误差	Z 值	P 值
人力资本	家庭老年人劳动能力	H1	3.391639*	1.487296	2.28	0.023
	家庭老年人技术水平	H2	3.283485	2.290805	1.43	0.152
自然资本	耕地面积	N1	-0.7299611	2.471179	-0.30	0.768
	土地能否实现规模化经营	N2	-0.2276013	1.441869	-0.16	0.875
物质资本	住房资本	P1	3.295027	2.218004	1.49	0.137
	生活资本	P2	-0.844985	0.9748149	-0.87	0.386
	生产资本	P2	0.6838804	0.5357721	1.28	0.202
金融资本	老年人家庭现金收入	F1	3.516261	2.738958	1.28	0.199
	新农合	F2	0	0	0	0
	新农保	F3	-1.790769*	0.8866094	-2.02	0.023
	商业保险	F4	-0.4730263	1.430823	-0.33	0.741
社会资本	是否有村干部	S1	0.9426799	0.7741702	1.22	0.223
	老年人子女个数	S2	-0.0221876	2.156286	-0.01	0.992
	老年人随礼家庭个数	S3	-0.1706936	1.515875	-0.11	0.910
常数项		CONS	-3.185732	2.457052	-1.30	0.195

注：* 表示 p < 0.1。

从回归结果来看，人力资本和金融资本显著影响着老年人的生计策略选择，拥有更多人力资本的老年人更倾向于选择劳作，而拥有更多金融资本的老年人则更倾向于选择不劳作。老年人人力资本的提高能够增加老年人劳作的生计策略选择，也就说明拥有更多人力资本的老年人在晚年解决自身生计问题中，拥有更多的能力。而老年人金融资本的提高则能够增加老年人不劳作的生计策略选择，与人力资本的增加一样，金融资本的增加，老年人拥有的金融资本越多，老年人不依靠劳作就能够解决其晚年的生计问题。

五类生计资本的分析结果表现，自然资本、物质资本和社会资本对老年人是否劳作这一生计策略选择的影响并不显著，而人力资本和金融资本则有显著的影响。为了进一步分析老年人各类生计资本是如何影响老年人生计策略的选择，我们对按照生计资本量化结果的指标体系进行进一步分析，表8-22是各种生计资本对老年人生计策略选择的影响分析的估计结果。

从表8-22的估计结果可以看出，老年人的人力资本在影响老年人生计策略选择时，主要是受到其劳动能力的显著影响，劳动能力越强的老年人越愿意选择劳作，这和上文在统计描述时得到的结论一致，老年人年龄越小越可能选择劳作，而不是赋闲在家。

而在金融资本对老年人生计策略选择的影响中，由于农村新型合作医疗在农村老年人中高覆盖率，该项对老年人的生计策略无影响，而农村养老保险则体现出不一样。老年人是否参与农村养老保险也显著影响老年人的生计策略选择，没有农村养老保险的老年人更愿意选择劳作这一生计策略，而有养老保险的老年人更倾向于选择不劳作。

而农村养老保险和合作医疗对老年人的生计选择影响不一致主要是在宁夏银北地区，由于石嘴山市曾经出台过相关政策，农村人口一次交清3万元左右不等的养老保险费用，则可在年满60岁之后根据所缴金额，每月领取2000左右的养老保险金。这一政策在农村有部分老年人仍未购买，而本章仍然将此种养老保险统计为新农保范围，造成了养老保险和合作医疗对老年人生计策略选择影响不一致。

（二）老年人与子女生活家庭生计策略选择

表8-23是老年人与子女生活家庭老年人生计策略选择的估计结果，模型拟合度好，解释变量对被解释变量有显著的解释能力。

表8-23　　生计资本与生计策略关系（老年人与子女生活家庭）（n=117）

资本类型	符号	回归系数	标准误差	Z值	P值
人力资本	H	2.578807***	0.7448074	3.46	0.001
自然资本	N	0.2235065	0.9161088	0.24	0.807

续表

资本类型	符号	回归系数	标准误差	Z 值	P 值
物质资本	P	−0.1354833	0.3506434	−0.39	0.699
金融资本	F	−0.1823072	0.503454	−0.36	0.717
社会资本	S	−0.3413474	0.5179643	−0.66	0.510
常数项	CONS	−1.496498	1.3934	−1.07	0.283

注：*** 表示 p < 0.01。

从回归结果看，与老年人单独生活家庭的老年人生计策略选择相似，老年人与子女生活家庭的老年人生计策略选择也受到老年人人力资本的显著影响；在老年人与子女生活家庭中，拥有的人力资本越丰富的老年人越愿意选择劳作，在解决晚年生计问题中发挥的自主性越强。但是与老年人单独生活不同的是，金融资本并没有对老年人的生计策略选择产生显著的影响，这一点可能是因为老年人与子女生活家庭中，老年人的生计能够得到家庭子女更多的支持，对社会保障的依赖性更小。

比较表 8 - 23 和表 8 - 24，无论是老年人单独生活还是老年人与子女生活，人力资本丰富的老年人在解决生计问题上，都有比较强的主动性，更倾向于选择劳作，获得生计的可持续性。人力资本是老年人生计策略选择的重要影响因素。

表 8 - 24　　　生计资本与生计策略关系（老年人与子女生活家庭）（n = 117）

资本类型	指标体系	符号	回归系数	标准误差	Z 值	P 值
人力资本	家庭老年人整体劳动能力	H1	2.344726 ***	0.8741952	2.68	0.007
	家庭老年人技术水平	H2	0			
自然资本	耕地面积	N1	−1.737022	2.266007	−0.77	0.443
	土地能否实现规模化经营	N2	0.5878141	1.128293	0.52	0.602
物质资本	住房资本	P1	−0.0020146	2.173514	−0.00	0.999
	生活资本	P2	−0.844985	0.9748149	−0.87	0.386
	生产资本	P2	0.4311206	0.4793139	0.90	0.368
金融资本	老年人家庭现金收入	F1	−0.7114238	1.633781	−0.44	0.663
	新农合	F2				
	新农保	F3	−0.2168948	0.6557992	−0.33	0.741
	商业保险	F4	−0.048008	1.89323	−0.03	0.980

资本类型	指标体系	符号	回归系数	标准误差	Z 值	P 值
社会资本	是否有村干部	S1	0.2205046	0.6844275	0.32	0.747
	老年人子女个数	S2	−4.624497	1.605861 ***	−2.88	0.004
	老年人随礼家庭个数	S3	2.889248	1.52615 *	1.89	0.058
常数项		CONS	−0.5925507	1.837693	−0.32	0.747

注： *** 表示 p < 0.01， * 表示 p < 0.1。

从回归结果看，老年人与子女生活家庭中，老年人的人力资本在影响老年人生计策略的选择时，仍然受到了老年人劳动能力的影响，富有劳动能力的老年人会选择劳作，而老年人是否有技术对老年人的生计策略选择却不显著。

与老年人单独生活的一个巨大差距则是，在老年人单独生活家庭中，老年人的生计策略选择并不会受到老年人子女个数的影响，以及他的社会关系影响，但是在老年人与子女生活家庭中，老年人子女个数却显著地影响着老年人的生计选择，老年人子女的数量对老年人的生计策略选择呈负相关，老年人的子女个数越多，老年人会选择不劳作这一生计策略的可能性越强；老年人的子女越少，老年人选择劳作这一生计策略的可能性越强。老年人与子女生活家庭的老年人本身能够得到与之生活的子女的照顾，如果有更多子女得到生计支持的可能性也会越大，老年人选择自主解决晚年生计的可能性会变小。而老年人单独生活的家庭，老年人本身在晚年生计中，得到子女支持的可能性不确定，老年人就更主动地依靠自身解决晚年生计问题。

四、小结

本节对老年人生计策略的选择进行了数据描述分析和模型回归分析，具体总结如下：

第一，从对老年人的生计策略的统计描述来看，无论是老年人单独生活家庭还是老年人与子女生活家庭，选择继续劳作这一生计策略的老年人和选择不劳作的老年人相比，平均年龄偏小，家中耕地面积较多，子女个数比较少。

第二，从回归模型来看，在老年人单独生活家庭中，老年人的人力资本对老年人的生计策略选择有着正的显著影响，而金融资本有着负的显著影响。进一步进行回归分析，人力资本中老年人的整体劳动能力对老年人的生计策略选择产生整的显著影响，而人力资本的另一指标，是否拥有技术却并不影响老年的生计策略选择；而在金融资本中，新农保对老年人的生计策略产生负的显著影响。

第三，从对老年人与子女生活家庭中，老年人的生计策略选择分析，人力资本仍然对老年人的生计策略选择产生正的显著影响。进一步分析，仍然是老年人人力资本中的老年人整体劳动力对老年人的生计策略呈现正的显著影响；与老年人单独生活家庭老年人的生计策略选择不同，在老年人与子女生活家庭中，老年人的子女个数对老年人的生计策略选择产生了负的显著影响，而老年人的子女个数在老年人单独生活家庭中对老年人的生计策略选择并不产生影响。

第五节　土地流转后老年人生计结果分析

一、老年人生计能力变化分析

土地流转带来了老年人生计资本的变化，参与土地流转的老年人生计资本低于未参与土地流转的老年人，老年人也选择了不同的生计策略。土地流转影响了老年人的生计资本变化，以及生计策略选择的调整，但土地流转带来的老年人生计变化最终反映在老年人的收入水平上，土地流转前后老年人的收入有没有增加成了我们关注的问题。为了便于分析土地流转前后的收入变化，需要消除工资和农产品价格上涨造成的两时期的农户家庭收入上涨因素，本书以 2010 年为基期，消除价格上涨因素，得到 2013 年的农户收入。

（一）老年人生计结果的总体情况

在进行调查的时候，由于部分老年人家庭流转时间较早，我们在收集老年人家庭收入数据的时候，只收集了 2013 年和 2010 年的收入数据，对于在 2010 年以前流转的农户，我们不能依靠这两组数据分析他们流转前后的收入变化，因此我们对在 2010 年前流转的家庭暂不进行分析。

从收入变化来看，土地流转后无论是老年人单独生活家庭还是老年人与子女生活家庭，超过56%的老年人家庭收入增加，但是仍有大部分老年人家庭的收入减少了。横向比较来看，老年人单独生活家庭的老年人收入减少的比例更大。总体上来看，老年人的收入在土地流转后增加了（如表8-25所示），但是土地流转后，由于老年人生计资本的降低，收入增加幅度仍然很小。

表8-25 土地流转后老年人家庭收入变化分析（n（a）=71，n（b）=75）

项目	老年人单独生活家庭（a）	老年人与子女生活家庭（b）
收入增加的	40（56.33%）	51（68.00%）
收入减少的	31（43.67%）	24（32.00%）
收入不变的	0（0%）	0（0%）

资料来源：笔者调查所得，2014年。

从表8-25可知，在土地流转后，老年人生活的家庭收入发生了变化，而这种变化正是由于老年人的生计资本变化的结果：

第一，土地流转后，农业收入明显下降。土地流转后，老年人生活家庭的耕地面积减少，自然资本的下降，农业收入对老年人生活家庭收入的贡献率下降。从老年人单独生活来看，农业收入从流转前占总收入的69.10%，下降到流转后的21.41%，总体下降了47.69%；而老年人与子女生活家庭农业收入占总收入则由48.57%下降到流转后的16.00%，下降了32.57%。农业收入的快速下降说明，耕地在保证老年人生计可持续性，保障老年人晚年生计的功能大大降低了。

第二，土地流转后，老年人生活家庭的打工收入对家庭总收入的贡献上升。老年人单独生活家庭打工收入占家庭总收入的比重由7.73%上升到11.90%，上升了3.83%；而老年人与子女生活家庭的打工收入占家庭总收入的40.13%，上升到50.51%，贡献率上升了9.62%，打工收入成为土地流转后老年人子女家庭生活的主要收入。但是这并不意味着在老年人与子女生活家庭中，老年人的主要生计来源是打工，这主要是因为在老年人与子女生活家庭中，老年人的生计来源无法与整个家庭的收入来源进行区分。但是从老年人单独生活家庭的老年人打工收入增加来看，说明老年人在土地流转后，部分老年人通过劳动力向非农行业转移来保障生计的可持续性。

第三，土地流转后，老年人单独生活家庭的土地租金收入和转移性收入成为其主要收入来源。老年人单独生活家庭在土地流转后，是对家庭收入贡献最大的转移性收入，其次是土地租金收入。转移性收入主要由养老金、粮食直补和低保等构成，从数据来看，转移性收入对老年人单独生活家庭的贡献率的大幅度上升说明了土地流转后老年人单独生活家庭对社会保障的依赖性非常强。土地租金在老年人单独生活家庭的收入中也占到了很高的比重。但是从表8-25的结果看，仍然有接近一半的老年人家庭（43.67%）在土地流转后收入下降，可能正是因为土地租金不高造成的，老年人单独生活家庭的土地租金约为每亩616.31元，各收入占比如表8-26所示。

表8-26　　　　　　土地流转后老年人家庭收入变化分析

（n（a）=71，n（b）=76））　　　　　　　　　　　单位：%

项目		农业收入	打工收入	土地租金收入	转移性收入	其他收入
（a）老年人单独生活	流转前	69.10	7.73	0.00	16.22	6.95
	流转后	21.41	11.90	25.98	35.45	5.25
（b）老年人与子女生活	流转前	48.57	40.13	0.00	5.39	5.91
	流转后	16.00	50.51	14.66	9.70	9.13

资料来源：笔者调查所得，2014年。

第四，土地流转后，老年人由于人力资本伴随着时间而逐渐自然减少。造成老年人单独生活家庭的其他收入也在降低；但是土地流转解放了年轻劳动力，他们能够有更多的时间获得更多的生计来源。

本章将老年人单独生活家庭和老年人与子女生活家庭分别进行分析，来阐明整个老年人群体在土地流转后的生计状况，虽然老年人家庭的收入水平并不能判断单独生活的老年人和与子女生活的老年人谁的可持续生计能力更强，哪方能够得到更多的生计保障，但是客观上讲，与子女生活的老年人能够获得更多的生计资本支持。

（二）土地流转对老年人生计结果的影响

上面分析了土地流转后老年人生计能力（老年人的收入水平）变化，但是这种变化是否是由土地流转引起的生计资本变化带来的，需要我们进一步分析。为了进一步说明土地流转对老年人生计能力带来的影响，本章需要将流转户和非流转户的生计变化进行对比分析，使用双差分的分析方法，本章中控制组是没有参与土地流转的老年人家庭，而对照组是参与土地流转的老年人家庭，本章对老年人的生计能力的研究，实质上是研究老年人家庭的收入情况，因此关于老年人家庭的收入，还需要对四个问题进行说明：第一，由于土地流转是以整个家庭为单位参与的，取得收入为家庭共同所有，因此本章的农户家庭收入不研究家庭人均收入；第二，农户家庭收入并没有扣除家庭生活支出；第三，为了消除工资和农产品价格上涨造成的两时期的农户家庭收入上涨因素，本章以 2010 年为基期，消除价格上涨因素，得到 2013 年的农户收入；第四，家庭收入构成中的种植业收入被扣除了种植成本。这是因为在土地流转后（2013 年）参与土地流转的家庭来自土地方面的收入由土地租金收入和种地收入构成，未参与土地流转的家庭来自土地的收入仍然只有种地业收入。由于土地租金收入是农户从土地上取得的纯收入，而种地收入是农户没有扣除种植成本的毛收入，家庭总收入在两个时期没有可比性。因此本章对种植业收入扣除了种植成本进行计算。

（1）老年人单独生活家庭。

比较土地流转前后两个时期的老年人家庭收入情况，在消除价格上涨因素后，我们得到在老年人单独生活家庭中，参与土地流转的家庭在 2010 年的平均收入为 15388.31 元，在 2013 年的平均收入是 23147.85 元，而未参与土地流转的家庭在 2010 年的平均收入为 11919.40 元，在 2013 年的收入为 18542.79 元，如图 8 - 4 所示。从增长幅度来看，参与土地流转的家庭收入水平平均增加了 50.42%，而未参与土地流转的家庭则增加了 55.57%，未参与土地流转的家庭在 2013 年的收入比参与土地流转的家庭

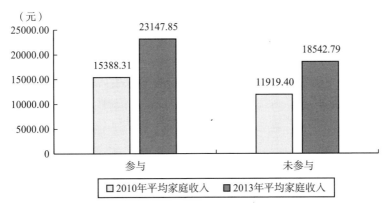

图 8 - 4　2010 年和 2013 年土地流转参与老年人家庭与未参与家庭的户均收入

资料来源：笔者调查后整理所得，2014 年。

高出 4605.06 元。从数据看，在老年人单独生活家庭，参与土地流转的老年人收入增幅比未参与土地流转的老年人低，但是在 2013 年，参与土地流转的老年人的收入水平高于未参与土地流转的老年人收入水平。

同时我们分析得出，虽然参与土地流转的老年人家庭的收入增长速度低于未参与土地流转的老年人家庭，但是二者的收入都在增加，这种收入的增加是多方面原因造成的，如果能够消除导致老年人单独生活家庭收入增长的共同原因，例如社会当地经济发展的外部性因素，就能较为明显地看出土地流转对老年人家庭收入的影响。本章采用参与土地流转和未参与土地流转的两时期的面板数据，进行一阶差分法进行处理：

$$\Delta Y_{\text{参与土地流转的老年人家庭户均收入}} = Y_{\text{2013年参与土地流转的老年人家庭户均收入}} - Y_{\text{2010年参与土地流转的老年人家庭户均收入}}$$

$$\Delta Y_{\text{未参与土地流转的老年人家庭户均收入}} = Y_{\text{2013年未参与土地流转的老年人家庭户均收入}} - Y_{\text{2010年未参与土地流转的老年人家庭户均收入}}$$

经过一阶差分处理，我们得到参与土地流转的老年人家庭收入 $\Delta Y_{\text{参与}}$ 为 7759.54 元，未参与土地流转的老年人家庭收入 $\Delta Y_{\text{未参与}}$ 为 6623.39 元。

（2）老年人与子女生活家庭。

老年人与子女生活家庭的收入分析经过与老年人单独生活家庭相同，观察数据我们发现，在老年人与子女生活家庭中，参与土地流转的老年人家庭 2013 年收入比 2010 年收入增加了 38.01%；而未参与土地流转的老年人家庭则只增加了 29.10%。和老年人单独生活家庭相比，土地流转后，老年人与子女生活家庭的收入增加幅度更大。

再对老年人与子女生活家庭进行差分分析，我们得到参与土地流转的老年人家庭收入 $\Delta Y_{\text{参与}}$ 为 12905.8 元，未参与土地流转的老年人家庭收入 $\Delta Y_{\text{未参与}}$ 为 9922.03 元。

从老年人单独生活和老年人与子女生活家庭的收入数据上，我们可以很容易地判断出参与土地流转的老年人家庭收入增加了，不同的是老年人单独生活家庭的收入增加幅度小，而老年人与子女生活家庭的收入增加幅度大。但是我们排除不了其他因素对农户收入增加的影响。因而，我们需要引入相应的计量模型，来进一步分析参与土地信用社与农户增收之间的关系。

二、老年人生计结果的影响因素分析

（一）模型设定

本章对土地流转的收入效应进行实证分析时，采用的是综列数据的

DID 模型[①]：

$$Y_{it} = \alpha_0 + \alpha_1 \times T_t + \alpha_2 \times A_i + \alpha_3 \times T_t \times A_i + u_{it} \qquad (8-5)$$

Y_{it} 为被解释变量，代表的是 t 时期第 i 组农户的家庭收入、农业收入、外出务工收入、土地租金收入、经营性收入和转移性收入。t = 0 和 t = 1 分别表示基期（2010 年）和评估期（2013 年）；i = 0 和 i = 1 分别代表未参与土地流转的老年人家庭和参与土地流转的老年人家庭，例如 Y_{10} 就代表参与土地流转的老年人家庭在 2010 年的收入水平。T 和 A 分别表示流转前后和分组情况。T 代表的是时间的虚拟变量，如果 T = 0 也就是 2010 年，老年人家庭都未参加土地流转；如果 T = 1 则表示 2010 年，未参与土地流转的老年人家庭的土地没有流转，而参与土地流转的老年人家庭的土地流转了。A 表示的是分组的虚拟变量，A = 0 时表示的是未参与土地流转的老年人家庭；A = 1 时表示的是参加了土地流转的老年人家庭。μ_{it} 代表了随时间变化能够影响 Y 的因素，它是随机扰动项，a_i 是待估参数。

参与土地流转的老年人家庭前后的收入变动为：

$$Y_{11} - Y_{10} = (\alpha_0 + \alpha_1 + \alpha_2 + \alpha_3) - (\alpha_0 + \alpha_2) \qquad (8-6)$$

$$Y_{11} - Y_{10} = \alpha_1 + \alpha_3$$

未参与土地流转的老年人家庭前后的收入变动为：

$$Y_{01} - Y_{00} = (\alpha_0 + \alpha_1) - \alpha_0 \qquad (8-7)$$

$$Y_{01} - Y_{00} = \alpha_1$$

则土地流转对老年人家庭收入的净影响为：

$$(Y_{11} - Y_{10}) - (Y_{01} - Y_{00}) = (\alpha_1 + \alpha_3) - \alpha_1 = \alpha_3 \qquad (8-8)$$

所以在模型中，α_3 作为 $T_t A_i$ 的系数代表了土地流转对老年人家庭收入的净影响，是本章关注的重点变量。

本章为了进一步分析，引入其他控制变量，则式（8-5）扩展为：

$$Y_{it} = \alpha_0 + \alpha_1 \times T_t + \alpha_2 \times A_i + \alpha_3 \times T_t \times A_i + \alpha_4 X_{it} + \mu_{it} \qquad (8-9)$$

（二）模型估计结果

利用调研所得的数据，分别将老年人单独生活家庭和老年人与子女生活家庭的老年人家庭数据运用 Stata12.0 对模型进行回归，得到回归结果如表 8-27 和表 8-28 所示。

---

① 双重差分模型的原理及使用主要来自叶芳、王燕：《双重差分模型介绍及其应用》，载于《中国卫生统计》2013 年第 1 期；张会萍等：《农村土地信用合作社对农户家庭收入的影响分析——基于宁夏平罗县 225 个农户的实证调查》，载于《农业技术经济》2011 年第 12 期。

表 8 – 27　　土地流转对老年人单独生活家庭收入效应基本模型估计结果 （n = 129）

变量	常数项	土地流转的收入效应	家庭人口数	老年人平均年龄	耕地面积
家庭总收入	24273. 51	8725. 535	6475. 331	– 344. 3774	– 5. 330249
	1. 79 *	4. 97 ***	1. 69 *	– 2. 52 **	– 0. 08
农业收入	27654. 59	– 3217. 538	2231. 587	– 382. 5812	29. 87379
	2. 81 ***	– 2. 53 **	0. 80	– 3. 87 ***	0. 62
打工收入	13349. 23	2456. 386	776. 6178	– 218. 881	– 18. 62112
	2. 89 ***	4. 11 ***	0. 60	– 4. 72 ***	– 0. 82
土地租金收入	2721. 114	6418. 942	– 50. 21435	– 41. 56346	– 1. 814485
	1. 18	21. 46 ***	– 0. 08	– 1. 79 *	– 0. 16
转移性收入	– 16442. 59	2447. 702	2478. 471	274. 6758	– 23. 54996
	– 2. 07	2. 38 **	1. 10	3. 43 ***	– 0. 60
其他收入	– 3008. 832	620. 0424	1038. 87	23. 97245	8. 781526
	– 0. 62	0. 98	0. 76	0. 49	0. 37

注： * 为 10% 显著水平，** 为 5% 显著水平，*** 为 1% 显著水平。

表 8 – 28　　　　　　土地流转对老年人与子女生活家庭收入

效应基本模型估计结果 （n = 142）

类别	常数项	土地流转的收入效应	家庭人口数	老年人平均年龄	耕地面积
家庭总收入	17183. 66	12494. 07	7220. 206	– 282. 1685	259. 3336
	0. 81	2. 43 **	4. 77 ***	– 0. 95	1. 58
农业收入	4143. 788	– 1345. 195	928. 7183	– 72. 9396	532. 3926
	0. 47	– 0. 62	1. 46	– 0. 59	7. 71 ***
打工收入	21710. 99	3035. 828	5404. 329	– 359. 5849	– 338. 7359
	1. 29	0. 75	4. 51 ***	– 1. 53	– 2. 60 **
土地租金收入	– 189. 1371	7485. 278	80. 03835	– 7. 628931	19. 96287
	– 0. 12	18. 93 ***	0. 69	– 0. 33	1. 58
转移性收入	– 1278. 998	927. 7267	– 213. 8133	92. 10301	21. 33039
	– 0. 16	0. 47	– 0. 36	0. 80	0. 33
其他收入	– 7202. 984	2390. 437	1020. 934	65. 88199	24. 38363
	– 0. 73	1. 00	1. 45	0. 48	0. 32

注： ** 为 5% 显著水平，*** 为 1% 显著水平。

从表 8 - 27 可以看出，在老年人单独生活家庭中，土地流转对老年人家庭的生计结果有着显著影响：

第一，土地流转对老年人家庭总收入、打工收入、土地租金收入和转移性收入有着显著的正向影响；对农业收入有着显著的负向影响。这说明土地流转能够增加老年人单独生活家庭的收入，也就是能够提高老年人的生计结果。土地流转通过降低老年人单独生活家庭的农业收入，增加租金收入和打工收入，来增加整个家庭的可持续生计能力。但是需要注意的是，在老年人单独生活家庭中，老年人打工收入虽然显著增加，但是增加幅度很小，对整个可持续生计能力的贡献相对其他收入较低，这一结论和本章的统计结果一致。

第二，老年人年龄对老年人生计结果呈现出负相关性，但是随着老年人年纪的增大，能够得到的转移性收入在显著增加。本章在老年人生计策略分析时，统计有相当一部分老年人在土地流转后，仍然会选择工作，而且年龄显著影响老年人的生计策略选择，老年人生计策略选择的这一结论在表 8 - 28 的回归结果中得到了进一步的验证。

表 8 - 28 是老年人与子女生活家庭的老年人生计结果影响因素的分析结果。从表中，我们能够看出土地流转仍然对老年人的生计结果有显著影响，但是与对老年人单独生活家庭的影响有着明显的区别：

第一，土地流转对老年人与子女生活家庭的家庭总收入，土地租金收入有显著的正影响；对农业收入和打工收入影响不显著。这也说明了土地流转能够增加老年人与子女生活家庭的老年人的生计结果，而我们考察老年人与子女生活家庭的打工收入，回归结果显示土地流转并没有对老年人家庭的打工收入有显著影响。打工收入对老年人家庭收入的贡献增长也很小，老年人与子女生活家庭贡献率也只上升了 9.62%。

第二，家庭人口数对打工收入有显著的正影响；耕地面积对农业收入有显著正向影响，对打工收入有显著的负影响。家庭人口对劳动收入的正向影响，这显然是家庭人口越多，劳动力向外转移的数量增加；而家庭耕地面积多则束缚了劳动力向外转移，对家庭的打工收入造成了负向的显著影响。

从以上分析可知，土地流转对老年人的生计结果有着显著的正向影响，带来了大部分家庭的收入增加，但是仍然有相当部分家庭的收入下降。而且从对老年人与子女生活家庭的老年人生计结果分析，虽然土地流转对其生计结果有显著的正向影响，但是对外出打工和农业收入没有显著的影响，这一结论与其他学者关于土地流转能够促进劳动力转移，进而增加农户的打工收入的结论相反。图 8 - 5 反映了通常假设条件下，土地流转对家庭打工收入的影响路径分析。

土地流转　　　　劳动力转移　　　　获得打工收入　　　家庭收入增加

图 8 - 5　土地流转对家庭收入影响路径

对于这一结论的解释，本章做了如下的假设：

由于本章选取的样本都是 2010 年以后进行土地流转的老年人家庭。因此，依据回归结果和统计结果，推论认为在 2010 年以前，在老年人与子女生活的家庭中，年轻子女因为年富力强都向外转移，家中的农活主要依靠家庭中的老年人来耕种；2010 年以前的大规模转移，导致我们在分析 2010 年之后土地流转对打工收入的影响时候，才出现了影响不显著的情况。

虽然本章的老年人与子女生活家庭能够代表部分农村家庭，但是基于本章选取的样本均是有老年人的家庭，因此这一推论需要进行验证。

三、小结

本章从分析老年人的生计结果出发，以老年人家庭的收入为切入点，分析了土地流转前后老年人生计结果的变化情况，土地流转的老年人收入的影响，并建立了回归模型进行分析，得到如下结论：

第一，土地流转后，老年人家庭的收入增加了，但是仍然有相当一部分家庭的收入降低了。而土地流转后，老年人家庭的农业收入大幅度下降，土地租金收入大幅度上升，打工收入对家庭总收入的贡献增长幅度并不大。

第二，从差分分析来看，老年人家庭收入都随着土地流转增加了。参与土地流转的老年人家庭与未参与土地流转的老年人家庭，收入增加的差距并不大。

第三，从回归结果看，土地流转对老年人的生计结果有着显著的正向影响，但是在老年人单独生活家庭中，随着老年人年龄的增大，他们的生计可持续能力会下降；而在老年人与子女生活家庭中则不存在这一现象。

第六节 结论及政策建议

本章基于对宁夏银北地区三个县（区）的 353 户老年人家庭的调查，在分析了老年人土地流转现状和生计现状的基础上，对老年人的生计资本进行了量化分析，利用老年人生计资本的量化结果分析了生计资本的变化对老年人生计策略的选择，最后应用差分分析法，分析了土地流转后老年人的生计结果。本节第一部分总结本章研究得到的主要结论；第二部分结合得到的分析结论，提出合理的政策建议。

一、结论

第一，单独生活的老年人更倾向将土地流转出去，老年人家庭土地流转比例高、流转期限长，但租金满意度低。无论是老年人单独生活家庭还是老年人与子女生活家庭，老年人家庭参与土地流转的比例均比较高，而在参与土地流转的家庭中，土地全部流转的老年人家庭占比超过一半。老年人单独生活家庭和老年人与子女生活家庭的租期均在 9 年以上，租期超过 10 年所占比例最大。老年人租金水平平均在 600 元，但是老年人单独生活家庭的土地流转租金略高于老年人与子女生活家庭。而对于租金水平满意度来看，老年人的整体满意度率不高，老年人单独生活家庭的老年人对租金的满意度率高于老年人与子女生活家庭。

第二，土地流转后老年人生计资本进一步降低，老年人单独生活家庭的生计资本低于老年人与子女生活家庭。从老年人的人力资本来看，参与土地流转的家庭中，老年人参与劳动的比例远低于未参与土地流转的家庭中的老年人；从老年人的自然资本看，对参与土地流转家庭的老年人来说，土地的直接养老功能已经弱化，转化成了租金—家庭的现金收入；从老年人的金融资本看，老年人在土地流转后农业收入降低，其他收入增加，收入呈现多样性；从物质资本看，老年人家庭住房从结构和数量上都差距不大，生产资本土地流出户低于未流转户；从社会资本来看，土地流转加剧的劳动力外流，"空巢村"增加，留守老人成为村的主力军。在老年人单独生活家庭中，参与土地流转的老年人的生计资本总值低于未参与土地流转的老年人生计资本总值，二者差距较大。在老年人与子女生活家庭中，参与土地流转的老年人生计资本总值虽然仍然低于未参与土地流转的老年人生计总值，但是二者的差距明显缩小。

第三，老年人生计资本人力资本最为贫乏，社会资本较为贫乏，金融资本较为丰富。老年人由于年龄大，加之文化程度普遍不高，掌握的相关技能较少造成人力资本的贫乏；而实施的农村新型养老保险和农村合作医疗，由于覆盖面比较广，提升了老年人的金融资本的拥有量。

第四，土地流转后，年龄比较小的老年人更倾向于继续工作。从对老年人的生计策略的统计描述来看，无论是老年人单独生活家庭还是老年人与子女生活家庭，选择继续劳作这一生计策略的老年人和选择不劳作的老年人相比，平均年龄偏小，家中耕地面积较多，子女个数比较少。

第五，保障越好，农村老年人在土地流转后退休的可能性越强。在老年人单独生活家庭中，金融资本越高的老年人越愿意选择不劳作，实现退休。而老年人与子女生活家庭中，由于子女个数越多，老年人得到的保障越好，因此在这一类家庭中，老年人子女个数多的选择不劳作，实现老年人的退休。

第六，土地流转后，大部分老年人的生计结果得到了提升，但是仍然有相当部分的老年人生计结果与流转前相比出现了下降，土地流转对老年人的生计结果有着显著的正向影响。土地流转后，老年人家庭的收入增加了，但是仍然有相当一部分家庭的收入降低了。而土地流转后，老年人家庭的农业收入大幅度下降，土地租金收入大幅度上升，打工收入对家庭总收入的贡献增长幅度并不大。从差分分析来看，老年人家庭收入都随着土地流转增加了。参与土地流转的老年人家庭与未参与土地流转的老年人家庭，收入增加的差距并不大。土地流转对老年人的生计结果有着显著的正向影响，但是在老年人单独生活家庭中，随着老年人年龄的增大，他们的生计可持续能力会下降；而在老年人与子女生活家庭中则不存在这一现象。

二、政策建议

第一，进一步稳步推进土地流转，提高老年人的收入水平，增加老年人的生计持续能力，同时把老年人从繁重的生计活动中解放。对于老年人来说，从事农业获得生计收入，非常劳累；尤其是单独生活的老年人群体，他们很少甚至得不到子女及其他人的帮助，在从事繁重的农业生产劳动时非常吃力，生计变得非常困难。解决老年人种地难，又不想撂荒失去生计来源的问题，同时能够兼顾提高老年人的收入水平，降低老年人生计风险，增强老年人的生计可持续性，最重要的就是继续稳步推进农村土地流转，把老年人从农业生产活动获得生计收入转变为出租土地经营权，从土地租金获得生计来源。

第二，政府需要进一步提高老年人的社会保障水平，逐步缩小养老资源的城乡差距，让老年人在土地流转后能够实现退休生活。从本章的老年人生计策略分析来看，社会保障对老年人的生计策略有着正向影响。在老年人人力资本逐年下降的情况下，完善的社会保障政策，较高的社会保障水平，能够弥补人力资本下降带来的老年人生计危机，提高老年人的生计可持续性。通过提高农村老年人的社会保障水平，将农村老年人依靠"土地养老"转变为依靠社会保障，逐步缩小养老资源的城乡差距，推进农村发展，农民生活水平的提高。

第三，积极引导村集体、土地承租方等参与老年人养老保障，降低老年人生计危机，提高老年人的生计可持续性。村集体作为基层组织，最了解老年人的生计需求；而土地承租方（有些村集体本身就是承租方）也有着参与农村养老的积极性，因为通过解决老年人的养老问题，排除老年人对土地流转后生计可持续性的后顾之忧，老年人更愿意流出土地。积极引导这两方参与农村老年人的养老保障，一方面能够稳步推进土地流转，进一步扩大农业生产的规模化和产业化；另一方面能够降低老年人的生计风险，提高老年人的生计可持续能力，实现土地流转参与各方的共赢。

第四，在提高老年人收入水平的基础上，丰富老年人的精神生活，既保证老年人生计能力既有物质生活水平的提高，也要保证有精神文化水平的提升。从本章的分析来看，老年人尤其是单独生活的老年人社会资本比较贫乏，一方面老年人得不到子女的精神慰藉（老年人单独生活比例在本章的抽样中达到47.88%）；另一方面又和其他人的联系不够紧密。而且在我们的调研中发现，老年人在土地流转后，不再劳动的老年人每天基本上都是空闲的。农村老年人活动本身就非常少，土地流转后，由于年轻人向外转移，老年人不再劳动；精神生活非常贫乏。丰富老年人的精神文化生活，成为整个农村非常紧迫的任务。

第九章

基本结论和政策建议

第一节 基本结论

一、农村土地流转成效显著

伴随着土地流转方式的多元化、土地流转过程的市场化，国家相关政策的出台及其农民主体意识的增强。集中土地的农业产业化和规模化发展，逐步实现农业机械化和产业规模化，有序规模化经营，既转移了农村的剩余劳动力，使农民获得地租的同时又得到了工作，又大大地增加了农民的收入。农地租赁契约形式规范化。大部分参与土地流转的农户均与对方签订了书面合约，形成了一种很好的法律秩序。土地流转带动了土地信用社的发展和附近村组的土地流转。农村土地信用社的中介服务作用显著，土地信用社制度的合理安排，推动了土地流转市场的形成与发展。农村土地信用社、农机合作社与劳动就业培训中心紧密结合，弥补了土地流入大户在实行农业规模化发展时缺少资金，发展缓慢的问题，提高了土地流转出去的农户的就业技能。

二、土地信用合作社土地流转模式的制度变迁及特点

土地信用合作社的制度变迁。以平罗县为代表的土地信用合作社（或称土地信用社）是对土地流转服务组织功能的一次实践尝试，其发展经历

了自发探索期、实验推广阶段、规范运作阶段和衰退期四个阶段。随着时代的发展，土地流转模式越来越多样化，虽说土地信用社作为土地流转中介，其功能有所弱化，但是无论采取哪种模式，只要有助于增加农民收入，增加农民福祉，我们都可以加以研究和推广。

土地信用合作社的特点和组织结构。平罗土地信用社是地方政府（村委会）发动成立的，基层运作主体是村委会，由村委会提出成立申请，上级审批取得经营资格。作为中介组织的土地信用合作社的权力机构是村民代表大会，在运作中须建立理事会和监事会，均向村民代表大会负责。理事会是村民代表大会的执行机构，对村民代表大会负责，履行管理经营职能，负责具体的存地、贷地以及土地整理改造等延伸业务。农户将土地承包经营权存入土地信用社，与土地信用社签订规范的存地合同书，并获得存地证书和存地利息，贷地方（大户或者企业）与土地信用社签订贷地合同，缴纳贷地利息，土地信用社则获取存贷差额部分作为收入。土地信用合作社作为中介实质是委托代理关系，从信息结构看，由于农户信息获取处于劣势，土地信用社联合村委会处于信息优势；从契约关系看，土地信用社联合村委会构成了地方政府与社会之间的交换契约；从利益结构看，土地信用社作为委托人促进地方社会利益，并得到地方政府的认可。

三、农户对农村土地信用社中介服务提供的响应程度及影响

1. 农户层面，对土地信用社服务的响应及影响因素

在分析农户对农村土地信用社中介的响应中，研究从土地流转行为入手，从两个角度进行分析：一方面从是否参与土地流转进行分析，另一方面从土地转出行为进行分析。第一个方面借助 Probit 模型分析确定了参与土地信用社是宁夏平罗县土地流转的主要因素，在研究中还发现连片面积和村庄的区位也是土地转出行为的重要因素。土地转出行为还受到农户的民族、政治面貌和受教育程度等因素的影响。在土地流转行为的分析中，侧重了流转意愿的调查分析，而分析结果证实了早期信用社开展对平罗县土地流转的推动作用。第二个方面的分析从土地转出行为进行分析，借助 Probit 模型，发现户主的民族、政治面貌和受教育程度等农户基本特征影响着农户的土地转出行为；而经济特征方面，研究证实家庭非农收入影响土地转出；劳动禀赋也对土地转出行为产生影响，研究证实了家庭劳动力少的农户更容易转出土地。从农户早期对农村土地信用的响应看，农户积

极参与土地信用社并推动了土地流转。

2. 政策变量在农户对土地信用社响应中的作用

政府推动这一政策变量，在研究中，采用是否参与土地信用社和家庭参与保险的比重两个变量。作为政府推动的土地中介制度，是否参与土地信用社变量刻画了政府推动的强度，研究也证实了是否参与土地信用社是土地流转的主要因素，证实了政府对土地流转的推动作用。Probit 模型显示，是否参与土地信用社变量对农户土地流转行为和流转意愿都产生显著影响。另一个变量家庭参与保险的比重，从政府社会保障的角度刻画政府推动土地流转的间接变量，Probit 模型发现，家庭参与保险的比重对土地流转行为和土地流转意愿不显著，主要的原因是家庭参与保险金额低。政府推动的两个变量结果显示，政府在通过政策确保农户利益的角度出发可以很好地推动农户土地流转行为，政府通过较低的社会保障方式并没有很好地带动农户的土地流转。因此可以肯定，早期的土地信用社模式，在制度创新层面，确实是政府推动土地流转的重要方式。另外需要注意的是，土地信用社模式在实施中重视土地连片，研究从土地特征的角度分析了土地连片面积对土地流转行为和土地转出行为产生的影响，结果发现土地连片面积对土地流转行为有显著影响。

四、农户对土地信用社中介服务提供的满意程度

1. 农户对土地信用社满意度程度方面的研究结论

在 2011 年的分析中，农户的总满意率在 41.1%，农户对土地信用社的总体实施效果并未得到多数农户的肯定。农户在 2011 年对土地流出租金（28.8%）、流入租金（8.9%）、土地流转期限（40.4%）的满意度都不是很高。村集体领导作用（52.9%）满意度相对较高，说明土地信用社村领导在推动过程中，大力开展农户工作，成绩较好，说明政策在土地信用社中确实发挥了重要作用，从侧面印证了土地信用社是政府推动型的中介组织。

2011 年研究采用 Logit 多元回归模型，判断影响总体满意度的因素。研究证实，农户年龄、家庭劳动力人数、家庭人均月收入水平与满意度负相关。从以上分析，发现就业、收入和年龄这些基本因素是影响土地流转满意度的重要因素，也说明对土地流转的群体中，存在着较典型的年龄偏大、外出务工多、收入低等特征。

2. 土地信用社满意度的跨时期对比研究结论

2014 年课题构建了与农户需求相符合的满意度体系，从制度、流转期限、村集体领导作用、信息服务、交易服务、评估服务、生产服务和监管服务等角度对农户满意度进行衡量。

从 2010 年和 2014 年两次对土地信用社满意度进行了调研。农户对 2014 年的土地信用社流转制度满意度为 51.92%，较 2010 年提升了 1.92 个百分点。土地流转带来农户的收入增加，减少了农户的务农成本，加快了农户外出打工，这些都导致农户在提升对土地信用社流转制度满意度的评价。2010 年农户对村集体的满意度达到了 52.9%，而 2014 年村集体的领导作用满意度下降为 42.31%。根据李科特支持关系理论，中国的村落，通过经历和体验确认相互之间的支持性关系，村落的氛围是群体式经验，村集体和村民之间是群体与个体之间的支持性关系，如果村集体形成了支持性关系，村民态度积极，各项激励将得到很好的发挥，组织协作高效率。村集体和村民的双向支持性关系必须通过双方的激励和信任进行促进。

从土地流转期限满意度看，2014 年对土地流转期限的满意度达到了 59.61%，说明农户对土地信用社的土地流转期限基本满意。而 2010 年农户对土地信用社土地流转期限的满意度仅仅为 40.4%。2010 年土地流转合同期平均为 8.42 年，2014 年经由土地信用社流转的土地流转合同期平均为 5.788 年。土地流转期限缩短，农户可以降低风险贴水，导致农户满意度上升。对土地信用社 2014 年的服务功能评价看，交易服务的满意度为 25%，信息服务的满意度为 30.76%，评估服务的满意度为 30.76%，生产服务的满意度为 34.61%，监管服务的满意度为 28.84%。以上这些情况反馈出平罗土地信用社服务功能满意度低。土地信用社作为流转中介，在积极推广了几年以后，正在面临范围缩小、农户下降、信用社制度建设障碍、农户经济利益难以保障等难题。

五、土地流转对农户家庭收入的影响

通过 DID 分析宁夏银北地区农户通过各种方式参与和未参与土地流转预期收入的变化，同时对比笔者于 2010 年关于参与土地信用合作社对农户收入影响的研究，得出结论：不管是政府主导还是民间自发进行土地流转，不管是通过参与土地信用社来进行土地流转还是采用多种形式（村委会中介或土地流入者中介）参与土地流转；不管是在土地流转发展伊始还是在发展的后期，参与土地流转都能带来农户收入的增加。同时，我们发现参与土地流转对农户外出务工收入具有正向影响，但对农户农业收入具有负影响，参与土地流转对农户家庭总收入有着显著正向影响。此外，家庭自营工商业与农户外出务工收入呈正相关关系，家庭生活结构的变化与农户总收入和家庭经营性收入显著负相关。

以上结论对土地流转的启示是：第一，土地流转有助于农户收入的增加，在土地流转中，尤其是在政府主导型的土地流转中，要切实保障农户的利益主体地位，确保每一个参与土地流转的农户都出于自愿，不愿参与流转的农户可采用换地等形式使之仍然拥有土地经营权。第二，在经济欠发达地区的政府主导型的土地流转中，农村劳动力转移空间受限，劳动力转移并不充分，承包地流转之后，农民失地无经济保障，容易引发社会矛盾。因此，在此类流转过程中，政府应做好相应的劳动力就业工作，尤其是妇女和偏高龄劳动力，真正实现农村劳动力低成本转移，合理配置并充分利用农村劳动力资源，实现农民增收和建设城镇的双重目标。第三，加快统筹城乡发展，建立社会保障系统。保证农民流转土地后当非农就业领域发生收入风险时，生活有所保障；同时，对农村流转出土地的留守老年人的生计和养老予以保障。

六、农村土地信用合作社对农户家庭收入的影响

通过分析发现，参与农村土地信用合作社对农户收入有着显著的正向影响，这说明平罗县政府的这一制度创新对增加农民收入有着明显的带动作用。其作用机理：农户参加了农村土地信用合作社一是提高了土地自身的地租收入；二是解放了农村劳动生产力，增加了外出务工和本地务工机会（例如家庭妇女可以在本地给土地租入户从事季节性农活）以及外出打工和本地打工收入；三是农户参加农村土地信用合作社通过对自营工商业的影响也可以影响家庭收入。此外，户均人口变化和土地变化，也影响着家庭收入的变化。因而，通过分析可以认为，在这三个因素既定的前提下，农户参与农村土地信用合作社能够显著增加农户的家庭总收入。

基于以上结论对土地流转的启示：一是在土地流转市场逐渐形成的过程中，政府应明确定位，发挥其信息资源优势，起到农地流转的中介服务作用，实现土地流转形式的多样化；二是农业规模化和产业化是农村土地集中流转保持长久生命力的依托，政府应积极推进农业产业化和机械化发

展，提高农业生产率，进一步解放农村劳动力；三是合理安置土地转出农户的就业问题，尤其是妇女和年龄偏高农户，真正实现农户的务农机会成本完全转化成经济收入，以增加农户家庭的总收入。

七、参与土地流转对土地产出、成本的影响

研究对承包土地的典型种粮大户进行了访谈，对规模化种植的土地产出进行了分析。2015 年调查典型承包土地的种植大户显示，大户种植玉米的成本在 1050 元，种植水稻的成本在 1260 元，种植向日葵的成本在 1095 元。而销售方面，大户销售玉米的收入为 1700（元/亩），每亩的产量为 850 千克；销售水稻的收入为 1441（元/亩），每亩产量为 550 千克；销售向日葵的收入为 1710（元/亩），每亩产量为 225 千克。大户的成本相对较低，由于管理环节的精细，作物施肥、农药方面的技术优势，使得大户能在一些环节上降低成本。调研中，大户和农户存在的主要差别是：承包土地大户由于规模化经营，在机械、管理、人工浇地等方面有成本优势。

农户与承租大户之间在成本上还有一个区别就在于劳动费。若农户自身耕作，可以省去每亩 50 元的浇地费用和每亩 10 元的管理费用，同时获得政府 100 元的种粮补贴。但其因为自身需要劳作而将丧失外出务工的机会成本，每人每年约 3.6 万元。因此，同样是种 1 亩水稻，在外出打工同时获得政府农业补贴的情况下，经计算，出租农户的净收益为 341 元，460 元的租金水平大于耕种收益，可以保证土地的流转。

调研中也注意到，农户和承包大户的另一个区别是大户在接受政府常规资金补助、农业科技帮扶、种植灾害赔偿保险等方面领先于农户，这些因素可以确保大户有很强的抗风险能力，在抵御自然灾害和价格波动方面，大户的能力更强。

承包大户在成本上和劳动费上的优势，保证了土地流转的收益，确定了土地流转的可持续性。土地承包大户的种植优势，也确保了平罗县土地流转向规模化、集约化、专一化转变。

八、土地流转对农户劳动力转移的影响

通过 DID 分析宁夏银北地区农户通过各种方式参与和未参与土地流转预期收入的变化，同时对比笔者于 2010 年关于参与土地信用合作社对农

户收入影响的研究，最后得出结论：不管是政府主导，还是民间自发进行土地流转；不管是通过参与土地信用社来进行土地流转，还是采用多同形式（村委会中介或土地流入者中介）参与土地流转；不管是在土地流转发展伊始，还是在发展的后期，参与土地流转都能带来农户收入的增加。同时，我们发现参与土地流转对农户外出务工收入具有正影响，但对农户农业收入具有负影响，参与土地流转对农户家庭总收入有着显著正影响。此外，家庭自营工商业与农户外出务工收入呈正相关关系，家庭生活结构的变化与农户总收入和家庭经营性收入显著负相关。

以上结论对土地流转的启示是：

第一，土地流转有助于农户收入的增加，在土地流转中，尤其是在政府主导型的土地流转中，要切实保障农户的利益主体地位，确保每一户参与土地流转的农户都出于自愿，不愿参与流转的农户可采用换地等形式使之仍然拥有土地经营权。

第二，在经济欠发达地区的政府主导型的土地流转中农村劳动力转移空间受限，劳动力转移并不充分，农户的承包地流转之后，变成了失地无经济保障的农民，容易引发社会矛盾。因此，在此类流转过程中，政府应做好相应的劳动力就业工作，尤其是妇女和偏高龄劳动力，真正实现农村劳动力低成本转移，合理配置并充分利用农村劳动力资源，实现农民增收和建设城镇的双重目标。

第三，加快统筹城乡发展，建立社会保障系统。保证农民流转土地后当非农就业领域发生收入风险时，生活有所保障，稳定社会发展；同时，保障农村流转出土地的留守老年人的生计和养老。

九、土地流转对农村已婚妇女劳动力转移的影响

研究对参与土地流转与已婚妇女劳动力转移进行了分析，设定参与流转和未参与流转的农户家庭，判断两者在已婚妇女劳动力是否转移决策的概率上和外出务工持续时间上的差异。以上研究为促进农村的土地流转提供了新的观察视角。

研究发现，土地流转因素依然是影响已婚妇女劳动力转移的重要因素，在 Probit 和 Tobit 估计中均在 1% 的显著性水平上显著，对其发生转移的概率和外出持续时间都具有正向显著的影响，土地流转净效应系数分别为 0.935 和 6.183，其所对应的边际效应为 0.223 和 1.081，即参与土地流

转的农户家庭已婚妇女外出的概率要比没参与土地流转的已婚妇女外出的概率要高 22.3%，且外出持续时间要增加 1 个多月，这与预计作用方向一致。从中可以看出土地流转因素的影响效果非常明显。在控制变量中，对已婚妇女劳动力转移可能性影响因素分析的 Probit 估计中，按影响强度排序依次是受教育年限、丈夫是否外出务工和年龄。

十、土地流转背景下老年人生计的改善

研究发现，老年人家庭参与土地流转的比例较高，但单独生活的老年人更倾向将土地全部流转出去，参与流转的比例高、期限长；土地流转后，老年人生计资本降低，老年人单独生活的家庭生计资本低于老年人与子女生活家庭，参与土地流转的老年人生计资本低于未流转的老年人，但差距明显缩小；土地流转后，年龄较小的老年人倾向于继续劳作，而金融资本越高的老年人选择不劳作的可能性更高，子女较多的老年人在土地流转后易于选择休息；土地流转后，大部分老年人生计结果提高，土地流转对老年人的生计结果有显著正向影响，但仍有部分老年人生计结果出现了下降的情况。单独生活的老年人随着年龄的增加，其生计可持续能力下降，但与子女生活的老年人则不存在这一现象。

以上结论对土地流转背景下解决老年人生计问题的启示是：其一，稳步推进土地流转，有助于将老年人从繁重的劳动中解放出来，既解决了老年人种地难，不种地撂荒无收入的难题，又提高了其收入，降低了老年人的生计风险。其二，政府需引导村集体和土地承租方参与老年人养老保障，提高农村老年人的社会保障水平和生计的可持续性。较高的社会保障水平能够降低人力资本下降带来的老年人生计风险，将最了解老年人需求的村集体和有参与养老积极性的土地承租方引导参与农村养老，将能够实现土地流转参与各方的共赢。其三，在注重老年人物质生活的基础上要保证老年人精神文化水平的提升。尤其是单独生活的老年人难以得到子女的精神慰藉，缺乏与他人的交流，农村老年人的精神文化生活需要进一步丰富。

第二节　政策建议

从制度供给层面提出进一步完善农村土地信用社的运行模式及其制度

安排。本书课题组通过参考县级、村级层面农村土地流转中介服务提供实际情况，结合村民需求层面，对土地流转中介服务的需求、意愿和满意程度的信息，根据对农村土地流转中介服务提供效果的评估，探讨改进农村土地流转中介服务，为提高我国农村土地流转中介服务提供水平和质量的可行办法。从制度层面进一步改善农村土地流转中介服务的政策建议如下：

第一，大力发展农村土地中介服务机构和组织，为土地流转市场的形成提供健全的机制。土地的级差地租和区位因素不同，很容易导致土地流转的供求双方信息不对称，而规范的中介组织可以为双方提供真实的信息和规范的程序，能够最大限度地保护流转土地农户的合法权益。我们在文章中重点分析了宁夏平罗县的农村土地信用合作社，其在当地政府的推动下，在一段时间内带动了土地流转市场的逐渐形成，并增加了农民的收入，为我国其他地区提供了可借鉴的土地流转模式。虽然随着政策的发展，土地信用合作社的发展逐渐在衰退，但是新的模式正在随着时代的发展应运而生，我们需要不断挖掘多样化土地流转模式的内在机理，以增加农民福祉为宗旨，进而构建完善的土地流转机制。

第二，建立和健全农村社会保障体系，解除参与土地流转农户的后顾之忧。保证农民流转土地后当非农就业领域发生收入风险时，生活有所保障，稳定社会发展。土地对农户的社会保障功能和失业保险功能是阻碍土地有效流转的关键因素，尽管政府部门在逐步将农民纳入社会保障体系，但步伐较慢，且涉及面较为狭窄。因此，必须要通过完善的社会保障系统，保障农村流转出土地的留守老年人的生计和养老。

第三，土地流转适度规模经营和农业产业化，拓宽农户就业渠道。引导社会资本和城市工商企业承接、承租土地，实现规模化经营和农业产业化。围绕清真牛羊肉、设施瓜菜、制种、枸杞和生态水产"五大"产业建设规模化种养园区或产业基地，提高土地集约化经营水平，以转移更多的农村剩余劳动力，增加农户家庭收入。

第四，加强村干部与农户关系建设。土地流转有助于农户收入的增加，在土地流转中，尤其是在政府主导型的土地流转中，要切实保障农户的利益主体地位，确保每一户参与土地流转的农户都出于自愿，不愿参与流转的农户可采用换地等形式使之仍然拥有土地经营权。为了加强农户对中介机构的信任度，政府需要加大宣传力度，以村集体领导为基础，多与农民沟通，消除流转土地中的各种误会，不断提高农民的信任度和满意度。

第五，对流转土地租金要实行市场化定价。例如价格补偿、指数化定价模式等。家庭劳动力人数和家庭人均月收入对满意度评价较低的主要原因是地租价格的刚性现象，尽管一定程度上为农户规避掉了市场风险，但是也使得农户的一部分利益受到损失。土地中介机构与农户签订合同时，价格条款应按照当年的市场价格和物价水平，设定一定额度的浮动空间，尽可能地保护出让土地农户利益，这不仅能解除农村富余劳动力外出务工者的后顾之忧，更有利于农民从农业中解脱出来而获得更多的就业机会和开拓更多的增收途径。

第六，加快农村金融体制的创新，为农业产业化经营提供资金保障和政策支持。土地的市场化流转很大程度上依赖于农业的产业化，而农业产业化的发展则需要充足的资金保障，目前我国金融市场的中心均在城镇或是东部发达地区，西部农村发展的资金短缺问题已经在土地流转过程中凸显出来，大大地制约了农地流转市场的形成与发展。政府部门应调配金融资源配置，给农村地区予以政策倾斜，以满足农业产业化发展过程中的金融需求。

第七，合理安排流出土地农户的就业去向，对外出务工人员实行专业技能培训，提高就业竞争力。土地流转的逐步发展会解除土地对农民的束缚，如果就业安置不当，很容易导致土地流转带来福利的损失，甚至不利于社会的稳定。因此，相关政府部门应合理安排土地转出农户的就业，并对其进行职业技能培训，以降低企业的进入门槛，同时也多渠道地增加了农户的收入。

第八，在经济欠发达地区的政府主导型的土地流转中农村劳动力转移空间受限，劳动力转移并不充分，农户的承包地流转之后，变成了失地无经济保障的农民，容易引发社会矛盾。因此，在此类流转过程中，政府应做好相应的劳动力就业工作，尤其是妇女和偏高龄劳动力，真正实现农村劳动力低成本转移，合理配置并充分农村劳动力资源，实现农民增收和建设城镇的双重目标。

主要参考文献

［1］阿马蒂亚·森：《以自由看待发展》，于真译．中国人民大学出版社 2002 年版。

［2］阿玛蒂亚·森：《贫困与饥饿》，商务印书馆 2001 年版。

［3］蔡昉、都阳：《迁移的双重动因及其政策含义——检验相对贫困假说》，载于《中国人口科学》2002 年第 4 期。

［4］蔡昉、都阳、高文书等：《劳动经济学——理论与中国现实》，北京师范大学出版社 2009 年版。

［5］蔡昉、王德文：《中国经济增长可持续性与劳动贡献》，载于《经济研究》1999 年第 10 期。

［6］蔡昉：《中国流动人口问题》，社会科学文献出版社 2007 年版。

［7］曹建华、王红英、黄小梅：《农村土地流转的供求意愿及其流转效率的评价研究》，载于《中国土地科学》2007 年第 3 期。

［8］曹文斌：《土地股份合作制：中国农地制度的创新与实践》，载于《现代农业》2009 年第 7 期。

［9］陈常优：《农用土地价格评估的理论与方法研究》，河南大学，2010 年。

［10］陈芳、方长春：《从"家庭照料"到"生活自理"——欠发达地区农村老年照料方式研究》，载于《山西师大学报（社会科学版）》2013 年第 7 期。

［11］陈浩天：《农户土地流转需求意愿的假设证伪与模型建构——基于全国 20 省 236 村 2998 个农户的实证调查》，载于《干旱区资源与环境》2015 年第 10 期。

［12］陈家泽：《产权对价与资本形成：中国农村土地产权改革的理论逻辑与制度创新——以成都试验区为例》，载于《清华大学学报（哲学社会科学版）》2011 年第 4 期。

［13］陈家泽：《土地资本化的制度障碍与改革路径》，载于《财经科

学》2008 年第 3 期。

[14] 陈晓红:《经济发达地区农户兼业及其因素分析——来自苏州农村的实证调查》,载于《经济与管理研究》2006 年第 10 期。

[15] 陈昱、陈银蓉、马文博:《基于 Logistic 模型的水库移民安置区居民土地流转意愿分析——四川、湖南、湖北移民安置区的调查》,载于《资源科学》2011 年第 6 期。

[16] 陈宗胜:《中国城市居民收入分配判别现状,趋势及影响因素:以天津市为案例》,载于《经济研究》1997 年第 3 期。

[17] 初玉岗:《企业家短缺与农地流转之不足》,载于《中国农村经济》2001 年第 12 期。

[18] Damodar N. Gujarati.:《计量经济学基础》第四版,中国人民大学出版社 1996 年版。

[19] 戴佩淇:《农户生计转型对农村居民点用地演变的作用机理及调控措施》,西南大学硕士学位论文,2012 年。

[20] 道格拉斯·诺思:《理解经济变迁过程》,钟正生等译,中国人民大学出版社 2008 年版。

[21] 道格拉斯·诺思:《制度、制度变迁和经济绩效》,上海三联书店 1994 年版。

[22] 邓大才:《承包土地流转价格低廉的原因分析》,载于《现代经济探讨》2000 年第 10 期。

[23] 邓大才:《土地流转的交易成本与价格研究——土地流转价格的决定因素分析》,载于《财经问题研究》2007 年第 9 期。

[24] 邓大才:《制度安排、交易成本与土地流转价格》,载于《农业与农村经济》2009 年第 2 期。

[25] 邓晰隆:《三权分离:我国农村土地产权制度改革的新构想》,载于《中国农业资源与区划》2009 年第 2 期。

[26] 邓晓玲,张绍良等:《农地流转市场存在的问题及完善对策研究——基于浙江省嵊州市的实证分析》,载于《林业经济》2010 年第 10 期。

[27] 邓志锋:《农村土地流转中政府制度供给探讨》,载于《农村经济》2010 年第 7 期。

[28] 东梅、王桂芬:《双重差分法在生态移民收入效应评价中的应用》,载于《农业技术经济》2010 年第 8 期。

[29] 董国礼、李里、任纪萍:《产权代理分析下的土地流转模式及

经济绩效》，载于《社会学研究》2009 年第 1 期。

[30] 杜鹰、白南生等：《走出乡村：中国农村劳动力流动实证研究》，经济科学出版社 1997 年版。

[31] 段鹏飞、秦芬：《山西省农村土地流转现状与对策》，载于《广东农业科学》2010 年第 6 期。

[32] 方中友：《土地流转机制研究——以南京市为例》，南京农业大学，2008 年。

[33] 丰雷、蒋妍、叶剑平：《诱致性制度变迁还是强制性制度变迁？——中国农村土地调整的制度演进及地区差异研究》，载于《经济研究》2013 年第 6 期。

[34] 付江涛、纪月清、胡浩：《产权保护与农户土地流转合约选择——兼评新一轮承包地确权颁证对农地流转的影响》，载于《江海学刊》2016 年第 3 期。

[35] 顾大男：《老年人年龄界定和重新界定的思考》，载于《中国人口科学》2000 年第 3 期。

[36] 顾和军：《农民角色分化与农业补贴政策的收入分配效应》，南京农业大学，2008 年。

[37] 关浩杰：《收入结构视角下我国农民收入问题研究》，首都经济贸易大学硕士论文，2013 年。

[38] 郭富青：《西方国家合作社公司化趋向与我国农民专业合作社法的回应》，载于《农业经济问题》2007 年第 6 期。

[39] 国鲁来：《德国合作社制度的主要特点》，载于《中国农村经济》1995 年第 6 期。

[40] 何剑伟：《土地信用合作社：由土地流转中介到金融中介——基于宁夏平罗土地信用合作社的调查》，载于《西部金融》2012 年第 9 期。

[41] 何军、李庆、张姝弛：《家庭性别分工与农业女性化——基于江苏 408 份样本家庭的实证分析》，载于《南京农业大学学报：社会科学版》2010 年第 1 期。

[42] 贺振华：《劳动力迁移、土地流转与农户长期投资》，载于《经济科学》2006 年第 3 期。

[43] 贺振华：《农村土地流转的效率分析》，载于《改革》2003 年第 4 期。

[44] 贺振华：《农地流转中土地租金及其影响因素分析》，载于《社

会科学》2003 年第 7 期。

[45] 洪名勇：《欠发达地区的农地流转分析——来自贵州省 4 个县的调查》，载于《中国农村经济》2009 年第 8 期。

[46] 黄川：《直接补贴政策对耕地可持续利用的影响分析》，中国农业银行武汉培训学院学报，2010 年第 6 期。

[47] 黄春滚、胡蓉：《从土地租金入手浅议土地流转问题》，载于《中国物价》2009 年第 10 期。

[48] 黄季焜、郜亮亮、冀县卿等：《中国的农地制度、农地流转和农地投资》，格致出版社 2012 年版。

[49] 黄善林：《土地因素对农户劳动力城乡转移的影响研究——基于皖鄂四县市的农户调查》，华中科技大学博士学位论文，2010 年。

[50] 黄哲：《老年、老化与老龄化的概念辨析》，载于《内蒙古民族大学学报（社会科学版）》2012 年第 3 期。

[51] 惠怀伟：《土地流转背景下老年人生计问题研究基于宁夏银北地区的调查》，宁夏大学硕士论文，2014 年。

[52] J. M. 伍德里奇：《计量经济学导论：现代观点》中国人民大学出版社 2003 年版。

[53] 季虹：《论农地使用权的市场化流转》，载于《农业经济问题》2001 年第 10 期。

[54] 江淑彬、苏群：《土地流转"租金分层"现象及其根源》，载于《农业经济问题》2013 年第 4 期。

[55] 江淑斌、苏群：《农地流转动力、模式与障碍：一个文献综述》，载于《首都经济贸易大学学报》2013 年第 3 期。

[56] 金松青、Klaus Deininger：《中国农村土地租赁市场的发展及其在土地使用公平性和效率性上的含义》，载于《经济学季刊》2004 年第 7 期。

[57] 金学福：《创新集体土地使用权流转机制稳步推进社会主义新农村建设——宁夏平罗县创建农村土地信用合作社纪实》，载于《西部金融》2009 年第 10 期。

[58] 金一虹：《非农化过程中的农村妇女》，载于《社会学研究》1998 年第 5 期。

[59] 句芳、高明华、张正河：《中原地区农户非农劳动时间影响因素分析——基于河南省 298 个农户的调查》，载于《中国农村经济》2008

年第 3 期。

　　[60] 科斯:《财产权利与制度变迁》,刘守英等译,上海:上海人民出版社、上海三联书店 1994 年版。

　　[61] 孔凡文、孙军:《农用地流转价格体系与确定方法研究》,载于《农业经济》2011 年。

　　[62] 孔祥智、刘同山、郑力文:《土地流转中村委会的角色及其成因探析——基于鲁冀皖三省 15 个村庄的土地流转案例》,载于《东岳论丛》2013 年第 5 期。

　　[63] 冷智花、付畅俭、许先普:《家庭收入结构、收入差距与土地流转》,载于《经济评论》2015 年第 5 期。

　　[64] 黎霆、赵阳、辛贤:《当前农地流转的基本特征及影响因素分析》,载于《中国农村经济》2009 年第 10 期。

　　[65] 黎元生:《农村土地地产权配置市场化与制度改革》,载于《当代经济研究》2007 年第 3 期。

　　[66] 李昊、李世平、南灵:《中国农户土地流转意愿影响因素——基于 29 篇文献的 Meta 分析》,载于《农业技术经济》2017 年第 7 期。

　　[67] 李金香、龚晓德、夏淑琴、李鸿雁:《退耕还林对农户可持续生计能力的影响——基于宁夏盐池县农户的调查》,载于《宁夏大学学报(自然科学版)》2013 年第 9 期。

　　[68] 李菁、丘青青:《买方市场条件下农地信用租赁定价机制探讨》,载于《中国农村经济》2011 年第 4 期。

　　[69] 李俊高、李俊松:《新一轮的农村土地流转:理论争论、实践困境与机制创新》,载于《农村经济》2016 年第 1 期。

　　[70] 李明艳:《农村劳动力转移对农地利用效率的影响研究》,社会科学文献出版社 2012 年版。

　　[71] 李启宇:《基于城乡统筹的农地承包经营权流转制度创新研究》四川农业大学,2010 年。

　　[72] 李实:《中国农村劳动力流动与收入增长和分配》,载于《中国社会科学》1999 年第 2 期。

　　[73] 李实:《中国农村女劳动力流动行为的经验分析》,载于《上海经济研究》2001 年第 1 期。

　　[74] 李树苗、梁义成、Marcus W. Feldman、Gretchen C. Daily:《退耕还林政策对农户生计的影响研究——基于家庭结构视角的可持续生计分

析》，载于《公共管理学报》2010 年第 4 期。

［75］李宣良：《我区农村土地承包经营权流转进程加快》，农业经济经营管理站，2012 年。

［76］李怡：《农村土地流转的效率评价与思考——以广东珠三角为例》，载于《农村经济》2014 年第 7 期。

［77］梁鸿：《农村老年人自给自理能力研究》，载于《人口与经济》1999 年第 4 期。

［78］林宝：《中国农村人口老龄化的趋势、影响与应对》，载于《西部论坛》2015 年第 2 期。

［79］林带雄：《农用地承包经营权流转价格研究——以天津市为例》，中国地质大学，2009 年。

［80］林乐芬、王军：《农户对农地股份合作社满意认可及影响因素分析——以浙江余姚市瑶街弄村昌惠土地股份合作社为例》，载于《南京农业大学学报（社会科学版）》2010 年。

［81］林旭：《劳动价值与资源价值融合基础上的农地价格再认识》，载于《软科学》2009 年第 6 期。

［82］林翊：《中国经济发展进程中农民土地权益问题研究》，福建师范大学，2009 年。

［83］林毅夫：《制度、技术与中国农业发展》，上海人民出版社 1994 年版。

［84］凌斌：《土地流转的中国模式：组织基础与运行机制》，载于《法学研究》2014 年第 6 期。

［85］刘春梅、李录堂：《外出务工农村子女的代际养老支持意愿研究》，载于《农业技术经济》2013 年第 12 期。

［86］刘春梅：《农村养老资源供给及模式研究》，西北农林科技大学硕士论文，2013 年。

［87］刘国超：《农村土地承包经营权流转问题研究》，载于《理论月刊》2006 年第 1 期。

［88］刘若江、马克思：《土地产权理论对我国农村土地流转的启示——以三权分离的视角》，载于《西北大学学报（哲学社会科学版）》2015 年第 2 期。

［89］刘书楷：《土地经济学》，中国农业出版社 2000 年版。

［90］刘涛：《小农改造、土地流转与农业的现代化之路——基于乡

村土地流转类型的考察》，载于《内蒙古社会科学》2012 年第 4 期。

[91] 刘卫柏、柳钦、李中：《我国农村土地流转模式创新剖析》，载于《调研世界》2012 年第 4 期。

[92] 刘晓宇、张林秀：《农村土地产权稳定性与劳动力转移关系分析》，载于《中国农村经济》2008 年第 2 期。

[93] 刘秀梅、亢霞：《农户家庭劳动时间配置行为分析》，载于《中国农村观察》2004 年第 2 期。

[94] 刘艳：《农村土地流转中的产权制度法律化问题探讨》，载于《中国土地科学》2014 年第 11 期。

[95] 刘宗劲：《土地流转的逻辑起点与制度选择》，载于《改革》2009 年第 2 期。

[96] 龙方：《论农村家庭养老模式的完善》，载于《农村经济》2007 年第 5 期。

[97] 楼栋、孙晓明、孔祥智：《土地流转合作社发展探析——河北省三家土地流转合作社调查报告》，载于《农村经济》2013 年第 4 期。

[98] 陆继霞、何倩：《生计视角下农户土地流转意愿及影响因素分析——基于河南省某县龙村的实地调查》，载于《农村经济》2016 年第 2 期。

[99] 路婕、江辉、吴克宁：《土地承包经营权流转价格探讨——以河南省为例》，载于《安徽农业科学》2010 年第 34 期。

[100] 路征、李睿、康馨月：《现阶段我国农村土地流转意愿的影响因素分析——基于对四川省安岳县 823 户农户的调查》，载于《资源开发与市场》2017 年第 10 期。

[101] 骆东奇、任海钰：《我国农村土地流转预期价格影响因素分析》，载于《西部论坛》2011 年第 3 期。

[102] 马成富：《土地流转对农村劳动力转移的影响——基于宁夏银北地区的调查研究》，宁夏大学硕士论文，2014 年。

[103] 马克思、恩格斯：《马克思恩格斯全集》，人民出版社 1979 年版。

[104] 马小勇：《中国农户的风险规避行为分析——以陕西为例》，载于《中国软科学》2006 年第 2 期。

[105] 马彦丽、杨云：《粮食直补对农户种粮意愿、农民收入和生产投入的影响》，载于《农业技术经济》2002 年第 2 期。

[106] 马元、王树春、李海伟：《对农地转租中低地租现象的一种解释》载于《中国土地科学》2009 年第 1 期。

[107] 毛竹秀：《农村人口老龄化背景下新农合制度可持续发展研究》，载于《理论月刊》，2014 年第 12 期。

[108] 蒙吉军、艾木入拉、刘洋、向芸芸：《农牧户可持续生计资产与生计策略的关系研究——以鄂尔多斯市乌审旗为例》，载于《北京大学学报（自然科学版）》2012 年第 12 期。

[109] 穆松林、张义丰、高建华、刘春腊：《村域土地承包经营权流转价格研究》，载于《资源科学》2011 年第 5 期。

[110] 倪全学：《土地信用合作社创新模式研究基于对宁夏平罗县的农户调查》，宁夏大学硕士论文，2012 年。

[111] 牛星、李玲：《农村承包经营土地流转的农户意愿及影响因素分析基于山东省西龙湾村的调查研究》，载于《资源开发与市场》2016 年第 1 期。

[112] 诺思：《经济史中的结构与变迁》，陈郁、罗华平译，上海三联书店 1994 年版。

[113] 欧胜彬、陈利根：《农村集体土地流转制度绩效研究——基于安徽与广西的典型案例比较分析》，载于《农村经济》2014 年第 9 期。

[114] 潘林、丁明：《政府主导大规模土地流转下农民参与行为研究——基于安徽省四县的问卷调查》，载于《经济与管理》2015 年第 2 期。

[115] 彭代彦、吴扬杰：《农地集中与农民增收关系的实证检验》，载于《中国农村经济》2009 年第 4 期。

[116] 彭友东：《盘活农村土地资源四思》，载于《人民日报》2015 年 1 月 5 日。

[117] 齐国友、周爱萍、曾塞星：《2004～2020 年中国农村农业剩余劳动力预测及对策》，载于《东北农业大学学报》2005 年第 5 期。

[118] 钱雪飞：《城乡老年人收入来源的差异及其经济性影响》，载于《华南农业大学学报（社会科学版）》2011 年第 1 期。

[119] 钱忠好：《非农就业是否必然导致农地流转——基于家庭内部分工的理论分析及其对中国农户兼业化的解释》，载于《中国农村观察》2008 年第 10 期。

[120] 钱忠好：《农村土地承包经营权残缺与市场流转困境：理论与政策分析》，载于《管理世界》2002 年第 6 期。

[121] 钱忠好：《农地承包经营权市场流转：理论与实证分析——基于农户层面的经济分析》，载于《经济研究》2003 年第 2 期。

[122] 秦国伟、卫夏青、田明华：《农村土地流转后新型经营主体的经营绩效分析——基于安徽省 33 个县市的调查》，载于《现代经济探讨》2017 年第 12 期。

[123] 邱海盈：《农村劳动力回流与劳动密集型产业的开发》，载于《人口学刊》2001 年第 3 期。

[124] 仇娟东、赵景峰：《中国土地承包经营权流转：主要模式、运行条件及交易费用分析》载于《经济经纬》2013 年第 2 期。

[125] 任勤、李福军：《农村土地流转中介组织模式：问题及对策——基于成都市的实践》，载于《财经科学》2010 年第 6 期。

[126] 荣昭、盛来运、姚洋：《中国农村耐用消费品需求研究》，载于《经济学》2002 年第 2 期。

[127] 阮小莉、彭嫦燕：《农地流转与农村土地银行互动持续发展模式探析——基于四川省彭州市土地银行实践》，载于《农业经济问题》2014 年第 6 期。

[128] 邵传林：《农村土地信用合作社兴起的逻辑——来自宁夏平罗县的个案研究》，载于《农业经济问题（月刊）》2010 年第 6 期。

[129] 盛运来：《流动还是迁移——中国农村劳动力流动过程的经济学分析》，上海远东出版社 2008 年版。

[130] 石智雷、徐映梅：《城乡女性就业流动性及其决定机制》，载于《经济评论》2010 年第 4 期。

[131] 税玉海：《宁夏平罗土地信用社调查》，载于《中国土地》2008 年第 10 期。

[132] 苏芳、尚海洋：《农户生计资本对其风险应对策略的影响——以黑河流域张掖市为例》，载于《中国农村经济》2012 年第 8 期。

[133] 苏群、刘华：《农村女性劳动力流动的实证研究》，载于《农业经济问题》2003 年第 4 期。

[134] 孙文凯、路江涌、白重恩：《中国农村收入流动分析》，载于《经济研究》2007 年第 8 期。

[135] 谭智心、孔祥智：《不完全契约、非对称信息与合作社经营者激励农民专业合作社"委托—代理"理论模型的构建及其应用》，载于《中国人民大学学报》2011 年第 5 期。

[136] 唐茂华：《粮食补贴与土地流转的政策协同及政策建议》，载于《经济界》2011年。

[137] 唐敏、吴本银：《农民收入增长模型：一个宏观计量分析》，载于《农业经济问题》2007年第8期。

[138] 田传浩、贾生华：《农地制度、地权稳定性与农地使用权市场发育：理论与来自苏浙鲁的经验》，载于《经济研究》2004年第1期。

[139] 田传浩、李明坤：《土地市场发育对劳动力非农就业的影响：基于浙、鄂、陕的经验》，载于《农业技术经济》2014年第8期。

[140] 王春超：《农村土地流转、劳动力资源配置与农民收入增长——基于中国17省份农户调查的实证研究》，载于《农业技术经济》2011年第1期。

[141] 王德、朱玮、叶晖：《1985~2000年我国人口迁移对区域经济差异的均衡作用研究》，载于《人口与经济》2003年第6期。

[142] 王慧贤：《宁夏银北地区农地流转中的租金形成机制研究》，宁夏大学硕士论文2013年。

[143] 王家庭、张换兆：《中国农村土地流转制度的变迁及制度创新》，载于《农村经济》2011年第3期。

[144] 王杰、句芳：《土地流转影响因素研究——基于11个地区1332个农牧户的调查》，载于《干旱区资源与环境》2015年第6期。

[145] 王洁：《农地承包经营权的产权价格探讨》，载于《农村经济》2009年第7期。

[146] 王乐、夏显力：《杨凌区"土地银行"实践运作及其满意度测评》，载于《中国土地科学》2012年第10期。

[147] 王小鲁、樊纲：《中国地区差距的变动趋势和影响因素》，载于《经济研究》2004年第1期。

[148] 王晓轩、张会萍：《农地信用社制度满意度分析——基于宁夏平罗县土地信用社农户的评价》，载于《江苏农业经济》2015年第10期。

[149] 王兴稳、钟普宁：《土地细碎化与农用地流转市场》，载于《中国农村观察》2008年第4期。

[150] 王秀兰、杨兴权：《日本土地信托的特点与借鉴》，载于《当代经济》2007年第2期。

[151] 王颜齐、郭翔宇：《农村土地承包经营权流转价格初探》，载于《农业经济与管理》2012年第3期。

[152] 王颜齐、郭翔宇：《中介组织介入土地承包经营权流转分析》，载于《求是学刊》2012 年第 3 期。

[153] 王云：《宁夏平罗县积极探索老年农民以地养老新模式》，载于《宁夏日报》2014 年 6 月 20 日。

[154] 王志章、兰剑：《农村土地流转中介组织相关问题研究》，载于《科学决策》2010 年第 3 期。

[155] 韦彩玲：《土地流转"龙头企业 + 合作社 + 农民"模式的潜在问题及对策研究》，载于《甘肃社会科学》2012 年第 6 期。

[156] 吴昊旻、胡宜挺：《完善我国农村土地流转制度：SICP 范式、路径及其内涵》，载于《西北农林科技大学学报（社会科学版)》2014 年第 5 期。

[157] 伍振军、孔祥智、郑力文：《土地流转价格的影响因素研究——基于皖、浙两省 413 户农户的调查》，载于《江西农业大学学报（社会科学版)》2011 年第 3 期。

[158] 武深树、邓真惠、张孟飞：《农村承包土地使用权转让价格的计量模式研究》，载于《经济问题》2002 年。

[159] 西奥多·W. 舒尔茨：《改造传统农业》，商务印书馆 1999 年版。

[160] 肖冰：《农村土地产权制度改革思路比较及启示》，载于《世界经济情况》2007 年第 6 期。

[161] 肖端：《土地流转中的双重委托—代理模式研究——基于成都市土地股份合作社的调查》，载于《农业技术经济》2015 年第 2 期。

[162] 肖琴：《农业补贴政策的统计性研究和政策改革建议》，载于《商场现代化》2010 年。

[163] 谢东梅：《农户生计资产量化分析方法的应用与验证——基于福建省农村最低生活保障目标家庭瞄准效率的调研数据》，载于《技术经济》2009 年第 9 期。

[164] 辛翔飞、秦富、王秀清：《中西部地区农户收入及其差异的影响因素分析》，载于《中国农村经济》2008 年第 2 期。

[165] 徐鲜梅：《农村土地流转模式比较研究》，载于《农村经济》2015 年第 2 期。

[166] 徐美银、陆彩兰、陈国波：《发达地区农民土地流转意愿及其影响因素分析——来自江苏的 566 户样本》，载于《经济与管理研究》2012 年第 7 期。

[167] 许恒周：《农村劳动力市场发育对农村土地流转的影响分析——基于农户调查的实证研究》，载于《当代经济管理》2011 年第 9 期。

[168] 许恒周、石淑芹：《农民分化对农户农地流转意愿的影响研究》，载于《中国人口·资源与环境》2012 年第 9 期。

[169] 许召元：《区域间劳动力迁移对经济增长和地区差距的影响》，北京大学博士学位论文 2007 年。

[170] 薛凤蕊、乔光华、苏日娜：《土地流转对农民收益的效果评价——基于 DID 模型分析》，载于《中国农村观察》2011 年第 2 期。

[171] 杨成章：《西部贫困地区成立农村土地银行的可行性研究》，载于《财政研究》2014 年第 10 期。

[172] 杨明国：《中国农村土地流转信托研究——基于"宿州模式"和"益阳模式"的比较分析》，载于《财政研究》2015 年第 2 期。

[173] 姚从容：《论人口城乡迁移与农村土地产权制度变迁》，载于《人口与安全》2003 年第 5 期。

[174] 姚先国，刘湘敏：《劳动力流迁决策中的迁移网络》，载于《浙江大学学报（人文社会科学版）》2002 年第 4 期。

[175] 姚洋：《集体决策下的诱导性制度变迁》，载于《中国农村观察》2000 年第 2 期。

[176] 姚洋：《中国农地制度：一个分析框架》，载于《中国社会科学（季刊）》2000 年第 2 期。

[177] 姚洋：《中国农地制度与农村社会保障》，载于《中国社会科学》2000 年第 3 期。

[178] 姚洋：《自由、公正与制度变迁》，河南人民出版社 2002 年版。

[179] 叶芳、王燕：《双重差分模型介绍及其应用》，载于《中国卫生统计》2013 年第 1 期。

[180] 叶剑平、蒋妍、丰雷：《中国农村土地流转市场的调查研究——基于 2005 年 17 省调查的分析和建议》，载于《中国农村观察》2006 年第 4 期。

[181] 衣保中、张凤龙：《吉林省农村土地流转和农村劳动力转移的相关分析》，载于《农业科技管理》2008 年第 4 期。

[182] 尹希果、马大来、陈彪、张杰：《我国农村土地流转四种典型运作模式及评析》，载于《福建论坛·人文社会科学版》2012 年第 2 期。

[183] 游和远、吴次芳：《农地流转、禀赋依赖与农村劳动力转移》，

载于《管理世界》2010 年第 3 期。

[184] 于传岗：《我国农村土地流转方式、流转成本与治理绩效分析》，载于《江汉论坛》2011 年第 6 期。

[185] 余小英、王章名、王成璋：《我国农村土地流转制度效率分析》，载于《社会科学家》2015 年第 6 期。

[186] 俞海等：《地权稳定性、土地流转与农地资源持续利用》，载于《经济研究》2003 年第 9 期。

[187] 喻丽、何金旗：《关于我国农村养老模式的探讨》，载于《华东经济管理》2003 年第 2 期。

[188] 袁斌、陈树文：《我国失地农民的养老保险制度》，载于《大连海事大学学报：社会科学版》2008 年第 3 期。

[189] 岳意定、刘莉君等：《基于经济与社会两个维度的农村土地流转绩效评价指标体系构建》，载于《湖南科技大学学报（社会科学版）》2010 年第 11 期。

[190] 岳意定、刘莉君：《基于网络层次分析法的农村土地流转经济绩效评价》，载于《中国农村经济》2010 年第 8 期。

[191] 岳意定、刘志仁等：《国外农村土地信托：研究现状及借鉴》，载于《财经理论与实践》2007 年第 2 期。

[192] 詹和平：《农村土地使用权流转的决定因素及影响分析》，中科院博士论文 2008 年。

[193] 张晗、邵彦敏：《欠发达地区农村土地流转模式研究》，载于《经济纵横》2015 年第 3 期。

[194] 张红宇：《中国农村土地制度变迁的政治经济学分析》，西南农业大学博士学位论文，2001 年。

[195] 张红宇：《中国农地调整与使用权流转：几点评论》，载于《管理世界》2002 年第 5 期。

[196] 张会萍等：《农村土地信用合作社对农户家庭收入的影响分析——基于宁夏平罗县 225 个农户的实证调查》，载于《农业技术经济》2011 年第 12 期。

[197] 张会萍、胡小云、惠怀伟：《土地流转背景下老年人生计问题研究——基于宁夏银北地区的农户调查》，载于《农业技术经济》2016 年第 3 期。

[198] 张会萍、霍文娟：《再论土地流转对农户家庭收入的影响——

基于对宁夏银北地区 484 个农户的调查研究》，载于《宁夏社会科学》2015 年第 5 期。

[199] 张会萍、梁优琴、倪全学：《农村土地信用合作社满意度分析——基于宁夏回族自治区平罗县的农户问卷调查》，载于《青海社会科学》2011 年第 6 期。

[200] 张会萍、刘如、马成富：《土地流转对农村已婚妇女劳动力转移的影响——基于宁夏银北地区的调查》，载于《广东农业科学》2015 年第 18 期。

[201] 张会萍、刘如、马成富：《土地流转对农户劳动力转移的影响——基于宁夏银北地区的农户调查》，载于《山西农业科技》2015 年第 10 期。

[202] 张会萍、倪全学：《农村土地流转问题研究综述》，载于《宁夏社会科学》2011 年 5 月第 3 期。

[203] 张会萍、倪全学、杨国涛：《农村土地信用合作社对农户家庭收入的影响分析——基于宁夏平罗县 225 个农户的实证调查》，载于《农业技术经济》2011 年第 12 期。

[204] 张会萍、倪全学、杨绍艳：《土地流转的影响因素分析——基于宁夏银北地区平罗县样本农户的调查》，载于《农村经济》2011 年第 1 期。

[205] 张静、程钢、李万明：《新疆农户土地流转意愿及其影响因素研究——基于玛纳斯县的调研数据》，载于《新疆社会科学》2016 年第 3 期。

[206] 张丽庆：《构建我国农用地价格管理制度》，载于《合作经济与技术》2008 年。

[207] 张萍丽、高晋、权燕：《农村土地流转的经济分析》，载于《安徽农学通报》2010 年第 3 期。

[208] 张晓山、党国英：《丹麦的农业合作社》，载于《农村经营管理》2003 年第 4 期。

[209] 张笑寒、黄贤金：《论农地制度创新与农业劳动力转移》，载于《中国人口·资源与环境》2003 年第 5 期。

[210] 张亿钧：《土地流转背景下我国农民专业合作社的发展问题、挑战及对策》，载于《农业经济问题》2012 年第 5 期。

[211] 张盈华、闫江：《中国养老服务现状、问题与公共政策选择》，载于《当代经济管理》2015 年第 1 期。

[212] 张永丽、章忠明等：《风险与不确定性对农户劳动力资源配置

的影响》，载于《华南农业人学报（社会科学版）》2010年第4期。

[213] 张永强、高延雷、工刚毅、李翠霞：《黑龙江省土地转出行为分析——基于13个地市47个村的调研数据》，载于《农业技术经济》2016年第3期。

[214] 张占贞、王兆君：《我国农民工资性收入影响因素的实证研究》，载于《农业技术经济》2010年第2期。

[215] 章合运、吕颖洁：《新农村建设背景下农村宅基地使用权流转模式的构建》，载于《农村经济》2008年第9期。

[216] 章铮：《中年和已生育女性就业：乡村劳力转移新课题》，载于《第一财经日报》2006年12月01日。

[217] 赵成胜：《农户收入对土地流转行为影响区域差异性研究》，南京大学，2011年。

[218] 赵光、李放：《养老保险对土地流转促进作用的实证分析》，载于《中国人口·资源与环境》2014年第9期。

[219] 赵俊臣、赵海兰：《完善农民承包土地流转的价格形成机制研究》，载于《中国改革论》2010年。

[220] 赵晓秋、李后建：《西部地区农民土地转出意愿影响因素的实证分析》，载于《中国农村经济》2009年第8期。

[221] 赵阳：《对农地再分配制度的重新认识》，载于《中国农村观察》2004年第4期。

[222] 赵耀辉：《中国农村劳动力流动及教育在其中的作用——以四川省为基础的研究》，载于《经济研究》1997年第2期。

[223] 浙江大学农业现代化与农村发展研究中心，浙江省农业厅联合调查组：《农村土地流转：新情况、新思考——浙江农村土地流转制度的调查》，载于《中国农村经济》2001年第10期。

[224] 浙江省物价局课题组：《土地承包经营权流转价格形成机制研究》，载于《价格理论与实践》2011年。

[225] 郑有贵：《又一次土地制度创新的探索——比较视角下的平罗县农村土地信用合作社》，载于《农村经营管理》2008年第2期。

[226] 中国人民银行石嘴山市中心支行课题组：《土地信用社成为创新农村土地流转的"助推器"》，载于《西部金融》2008年第9期。

[227] 钟林：《基于产权约束的土地流转市场定价研究》，电子科技大学，2009年。

[228] 钟普宁、纪月清：《土地产权、非农就业机会与农户农业生产投资》，载于《经济研究》2009 年第 12 期。

[229] 钟涨宝、狄金华：《中介组织在土地流转中的地位与作用》，载于《农村经济》2005 年第 3 期。

[230] 周春芳：《经济发达地区农户土地流转影响因素的实证研究》，载于《西北农林科技大学学报（社会科学版）》2012 年第 6 期。

[231] 周娟、姜权权：《家庭农场的土地流转特征及其优势——基于湖北黄破某村的个案研究》，载于《华中科技大学学报》2015 年第 2 期。

[232] 周其仁：《收入是一连串的事件》，北京大学出版社 2006 年版。

[233] 周镕基、程强然、段进东：《试析农村土地流转成因及意义》，载于《资源论坛》2003 年第 8 期。

[234] 朱永：《土地流转视角下农村土地银行运作机制研究》，载于《河北法学》2014 年第 10 期。

[235] 卓建伟、史清华、周小伟：《农地租赁均衡价格形成及演变的实证研究》，载于《北京农学院学报》2005 年第 4 期。

[236] 左停、周智炜：《建立国家农村土地银行实现农地公共政策目标——多架构"国家农村土地银行"的政策思路》，载于《北京社会科学》2014 年第 1 期。

[237] Ai C., Norton E. C. Interaction terms in logit and probit models [J]. Economics Letters, 2003 (80).

[238] Benjamin, Dwayneand Brandt. Land, Factor Markets, and Inequalityin Rural China Historical Evidence [J]. Explorationsin Economic History, 1997 (34).

[239] Besley, T. Property rights and investment incentives: Theory and evidence from Ghana [J]. The Journal of Political Economy, 1995, 103 (5).

[240] Brandt, Loren; Rozelle, Scott; Turner, Matthew A, Local Government Behavior, Bureaucratic Incentives, and Tenure Securityin Rural China [J]. Journal of Institutional and Theoretical Economics, 2005 (1).

[241] Carter, Michael R. and Yao, Yang, Local versus Global Separability in Agricultural Household Models: The Factor Price Equalization Effect of Land Transfer Rights [J]. American Journal of Agricultural Economics, 2006 (3).

[242] Chambers R., Conway G. Sustainable Rural Livelihoods: Practical

Concepts for the 21st Century [M]. Brighton Institute of Development Studies, 1992.

[243] Cheng-ri Ding. The benchmark land price system and urban land use efficiency in China [J]. Chinese Geographical Science, Volume11, Issue4, 2011.

[244] Daniel P. Selmi. The Contract Transformation in Land Use Regulation [J]. Stanford Law Review, 2011 (611).

[245] Deininger, Klaus, and Songqing Jin: Land Salesand Rental Marketsin Transition: Evidence from Rural Vietnam [J]. Oxford Bulletin of Economics and Statistics, 2008 (1).

[246] Dixon G. I. J. Landand Human Migrations [J]. American Journal of Economicsand Sociology, 1950 (2).

[247] ELLIS F. Rural Livelihoods and Diversity in Developing Countries [M]. New York: Oxford University Press, 2000.

[248] Farstad M. Rye, J. F. Second home owners, locals and their perspectives on rural development [J]. Journal of Rural Studies, 2013 (30).

[249] Feder, Gershon, Tonro, Land Policies and farm productivity in Thailand [M]. Johns Hopkins Press, 1998.

[250] Feng, Shuyi, and Nico Heerink: Are farm households'land renting and migration decisions inter-related in rural China? [J]. NJAS – Wageningen Journal of Life Sciences, 2008 (4).

[251] Findley, Sally E. Rural Development and Migration: A Study of Family Choicesin the Philippines [J]. Boulderand London, 1987 (1).

[252] Haberfeld, Yitchak, et al. : Seasonal migration of rural labor in India [J]. Population Research and Policy Review, 1999 (5).

[253] Haberfeld, Y. , R. K. Mennria, B. B. Sahoo, et al. Seasonal migration of rural labor in indial [J]. Population Research and Policy Review, 1999, (18).

[254] Halfacree, K. Trial by space for a "radical rural": Introducing alternative localities, representations and lives [J]. Journal of Rural Studies, 2007 (23).

[255] Hansmann, H. The owner ship of enter Prise. Cambridge, MA: The Belknap Press, 19962. Porter. P. K. and Seully. G. W. : Economic efficien-

cy in cooperatives [J]. The Journal of Law and Eeonomies, 1987 (30).

[256] Huang, Jikun and Scott Rozelle, Technological Changes: The Re – Discovery of the engineer of Productivity of Growthin China's Rural Economy [J]. Journal of Development Economics, 1996 (49).

[257] Jacka, T. Women's Work in Rural China: Change and Continuity in an Era of Reform (Cambridge Modern China Series) [M]. Cambridge: Cambridge University Press, 1997.

[258] Jensen & Meckling. "Theory of the Firm: Managerial Behavior, Agency Costs and Ownership Structure" [J]. Journal of Financial Economics, 1976 (3).

[259] Jorgenson, D. W. The Development of a Dual Economy [J]. The Economic Journal, 1961, 71 (282): 309 – 334.

[260] J. Stephen Clark, Murray Fulton, John. T. Scott Jr. The Inconsistency of Land Values, Land Rent and Capitalization Formulas [J]. American Journal of Agricultural Economics, Volume75, Issue, 1993.

[261] Judd, Ellen. Alternative Development Strategies for Womenin Rural China [J]. Development and Change, 1990 (21).

[262] Klaus Deininger, Hans Binswanger: The Evolution of the World Bank's Land Policy: Principles, Experience, and Future Challenges [J]. The World Bank Research Observer. 1999 (8).

[263] Kung, JamesK. S, and Yiu-faiLee: So What if There is Income Inequality? The Distributive Consequence of Nonfarm Employment in Rural China [J]. Economic Development and Cultural Change, 2001 (1).

[264] Kung, J. K. S. , Off – Farm Labor Markets and the Emergence of Land Rental Markets [J]. World Bank Policy Research Working Paper, 2014.

[265] Lewis, W. A. Economic Dvelopment with Unlimited Supply of Labor [J]. The Manchester School, 1954 (2).

[266] Li, G: Land Rights, Tenure and Leaders in China, working paper [J]. Food Research Institute, Stanford University, 1997

[267] Li, G, Rozelle, S. , Brandt, L. , Tenure, Land Rights and Farmer Investment Incentives in China [J]. Agricultural Economics, 1998 (19).

[268] Lin, Justin Yifu, "An Economic Theory of Institutional Change:

Induced and Imposed Change" [J]. Cato Journal, 1989 (1).

[269] Lin, J. Yifu, Rural Reform and Agricultural growth in China [J]. The American Economic Review, 1992 (1).

[270] Lohmar, B. , Z. Zhang and A. Somwaru, Land Rental Market Development and Agricultural Production in China [J]. Paper Presentedat the 2001 Annual Meeting, Chicago, Illinois, 2001 (8).

[271] Lucas, R. Emigration to South Africa's Mines [J]. The American Economic Review, 1987, 77.

[272] Mullan, Katrina, Pauline Grosjean, and Andreas Kontoleon: Land tenure arrangements and rural-urban migration in China [J]. World Development, 2011 (1).

[273] Niehof A, Price L. Rural livelihood systems: A conceptual foundation [J]. Wageningen – UPWARD series on Rural Livelihoods, 2001 (1).

[274] Nonlinear "Difference – in – Differences" Model [J]. Economics Letter, 2010 (1).

[275] North, D. C. Institutions, Institutional Change and Economic Performance [M]. London: W. W. Norton and Company, 1990.

[276] P. Cook, YuichiroUchida. Provatisation and Economic Growth in Developing Countries [J]. Development Studies, 2003 (8).

[277] Ranis, G. , &Fei, J. C. H. A Theory of Economic Development [J]. The American Economic Review, 1961 (4).

[278] R. H. Coase. "The Nature of the Firm" [J]. Economica, New Series, 1937 (4).

[279] Rozelle, Scott, et al. Leaving China's farms: survey results of new paths and remaining hurdles to rural migration [J]. The China Quarterly, 1999 (158).

[280] Rozelle, S. , Taylor, J. E. and deBrauw, A. Migration, Remittances, and Agricultural Productivity in China [J]. The American Economic Review 1999 (89): 287 – 291.

[281] Scoones. Sustainable Rural Livelihood: a Framework for Analysis' [J]. Working Paper 72 Brighton: Institute of Development Studies, 1998.

[282] Serra T. , Zilberman D. , Goodwin B. K. , et al. Replacement of Price Support Measures by Direct Payments in Agricultural Policies: Does this

Benefit the Environment? The Effects of The Post – 1992 Cap on Pest Control in The EU [C]//2004 Annual meeting, August 1 – 4, Denver, CO. American Agricultural Economics Association (New Name 2008: Agricultural and Applied Economics Association), 2004.

[283] Songqing Jin, Klaus Deininger. Land rental markets in the process of rural structural transformation: Productivity and equity impacts from China [J]. Journal of Comparative Economics, 2009, 37 (4).

[284] S. Ross. "The Economics Theory of Agency: the Principal's Problem" [J]. American Economic Review, 1973 (63).

[285] Taylor, A. M. And Williamson, J. G. "Convergence in the Age of Mass Migration" [J]. European Review of Economic History 1 (1997): 27 – 63.

[286] Timothy Besley. Property Rights and Investment Incentives: Theory and Evidence from Ghana [J]. The Journal of Political Economy, 1995 (10).

[287] Wilson. "The Nature of Equilibrium in Market with Adverse Selection" [J]. Boll Journal Economics, 1980 (11).

[288] Winters, P., de Janvry, A, & Sadoulet, E. Family and Community Networks in Mexico – U. S. Migration [J]. The Journal of Human Resources, 2001, 36 (1).

[289] Yang, D. T. China's land arrangements and rural labor mobility [J]. China Economic Review, 1997, 8 (2).

[290] Yao, Y. The development of the Land Lease Markets in the Rural China [J]. Land Economics. 2000 (7).

[291] Zhao, L. Causes and Consequences of Return Migration: Recent Evidence from China [J]. Journal of Comparative Eonomics. 2002 (30).

[292] Zhao, Y. H. Leaving the Countryside: Rural-to-urban Migration Decisions in China [J]. The American Economic Review, 1999, 89 (2).

[293] Zhao, Y. H. The Role of Migrant Networks in Labor Migration: The Case of China [J]. Contemporaly Economic Policy, 2003, 21 (4).